LE SOCIALISME
SANS DOCTRINES

LE SOCIALISME

SANS DOCTRINES

LA QUESTION AGRAIRE ET LA QUESTION OUVRIÈRE
EN AUSTRALIE ET NOUVELLE-ZÉLANDE

PAR

ALBERT MÉTIN

Agrégé de l'Université,
Professeur à l'École municipale Lavoisier.

PARIS

FÉLIX ALCAN, ÉDITEUR

ANCIENNE LIBRAIRIE GERMER BAILLIÈRE ET Cⁱᵉ

108, BOULEVARD SAINT-GERMAIN, 108

1901

AVERTISSEMENT

L'année même où un bienfaiteur anonyme fondait auprès de l'Université de Paris cinq bourses de voyage autour du monde, le Conseil de l'Université fit à l'auteur du livre l'honneur de le désigner parmi les voyageurs de la première série.

L'auteur étudiait depuis quelque temps la manière dont les questions économiques et sociales sont posées en Angleterre et dans le monde anglais. Il saisit l'occasion de voir l'Amérique du Nord, une grande partie de l'empire anglais et visiter, entre autres régions, l'Australie et la Nouvelle-Zélande, ces pays où l'état a imposé des limites au droit de propriété, a institué la journée de huit heures, le minimum de salaire, l'arbitrage obligatoire, après enfin une foule de mesures qui ont valu aux colonies anglaises des antipodes le surnom de *Paradis des ouvriers*.

S'il a visité Sud-Australie, Victoria, Tasmanie, Nouvelle-Galles, Queensland, Nouvelle-Zélande (27 avril-3 octobre 1899), au cours d'un voyage de dix-huit mois autour du monde (1898-1900), c'est au fondateur des bourses qu'il le doit. Aussi ce livre lui serait-il dédié, si ce généreux donateur n'avait cru devoir conserver l'anonymat, résolution qui laisse à l'auteur le regret de ne pouvoir exprimer sa reconnaissance comme il l'eût désiré.

Dans l'enquête dont ce livre expose les résultats on s'est proposé d'étudier sur place, — et dans les districts de culture, d'élevage, de mines, aussi bien que dans les villes — l'application des mesures sociales; on a visité différents types des expériences les plus originales et les plus intéressantes.

On a cherché les informations à toutes les sources, on a consulté les intéressés de toute catégorie, et on s'est toujours efforcé de recueillir les objections, les critiques, les protestations.

Pour la rédaction, on aurait pu suivre l'ordre géographique et examiner les colonies l'une après l'autre, car chacune a son parlement, sa constitution, et reste maîtresse de sa législation. Mais, comme les lois sociales d'Australasie sont l'effet d'une évolution générale, comme les principales d'entre elles sont les adaptations diverses d'un modèle unique, on a cru qu'il était plus logique de procéder par ordre des matières, sans négliger de mettre en relief le rôle initiateur de telle ou telle colonie.

L'auteur a rencontré le meilleur accueil et l'obligeance la plus grande auprès de toutes les personnes auxquelles il s'est adressé ; la liste en est si longue qu'il est impossible de la publier, mais le fait suffit à montrer quel intérêt les autorités, la presse et le public d'Australie, Tasmanie, Nouvelle-Zélande ont témoigné à un travail destiné à faire connaître en France l'œuvre sociale de la démocratie australasienne.

L'auteur est heureux d'exprimer ici toute sa gratitude à M. Arthur Fontaine, directeur du Travail au Ministère du Commerce sur la proposition duquel il a été chargé par ce Ministère d'une enquête qui lui a permis de donner à la fois plus de précision et d'ampleur à ses recherches [1].

L'Office du travail a fait publier à l'Imprimerie nationale le rapport rédigé à la suite de cette enquête (*Législation ouvrière et sociale en Australie et Nouvelle-Zélande*, 1901, in-8° de III-200 p.) [2].

Mettre ce travail à la portée d'un plus grand nombre de lecteurs, tel est l'objet de la présente publication [3].

---

(1) Les ouvrages, brochures, documents, cités dans les notes bibliographiques de ce livre, se trouvent au Ministère du Commerce (principalement aux archives de la Direction du travail et à la bibliothèque). On en trouvera une partie à la bibliothèque du Musée social, 5, rue Las Cases, Paris.

(2) Une partie de cet avertissement est reproduite de la lettre de M. Arthur Fontaine qui précède le *Rapport* ci-dessus.

(3) Plusieurs descriptions ou tableaux de mœurs reproduits dans le chapitre II, III, et VIII (question agraire, question ouvrière, fonctions de l'état) ont été publiés sous forme de correspondances dans le journal *le Temps*.

LE SOCIALISME
SANS DOCTRINES

CHAPITRE PREMIER
LE PASSÉ ET LE PRÉSENT DE L'AUSTRALASIE

Le Pays [1].

L'Australie est un continent massif à peu près grand comme les trois quarts de l'Europe. Sa partie occidentale et toutes ses régions intérieures reçoivent très peu de pluies; ce sont presque toujours des steppes couvertes d'herbes dures, de brousse, parfois des déserts avec des

[1] La description géographique la plus complète et la plus intéressante, en français, est celle d'Élisée Reclus, *Géographie générale*, t. XIV.

Sur la situation générale, particulièrement les questions économiques, la législation ouvrière et foncière, Pierre Leroy-Beaulieu, *Les nouvelles sociétés anglo-saxonnes*, Paris, 1895, in-16 (au point de vue de l'économie politique orthodoxe, hostile à l'intervention de l'État).

Sur la Nouvelle-Zélande, en français, André Siegfried, *Une enquête... sur la Nouvelle-Zélande*, extrait de la *Revue politique et parlementaire*, janvier et février 1900.

M. Siegfried prépare un ouvrage plus étendu sur la Nouvelle-Zélande, qu'il a visitée à la même époque que moi-même.

M. Louis Vigouroux prépare une étude économique sur l'Australasie qu'il a visitée avec une mission du Musée Social.

Les ouvrages français sont peu nombreux. Il existe en anglais beaucoup d'ouvrages contemporains très intéressants tels que ceux de Sir Charles Dilke, de R. Walker, Michaël Davitt, W.P. Reeves, etc., et de nombreux annuaires qui sont fort utiles. J'aurai l'occasion de citer plusieurs de ces publications dans les autres paragraphes de ce chapitre et au cours du livre.

dunes de sable et des étangs salés ; ces solitudes ne seraient connues que par les explorations si les éleveurs de moutons et les chercheurs d'or ne les avaient envahies dans ces dernières années.

Les parties fertiles, arrosées, propres à l'établissement de colons forment une bande sur la côte Est et Sud-Est ; elles sont séparées de l'intérieur par des montagnes, abruptes en arrière de Sydney, partout larges et couvertes de forêts (Montagnes Bleues, Alpes australiennes). Les colons se sont établis d'abord à Sydney et en Tasmanie, île montagneuse et bien arrosée, puis sur les côtes d'Adélaïde (Sud-Australie), de Victoria (Melbourne) et au nord sur celles du Queensland. De là, ils ont franchi les montagnes et ont pénétré dans l'intérieur.

Le climat du littoral est tropical au Queensland et sur toute la côte Nord : il y permet la culture de la canne à sucre. Sydney et Adélaïde ont à peu près le climat de la Méditerranée, avec des variations plus brusques ; l'oranger et la vigne mûrissent dans leurs campagnes. Le sud de Victoria et la Tasmanie ont un hiver assez froid et pluvieux avec de la neige sur les montagnes, parfois des gelées. Partout l'air est sec, agréable, pur, sauf dans les parties mal abritées, où le vent de l'intérieur apporte ses tourbillons de poussière.

Sur la côte occidentale, le désert et la brousse s'étendent presque jusqu'au rivage. Les établissements fondés de ce côté ont végété longtemps : les mines d'or de l'intérieur ont été reconnues et exploitées seulement depuis quelques années.

Les indigènes, peu nombreux, demeurés au degré de

civilisation le plus bas, ne vivaient que de la chasse, de la pêche, de la cueillette[1]. Quand les Européens s'établirent en Australie, le continent était une vaste forêt d'eucalyptus hauts et touffus sur la côte et les montagnes, rabougris et clairsemés dans les steppes : c'est le *bush* qui couvre encore la plus grande partie du continent. Pour mettre le sol en culture, il faut couper les arbres et arracher leurs fortes et profondes racines.

Ce pays sec, monotone, caché sous une forte végétation primitive, ne promettait pas ce qu'il a donné. On le méconnut d'abord. L'officier envoyé en 1802 pour fonder le premier établissement sur la baie où s'élève maintenant Melbourne, la plus grande ville d'Australie, quitta bientôt le pays, en déclarant qu'il était juste assez bon pour les kangourous.

La Nouvelle-Zélande n'est colonisée que depuis un demi-siècle, et elle a déjà 756 505 habitants, avec une superficie qui ne dépasse point celle de l'Italie. La colonisation de ce pays rencontrait pourtant de grandes difficultés : l'éloignement, car la Nouvelle-Zélande est séparée de l'Australie par une mer généralement mauvaise que les vapeurs mettent cinq jours à franchir; les habitants (Maoris)[2], guer-

(1) On estime qu'il en reste à peine 200 000, presque tous en Ouest-Australie et dans l'arrière-pays du Queensland et du Sud-Australie ainsi que dans le Territoire-Nord dépendant de cette dernière colonie.

Voir Roth, *The Aborigenes of Queensland* (publié par le gouvernement), Brisbane, 1899, in-8°, — B. Spencer et F. Gillen, *The Native-Tribes of Central Australia*, Londres, 1899, in-8° (les deux ouvrages illustrés).

(2) Le nombre des Maoris paraît diminuer d'une façon continue. Lors du recensement de 1896, il s'élevait à 39 854, et le nombre des métis (en augmentation) à 5 762.

Au sujet des Maoris, voir Sir George Grey (gouverneur, puis premier

riers très braves qui se battirent pendant huit années pour défendre leurs terres et qui en ont conservé une partie dans l'île Nord. Mais le sol y est excellent dans les plaines et les vallées; les deux îles ont des montagnes très élevées, avec des neiges éternelles dans l'île Sud; l'eau coule en abondance. Les pâturages sont plus gras, la culture souffre moins de la sécheresse qu'en Australie. Le climat, analogue à celui de Sydney dans le nord, de la Tasmanie au sud, est un des plus salubres du monde. On envoie aujourd'hui les phtisiques faire des cures d'air en Nouvelle-Zélande.

Les débuts de la colonisation. La déportation. Les squatters[1].

La côte orientale fut reconnue en 1770 par Cook qui l'appela Nouvelle-Galles du Sud à cause de ses montagnes et de ses profondes échancrures. Le naturaliste de l'expédition fit une description enthousiaste de la végétation

ministre de Nouvelle-Zélande), *Polynesian Mythology*. — J. White, *Ancient history of the Maoris* (publication officielle). — Dr Shortland *Maori Religion and Mythology*. — Maning, *Old New-Zealand*. — et pour une étude plus rapide, les très intéressants chapitres de W. P. Reeves, *The Long White Cloud*, London, 1898, in-8°.

(1) Consulter G.-W. Rusden, *The History of Australasia*, nouvelle éd., Melbourne, 1897, 3 vol. in-8°; le même, *The History of New-Zealand*, nouvelle éd., Melbourne, 1896, 3 vol. in-8°.

Sur la Nouvelle-Zélande, voir de préférence l'étude générale et très intéressante de l'ex-ministre du travail, aujourd'hui agent général de la colonie à Londres, W. P. Reeves, *The Long White Cloud* (Ao Tea Roa), Londres, 1898, in-8°.

Il existe une foule d'histoires sommaires telles que E. Jenks, *The History of the Australasian Colonies*, Cambridge, 1895, in-8°.

J'ai exposé les faits importants de l'histoire d'Australasie et donné une bibliographie dans les tomes X, XI et XII de l'*Histoire générale* publiée sous la direction de MM. Lavisse et Rambaud, Paris, Colin, 1898-1900.

qui couvrait les bords de la baie de la botanique (*Botany Bay*). Lorsque l'Amérique se fut rendue indépendante, le gouvernement anglais songea à mettre en valeur le rivage découvert par Cook. Il commença par y déporter les criminels. En 1788 un premier convoi de condamnés escorté par des gardiens et un régiment d'infanterie de marine vint fonder Sydney ; la déportation continua pendant plus de cinquante années. Ceux qu'on envoyait n'étaient pas tous des meurtriers ou des brigands ; beaucoup étaient déportés pour des délits qui sont aujourd'hui punis moins sévèrement, vol domestique, braconnage, vagabondage, pour des faits de grève, pour des crimes politiques ; un grand nombre d'Irlandais furent envoyés en Australie après la révolte de 1798.

Les dépôts étaient à Sydney, aux îles Norfolk, en Tasmanie. Les condamnés travaillaient d'abord dans des bagnes ; beaucoup d'entre eux furent ensuite employés à des travaux publics, défrichements, routes, constructions, ou prêtés à des particuliers qui s'engageaient à les nourrir. La colonisation pénale coûtait beaucoup plus qu'elle ne rapportait. Elle était un sujet de plaintes pour les colons libres. Enfin les philanthropes dénonçaient l'inhumanité avec laquelle les gardiens traitaient les prisonniers. Tout cela fit que la déportation fut supprimée en 1840 dans la Nouvelle-Galles, de 1847 à 1852 dans la terre de Van Diemen (Tasmanie). 83 290 convicts avaient été déportés dans la première de ces colonies de 1788 à 1840, 55 000 dans la seconde de 1803 à 1845. Dans l'une et l'autre, 30 000 environ s'étaient établis définitivement, les autres étant morts au bagne ou revenus en Europe après l'expiration de leur peine. Or en 1851, la Nouvelle-Galles avait 360 000 habitants : de plus les autres colonies, sauf les deux moins peuplées Tasmanie et Australie occidentale, n'ont jamais reçu de condamnés. Le peuplement de l'Australie n'a donc pas été fait par les convicts : l'émigration libre y a contribué dans une proportion infiniment plus forte. Les descendants de déportés qui peuvent se trouver aujourd'hui à Sydney et à Hobart sont noyés dans le reste de la population : le souvenir de leur origine est perdu.

La véritable colonisation — d'où sort la population australienne — a commencé presque en même temps que la déportation. En 1793, Sydney reçut pour la première fois des paysans d'Angleterre ; d'autres arrivèrent dans les années suivantes : on leur donnait quelques hectares de terres, à condition de payer une redevance après la troisième année ; on leur fournissait des vivres pendant deux ans ; on leur assignait des convicts qu'ils devaient habiller après la première année et nourrir après la deuxième. Les premiers colons essayèrent de cultiver le blé et le maïs, mais la sécheresse fit manquer la première récolte et le gouvernement dut acheter du grain pour les nourrir.

Ce n'était là qu'un expédient. On voulait en effet que l'Australie put se suffire à elle-même, *pay for itself*, suivant la maxime constante de l'Angleterre en matière de colonisation. Le moyen fut trouvé par d'ingénieux capitalistes qui commencèrent l'élevage du mouton. En 1797, un navire amena en Australie quelques moutons mérinos achetés au Cap. Un officier d'infanterie de marine songeait alórs aux moyens de faire fortune dans ce pays perdu, où sa fonction l'avait exilé. Il eut l'idée que les moutons prospéreraient dans ce pays sec, que l'herbe était bonne pour eux, que les eucalyptus ne les gêneraient point, que l'élevage ne demanderait aucun frais de défrichement, enfin que la garde des troupeaux, confiée à des convicts, coûterait peu de chose. Mais, pour faire pâturer des moutons, il fallait une grande concession et le gouverneur n'en accordait que de médiocres parce qu'il voulait former une population de petits cultivateurs. Le capitaine se rendit en Angleterre et obtint le droit de pâture sur un espace de 5 000 acres d'un seul tenant. Plusieurs capitalistes imitèrent cet exemple. Plus tard ils ne se contentèrent pas de louer, ils achetèrent ou se firent donner de grands morceaux de bonnes terres.

En Tasmanie on donnait une propriété pour rien à celui qui apportait assez d'argent pour la mettre en valeur. Ainsi commencèrent à se former deux classes dont la rivalité remplit toute l'histoire de l'Australie : 1° petits cultivateurs; 2° possesseurs de grands troupeaux de moutons, les uns propriétaires, les autres locataires de terrains immenses.

La formation de classes distinctes entre les colons fut encore accentuée par l'application du système de Wakefield, économiste et homme d'affaires.

Wakefield proposait de ne plus faire de concessions gratuites, mais de *vendre les terres à un prix élevé*, en les divisant par lots d'étendue moyenne sans empêcher d'ailleurs les amateurs d'acheter plusieurs lots à la fois. Les colons seraient obligés de venir avec un capital s'ils voulaient acquérir des propriétés; ils ne risqueraient pas de tomber à la charge du gouvernement. Le prix de la vente des terres devait servir à payer le passage d'une classe d'immigrants pauvres, qui, jetés en grand nombre sur le marché du travail colonial, fourniraient une main-d'œuvre peu coûteuse aux propriétaires. La déportation pénale ne devait pas exister dans ce système. La colonisation ainsi entendue serait entreprise par des compagnies d'actionnaires; elle était présentée comme une bonne affaire pour les particuliers qui y trouveraient des dividendes et pour l'état à qui on ne demanderait rien.

Deux compagnies de colonisation furent créées par Wakefield et ses amis : la première fonda Adélaïde et Sud-Australie en 1836, l'autre Wellington (Nouvelle-Zélande) en 1839. Ce fut une excellente opération pour les initiateurs qui se firent rémunérer par de grandes étendues d'excellentes terres : plusieurs des grandes propriétés de Sud-Australie et de Nouvelle-Zélande appartiennent encore à leurs descendants. Mais, dans l'ensemble, les compagnies ne réussirent pas : la menace de la banqueroute les obligea à renoncer à leurs privilèges et à céder leurs établissements au ministère des colonies.

Il resta pourtant quelque chose du système. L'idée de vendre les terres à un prix élevé et de consacrer le produit de cette vente à l'immigration fut adoptée dans toutes les colonies. Partout on fixa un tarif minimum qui, en 1842, s'élevait à 25 francs l'acre. Or certains éleveurs de moutons qui n'étaient pas propriétaires ne voulaient pas acheter à ce prix les immenses étendues qui leur étaient nécessaires; ils allaient donc les chercher au delà du territoire colonisé, s'enfonçaient dans l'intérieur ou dans les terres inconnues. Melbourne fut ainsi fondé par des éleveurs de Tasmanie entre 1832 et 1836. Plus tard le Queensland eut la même origine. Ces colons qui s'installaient de leur propre autorité dans les terrains vacants étaient appelés des *squatters*. Le terme, d'abord pris en mauvaise part, a fini par désigner les propriétaires de grands troupeaux de moutons.

Entre les *squatters* et le gouvernement se posait la question suivante : la Couronne ayant été déclarée propriétaire de tous les terrains, les *squatters* peuvent-ils occuper un espace vide sans l'acheter ? La question fut résolue lorsqu'on admit les *squatters* à payer un loyer peu élevé au lieu d'acquérir la propriété. Mais l'intérêt du gouvernement était de vendre : pouvait-il donc refuser d'accorder un long bail au *squatter* et déclarer que sa location était précaire et serait rompue dès qu'on demanderait à acheter tout ou partie du terrain qui servait de pâture ? La question fut tranchée après bien des difficultés en faveurs des *squatters*. On leur accorda en 1847, des loyers peu élevés, des baux de huit et quatorze ans renouvelables pour cinq ans, enfin le droit de préemption si quelqu'un demandait à acquérir un ou plusieurs lots sur leur terrain.

L'Australie à cette époque est un pays agricole peu peuplé où les grands propriétaires de moutons sont tout-puissants.

La découverte de l'or. — Le régime parlementaire. La démocratie.

La découverte de l'or marque, en Australie, le commencement de l'ère contemporaine. Un afflux d'immigrants se précipite dans les colonies, les villes s'accroissent avec une rapidité merveilleuse, les ouvriers sont nombreux, la société et les institutions deviennent démocratiques. C'est une transformation radicale qui commence au milieu du siècle et qui se poursuit de nos jours.

La présence de l'or fut connue dès 1841 ; tout d'abord le gouvernement la tint secrète pour ne pas arrêter les progrès de l'agriculture ; mais dix ans après, la découverte de pépites énormes en Victoria (Ballarat, Bendigo), fut publiée partout et la fièvre de l'or commença. Jusqu'alors l'Australie ne recevait que quelques capitalistes et un petit nombre d'ouvriers dont le passage était payé avec le prix des terres ; de 1852 à 1854, elle reçoit 224 000 émigrants libres tous attirés par la fièvre de l'or et 46 373 émigrants assistés. La population de la colonie de Victoria, centre principal de l'or, passe de 76 000 habitants en 1850 à 397 000 en 1856. Victoria est dès lors la colonie la plus peuplée de l'Australasie.

L'aristocratie des *squatters* est débordée par les nouveaux venus. Elle les boude, elle essaie de leur refuser tout droit politique, de leur imposer des taxes exorbitantes. Mais les émigrants s'agitent, font une émeute à Ballarat pour la suppression des droits sur la recherche de l'or et réclament des parlements élus. Plusieurs d'entre eux avaient pris part en Angleterre au mouvement chartiste pour le suffrage universel et à l'agitation ouvrière pour le droit d'association et la journée de huit heures : ils apportaient en Australie les projets de réforme qu'ils n'avaient pu réaliser chez eux. De la période de l'or datent la lutte contre les *squatters* et les grands propriétaires[1], le mouvement ouvrier[2], enfin les institutions parlementaires et démocratiques.

L'autonomie avec des assemblées élues a été accordée à toutes les colonies, sauf l'Australie occidentale, en 1855. Chaque parlement comprend un Conseil législatif ou Chambre haute et une Assemblée législative ou Chambre basse.

La Chambre haute se compose de membres nommés à vie ou élus par des censitaires : aussi est-elle conservatrice et par conséquent mal vue des partis démocratiques. Les ouvriers et les radicaux demandent partout qu'elle soit élue au suffrage universel. Il est vrai que le pouvoir du Conseil législatif n'est pas considérable. Lorsque ses membres sont nommés à vie, les premiers ministres y déplacent la majorité par des fournées. Dans tous les cas la Chambre haute, suivant l'usage anglais, ne vote pas le budget.

L'Assemblée législative est le véritable dispositaire du pouvoir. Les membres sont élus au scrutin secret (*ballot*) tous les trois ans. Le suffrage universel a été partout adopté pour leur élection. Les femmes ont obtenu le droit de vote pour les élections législatives en Nouvelle-Zélande (1893) et en Sud-Australie (1895). Le parlement néo-zélandais a refusé, par une faible majorité, d'accorder aux femmes le droit de siéger parmi ses membres; mais Sud-Australie n'a établi aucune restriction de ce genre, de sorte que la colonie pourrait en théorie, avoir un ministère entièrement féminin. Les électeurs femmes ont

(1) Voir chapitre ii.
(2) Voir chapitre iii.

déjà pris part à trois élections générales en Nouvelle-Zélande, à deux en Sud-Australie ; elles ont voté en très grand nombre. Leur intervention a été favorable, dans les deux colonies, aux gouvernements démocratiques qui ont conservé la majorité : en Nouvelle-Zélande, le parti de la tempérance, religieux et anti-alcoolique, qui comptait beaucoup sur les voix féminines, a fait peu de progrès [1].

Après avoir élargi le corps électoral, les démocrates parlent d'augmenter ses attributions; on a déjà employé le referendum pour des questions d'intérêt considérable, comme celle de l'enseignement laïque en Sud-Australie, celle de la Fédération politique, dans toutes les colonies. Peut-être son usage serait-il généralisé.

Enfin l'indemnité aux membres du parlement qui, — en Angleterre, n'existe pas plus que le suffrage universel, — a été instituée en Australasie après de longues résistances de la part des Chambres hautes (1873-1889). Les Assemblées de deux colonies, après plusieurs échecs devant le Conseil législatif, ont imaginé de faire passer l'indemnité comme

(1) Il existe dans les colonies, particulièrement en Nouvelle-Zélande, un mouvement féministe important. Les féministes ont réclamé des lois de protection en faveur des servantes, des ouvrières, des vendeuses, et en général des femmes employées dans le commerce et l'industrie. Elles réclament encore le droit de vote et l'accès à tous les emplois pour les femmes dans toutes les colonies, l'interdiction de la vente des alcools et boissons alcooliques, des réformes dans les méthodes d'éducation. Elles sont en général d'origine bourgeoise et s'inspirent de la morale chrétienne. La plus importante de leurs associations est la *Womens Christian Temperance Union*, dont le nom est caractéristique.

Voir *National Council of the Women of New-Zealand*, 4th Session, Auckland, 1899, in-8°. — Wolstenholme, le *Mouvement féministe en Australie*; André Siegfried, *Enquête sur la Nouvelle Zélande*, — deux articles de la *Revue politique et parlementaire* (Paris), le premier publié en 1898, le second en 1900.

un article du budget qui n'est pas soumis à la Chambre haute.

L'Assemblée législative est donc, dans toutes les colonies, élue au suffrage universel et formée de membres payés. Ces conditions ont été très favorables à la constitution de partis ouvriers.

Les ministres sont généralement pris dans l'Assemblée législative. Ils exercent le pouvoir exécutif pratiquement sans restriction. Il est vrai que le gouverneur nommé par le roi, les désigne, mais la tradition est qu'ils doivent être pris dans la majorité et qu'ils démissionnent quand ils sont mis en minorité. Le gouverneur a également le droit de suspendre l'exécution des lois nouvelles qui lui paraissent dangereuses et de les soumettre à l'approbation royale; en fait, il n'use guère de ce droit et les ministères australiens ont pu élever des tarifs douaniers contre la métropole et faire passer des lois ouvrières et foncières très avancées, sans que le gouverneur y mît opposition.

L'Australie occidentale a reçu l'autonomie beaucoup plus tard que les autres, en 1890, à la suite de la découverte de mines d'or (1886) qui ont attiré chez elle une masse d'immigrants. Sa population a passé de 30 000 habitants en 1881 à 171 030 en 1900. C'est une colonie dont toute l'activité est absorbée par les mines, les entreprises industrielles et commerciales.

En 1899, les colonies d'Australie et la Tasmanie ont adopté, à la suite d'un referendum dans chaque état, un plan de Fédération politique (*Commonwealth*), réalisé en 1901.

Ce plan ressemble beaucoup à celui du *Dominion of*

Canada, mais les pouvoirs du gouvernement central sont moins étendus. En voici les principaux traits : le pouvoir exécutif est confié à un gouverneur général nommé par le roi et à un ministère pris dans la majorité du parlement fédéral : gouverneur et ministres résideront provisoirement à Sydney. Le parlement se composera d'une Assemblée législative, élue dans des circonscriptions taillées suivant le nombre des habitants, et d'un Sénat représentant les états. Les colonies qui ont donné le suffrage aux femmes auront un député seulement pour le nombre de votants qui en donne deux aux autres. Le parlement fédéral siégera provisoirement à Melbourne.

La capitale définitive sera construite sur le territoire de la Nouvelle-Galles, la « colonie-mère », mais elle devra être située à 100 milles au moins de Sydney. Cette dernière clause est considérée comme une victoire remportée par Melbourne sur sa rivale.

Les parlements et ministères, la constitution intérieure de chaque colonie continuent à subsister comme par le passé. Tout ce qui concerne la question agraire, la législation ouvrière, les chemins de fer et une importante partie des travaux publics reste soumis exclusivement à l'action des gouvernements coloniaux.

Cependant les partis ouvriers ont été, en général (sauf à Melbourne, devenue le siège provisoire du parlement), peu favorables à la Fédération, car ils craignent que le gouvernement fédéral ne soit pas démocratique et que ses préférences aient une influence indirecte sur les gouvernements locaux.

Il est pourtant deux points où le gouvernement fédéral

pourrait leur donner ce qu'ils réclament depuis long-temps : généralisation des tarifs protecteurs, en supprimant l'exception de la Nouvelle-Galles, généralisation des mesures contre le travail polynésien, en supprimant l'exception du Queensland.

La Nouvelle-Zélande reste à part, et cet isolement fait mieux ressortir encore le caractère particulier de cette colonie, la plus avancée au point de vue démocratique et social.

Le développement économique [1].

Dans son ensemble l'Australasie est un pays d'affaires où les capitalistes viennent pour augmenter leur fortune

(1) Le service statistique de chaque colonie publie annuellement des tableaux statistiques (*Statistical Register*) à l'usage du parlement.

On trouvera des renseignements plus commodément et sous un format plus maniable dans les différents annuaires officiels, surtout : *The Seven Colonies of Australasia*, publié à Sydney par M. T. A. Coghlan, chef du service statistique de Nouvelle-Galles ; *The Wealth and Progress of New South Wales*, publié à Sydney par le même ; *The New Zealand Official Year Book*, publié à Wellington par M. E. J. von Dadelszen, chef du service statistique de Nouvelle-Zélande. Ces trois annuaires sont excellents et réguliers.

The Victorian Year Book publié à Melbourne par M. J. J. Fenton, chef du service statistique de Victoria, dernière édition, 1899 : *The Handbook of Tasmania* publié à Hobart par M. Johnson, chef du service statistique de Tasmanie, dernière édition, 1893, n'ont pas paru régulièrement chaque année jusqu'à présent.

Les autres colonies ne publient régulièrement que le *Statistical Register*.

Le gouvernement de Sud-Australie a fait publier : G.-D. Woods, *The province of South Australia*, Adélaïde, 1894. — Celui du Queensland a fait publier : Th. Weedon, *Queensland Past and Present*, Brisbane, 1897, et une série de monographies intitulées : *The Work and Wealth of Queensland*, 1897 ; *Picturesque Queensland ; The Goldfields of Queensland*, 1897-99. Le gouvernement victorien a fait éditer un grand nombre de publications dont la plus intéressante est *The Government Handbook of Victoria*, publiée par le ministère de l'agriculture, Melbourne, 1898. Enfin le gouvernement de Nouvelle-

et les ouvriers pour trouver un salaire plus élevé qu'en Europe. Même dans les lois démocratiques et ouvrières, on trouve souvent le sens de l'intérêt immédiat plus que le souci de préparer l'avenir. Ce n'est point de théories qu'est préoccupée la population de ce pays ; elle pense à l'exportation, à la rémunération du travail, et cette préoccupation constante domine d'un bout à l'autre l'histoire de l'Australasie. Aussi le développement économique de ce pays a-t-il commencé dès les débuts de la colonisation et a-t-il progressé avec une rapidité merveilleuse.

L'Australie est devenue le premier pays du monde pour la production de la laine. Cet article fournit la moitié de ses exportations. Depuis plusieurs années, on a appris à congeler la viande, les œufs, le beurre, le miel, de façon à les transporter jusqu'en Angleterre sans qu'ils perdent autre chose qu'une partie de leur saveur : cette industrie, née en Nouvelle-Zélande, se développe de plus en plus en Australie. Enfin le blé, le vin commencent à être produits en assez grande quantité (Sud-Australie, Victoria) pour pouvoir être exportés. La surface consacrée à l'élevage s'étend de plus en plus vers l'intérieur ; celle des cultures a été poussée, grâce à des travaux d'irrigation, dans des régions qu'on croyait à jamais désertes.

La partie septentrionale du Queensland dont le climat est tropical, a des champs de canne à sucre. Mais les prin-

Galles a fait publier en anglais et en français, l'ouvrage intitulé : *La Nouvelle-Galles du Sud, la colonie-mère des Australies*, 1896, Sydney.

Parmi les annuaires publiés par des particuliers : *The Year Book of Australia*, Sydney ; *The Australian Handbook (incorporating New-Zealand, Fiji and New-Guinea)*, Londres, ce dernier fait surtout à l'usage des commerçants et gens d'affaires.

cipales ressources du pays sont les moutons, le bétail et les céréales introduits par des Européens. Sud-Australie, Tasmanie et Queensland sont restés presque entièrement agricoles.

Dans les autres colonies, l'industrie s'est développée à la suite de la première découverte des métaux précieux. La production de l'or avait baissé après 1867; mais elle a remonté en Victoria, et de nouveaux gisements ont été découverts récemment en Queensland et surtout en Australie occidentale. L'Australie produit aujourd'hui pour 230 millions d'or environ et vient sous ce rapport après les État-Unis et sur le même rang que le Transvaal. L'argent a été aussi récemment découvert en Nouvelle-Galles et Tasmanie. Près de 5 millions de tonnes de houille sont extraites chaque année principalement à Newcastle (Nouvelle-Galles). La Nouvelle-Zélande a, elle aussi, des gisements houillers. Une partie du combustible extrait est vendu aux navires, le reste consommé dans le pays. Des usines à vapeur ont commencé à s'installer pour la fabrication du suif, la filature, la métallurgie. Mais l'industrie ne s'est véritablement développée qu'autour de Melbourne, de Sydney et des villes néo-zélandaises. Les usines travaillent pour la consommation locale, mais ne suffisent pas à l'alimenter; leurs produits doivent être protégés par des droits de douane contre la concurrence anglaise et étrangère.

La population de l'Australasie est très peu dense. Victoria, la colonie la plus peuplée relativement à sa superficie n'a que 5 habitants au kilomètre carré, moins que le Haut-Gévaudan. Les campagnes surtout sont peu peuplées, car la plus grande partie des habitants sont concentrés dans les villes. C'est le cas des 3/5 de la population de Victoria. Melbourne, la plus grande cité de l'Australasie renferme presque les 2/5 de la population de la colonie. La moitié au moins des habitants de la Nouvelle-Galles et de ceux de Sud-Australie, colonie pourtant agricole, vivent en agglomérations de plus de 5 000 habitants. Cette prédominance de l'élément urbain a beaucoup contribué à rendre l'Australasie de plus en plus démocratique, à mesure que le nombre des habitants augmentait.

Depuis 1871 la population de l'Australie s'est élevée de 1 600 000 habitants à 3 535 430, celle de la Tasmanie de 99 000 à 182 300, celle de la Nouvelle-Zélande de 256 000 à 756 505. Pourtant l'immigration a beaucoup diminué. Du reste toutes les colonies, sauf Queensland, ont cessé de l'encourager aux frais de l'état. Les chiffres des immigrants sont devenus très irréguliers d'une année à l'autre. Ainsi, vers 1891, l'immigration devient presque nulle dans plusieurs colonies, surtout en Nouvelle-Zélande ; elle reprend ensuite, mais lentement. Dans ces dernières années, la seule colonie qui attire une masse d'étrangers est l'Australie occidentale, à cause de ses champs d'or ; sa population a triplé en dix ans. Victoria, au contraire, perd plus d'émigrants qu'elle n'en reçoit ; dans cette colonie l'excédent des départs sur les arrivées s'est élevé à 9 015 pour 1899-1900 : dans la même époque l'Australie tout entière n'a gagné que 7 335 habitants par immigration.

En même temps la proportion des naissances baisse dans toutes les colonies d'une manière continue. Queensland qui vient en tête de liste est tombé de 37,15 naissances pour 1000 habitants en 1890 à 27,31 en 1900. La Nouvelle-Zélande, qui vient en queue, est tombée de 29,44 p. 1000 en 1890 à 25,12 p. 1000 en 1899.

Voici le tableau de la population des différentes colonies et de leurs capitales (avec leurs faubourgs) pour l'année 1899-1900.

COLONIES	DATES officielles de la fondation	POPULATION	CAPITALES	POPULA-TION (avec les faubourgs).
Nouv.-Galles du Sud.	1788	1 356 650	Sydney.	432 625
Victoria	1851	1 163 400	Melbourne (1836) .	475 380
Nouvelle-Zélande. . .	1840	756 505	Wellington (1839).	47 802
Queensland	1859	482 400	Brisbane (1824). .	119 728
Sud-Australie	1834			
Avec le Territoire-Nord (1864)		370 700	Adélaïde (1836) . .	148 644
Tasmanie	1825	182 300	Hobart (1803). . .	41 040
Ouest-Australie . . .	1829	171 030	Perth.	37 105

La capitale est la ville la plus peuplée dans chaque colonie, sauf en Nouvelle-Zélande ou Wellington est dépassée par Auckland (66 501 h.) dans l'île nord, Christchurch (55 441 h.) et Dunedin (49 791 h.) dans l'île sud.

Les habitants de l'Australie et de la Nouvelle-Zélande sont en grande majorité d'origine anglaise ou écossaise et de religion protestante. On rencontre d'importantes minorités irlandaises et catholiques à Sydney, à Melbourne, en Tasmanie. Quelques milliers d'Allemands se sont établis en Sud-Australie et au Queensland. Les immigrants étrangers au Royaume-Uni sont en faible proportion et se fondent rapidement dans la population britannique.

L'immigration chinoise a été presque complètement
arrêtée par des mesures restrictives, l'immigration polynésienne et canaque a été interdite sauf dans la partie tropicale du Queensland [1].

Aucune autre partie de l'empire britannique n'a une
population aussi exclusivement anglaise que l'Australasie.

(1) Voir chapitre III, p. 77.

CHAPITRE II

LA QUESTION AGRAIRE

La situation générale.

En Australie et Nouvelle-Zélande, la plus grande partie
de la population habite les villes. Cette prédominance de
l'élément urbain explique les progrès de la démocratie et
le développement de la législation ouvrière qui sont les
caractères les plus frappants de l'histoire australasienne à
la fin de notre siècle. On se tromperait, cependant, si l'on ne
voyait dans l'Australasie que « le paradis des ouvriers ». Il
ne faut pas oublier, en effet, que les principaux revenus
du pays sont fournis par l'exportation des produits agricoles, la laine, la viande, les beurres et fromages, le blé.
Depuis plusieurs années, la superficie cultivée, la production des céréales augmentent d'une façon continue, et en
même temps s'accroît le nombre des personnes qui cherchent à s'établir dans la campagne. L'industrie la plus importante avec l'agriculture, celle des mines, dépend beaucoup des lois sur la propriété foncière. Aussi plusieurs
colonies ont-elles séparé la propriété du sous-sol de celle de
la superficie, suivant les principes de la loi française de
1810 et contrairement à la tradition anglaise. Mineur ou
agriculteur, c'est à la terre que l'Australasien demande sa
fortune ou sa subsistance. C'est sur elle que se fixent

les désirs de la plupart des électeurs, c'est du gouvernement qu'ils réclament non seulement des lois foncières, mais la propriété elle-même.

Dans les colonies en effet, l'état a été et demeure le principal dispensateur des terres. Toutes les terres vacantes lui appartiennent de droit, depuis le commencement de la colonisation ; son domaine, bien que la meilleure partie en ait été aliénée, est encore plus étendu, sinon plus fertile que tous ceux des particuliers. A quelles conditions le cédera-t-il aux colons ? Telle a été, telle est encore la question la plus controversée de la politique australasienne : il serait impossible d'écrire l'histoire des colonies, sans lui donner la première place. A chaque évolution nouvelle correspond, en effet, un système particulier d'aliénation des terres publiques.

On a vu dans le chapitre précédent[1] quelle était la situation au moment où s'ouvre la période démocratique. La plus grande partie des terres en valeur appartenait à de grands propriétaires où avait été louée à des *squatters* avec des baux renouvelables et le droit de préemption. D'autre part, une masse de nouveaux immigrants réclamaient des concessions. Or, l'administration des terres publiques venait d'être abandonnée par l'Angleterre aux parlements coloniaux récemment créés. Ceux-ci accordèrent aux électeurs tout ce qu'ils demandaient. Une série de lois dont la première est adoptée par Victoria en 1860, accordent aux colons le libre choix, même avant l'établissement du cadastre (*Free Selection before Survey*).

(1) Voir p. 7-9.

Chacun a le droit de prendre dans les terres publiques, même celles qui sont louées aux *squatters*, jusqu'à plusieurs centaines d'acres [1], à l'endroit qui lui convient, au prix de 25 francs l'acre, payé un quart comptant et le reste par annuités et sans intérêts pendant les trois premières années : en compensation, le colon doit enclore sa terre et y élever une maison.

Dès que ces lois eurent été votées, une foule de *selectors* s'installèrent dans les bonnes terres qui n'étaient pas vendues. Le *squatter* voyait tout à coup une palissade et une barrière en fil de fer entourer une partie des terrains sur lesquels il croyait avoir le droit de pâture : c'était le cultivateur, le cacatois, comme on l'appelait par dérision, qui prenait la place des moutons. Entre *squatters* et fermiers, les conflits furent nombreux. On comprend que les gouvernements aient pris parti pour les cultivateurs, parce qu'ils augmentaient la valeur du sol en le travaillant et parce qu'ils peuplaient les espaces réservés jusque-là aux moutons. Tels étaient du moins les effets qu'attendaient de la loi les ministres et les petits colons. Elle en eut d'autres encore.

Un grand nombre de prétendus *selectors* choisirent et achetèrent des lots pour des spéculateurs ou servirent d'hommes de paille à des *squatters* désireux d'acquérir pour leur compte toutes les parties arrosées et cultivables de leurs pâtures. Comme on pouvait choisir avant que le cadastre fut dressé, chacun prenait à son avantage et annexait à son domaine des acres qu'il ne payait pas au gou-

---

(1) 1 acre égale 40 ares ; 5 acres font 2 hectares.

vernement. Bref, le système fut, suivant le mot énergique d'un publiciste australien, le « pillage du patrimoine colonial ». Les gouvernements durent en suspendre l'application par une série de mesures de détail, et ils ont remplacé, entre 1884 et 1892, les anciens codes fonciers par des lois nouvelles.

La législation foncière contemporaine est plus radicale en Nouvelle-Zélande que dans les autres colonies, mais son esprit général est à peu près le même partout. Elle impose une limite maxima aux acquisitions et même aux locations de terres publiques : elle va, dans plusieurs colonies, surtout en Nouvelle-Zélande, jusqu'à attaquer la grande propriété particulière, constituée sous le régime précédent. Enfin, elle favorise la moyenne et la petite propriété, considérées comme la charpente de la société coloniale[1].

Les grands propriétaires et les squatters (éleveurs de moutons).

Autrefois un colon pouvait occuper autant de terres publiques qu'il en désirait : depuis quelques années tous les états ont limité strictement la superficie du terrain qu'une

(1) Les titres et les dates des lois importantes donnés au cours de cette étude, permettront de les trouver dans la bibliothèque du Ministère du commerce ou aux archives de la Direction du Travail. Victoria a publié un *Hand book of the Land Act*, Melbourne, 1899, in-8°.

Il faut consulter encore les *Regulations*, publiées en même temps que les lois.

Le ministère des terres (*Department of Lands*) de chaque colonie publie chaque année un rapport officiel très important.

On trouvera plus facilement des indications très suffisantes dans *The New Zealand Official Year Book*, *The Deven Colonies of Australasia*, et les autres annuaires indiqués plus haut.

Epps. *The Land Systems of Australasia*, Londres, 1894, in-8°, donne l'histoire de la législation foncière jusqu'en 1892.

seule personne peut acquérir ou louer. Ces mesures se
justifient par l'intérêt qu'ont les colonies à augmenter leur
population trop faible. Or, la grande propriété, quand elle
est mise en valeur, fait vivre sur un même espace moins
de personnes que la petite, car le *landlord*, le seigneur
foncier, cherche à réduire le nombre de ses intendants, de
ses fermiers, de ses travailleurs pour diminuer ses frais.
De plus la grande propriété, surtout dans les pays neufs,
n'est pas toujours cultivée [1]. Elle est occupée souvent par
des spéculateurs qui attendent le moment où le travail des
colons qui entourent leur terrain et les travaux publics
exécutés aux environs auront augmenté la valeur du placement qu'ils ont fait. Beaucoup de *landlords* australiens
demeurent en Angleterre, et laissent les eucalyptus et les
broussailles croître sur des propriétés qu'ils n'ont jamais
visitées, attendant que la valeur de la terre s'élève pour
vendre avec bénéfice. Un pareil placement est excellent
dans une colonie qui se développe. Aux environs des capitales, par exemple, des lots où la forêt primitive restait
vierge, mais qui étaient propres à l'établissement de
vignes, de vergers, de jardins ont été vendus 80 fois plus
cher qu'ils n'avaient été payés dans la première partie de
ce siècle. Dans les villes, les prix des terrains à bâtir ont
atteint plus de mille fois le chiffre auquel ils avaient été
adjugés soixante années auparavant. Aujourd'hui, toutes
les bonnes places sont prises depuis longtemps. Les gou-

(1) Plus les propriétés sont petites, mieux la terre est cultivée en
Australasie. Voir : *Works and Wealth of Queensland* (publication
officielle) ; Epps, *The Land systems of Australasia*, p. 130 ; Woods,
The Colony of South Australia, p. 210 ; De R. Walker, p. 64-68 ;
Michaël Davitt, et la plupart des publicistes qui ont écrit sur la colo-
nisation dans l'Australasie contemporaine.

vernements ont limité trop tard l'étendue de la propriété. On verra plus loin qu'ils ont dû racheter des terres aliénées aux époques du système Wakefield ou de la sélection libre pour les morceler et les vendre en petits lots.

Le domaine public comprend, il est vrai, dans chaque colonie d'immenses espaces; mais ce sont les terrains qu'on croit impropres à la culture, ceux dont les capitalistes n'ont pas voulu : ce sont les déserts intérieurs, couverts d'une brousse de plantes grasses et d'épines, sous laquelle pousse, pendant la courte saison des pluies, un gazon éphémère. Ces terres ont été louées en concessions immenses, grandes parfois comme un de nos départements. La seule industrie qui ait paru jusqu'ici profitable, dans ces régions, consiste à élever des moutons à laine : on les parque par milliers dans d'immenses enclos de palissades et de fil métallique où ils cherchent leur pâture en liberté, sans bergers ni chiens. Ces enclos sont disposés par groupes de trois ou quatre autour d'une source, d'un puits, d'une citerne, où des pompes mues par des moulins à vent puisent, pour la distribuer dans de grandes auges, l'eau nécessaire à abreuver les moutons. De loin en loin, on construit une hutte dans laquelle un surveillant vit seul avec sa Bible, son accordéon, sa pipe et un ou deux chevaux, qu'il monte pour faire sa ronde autour des clôtures. Au centre, s'élève la maison de l'intendant général, faite de planches, couverte de fer galvanisé, entourée par d'autres constructions de bois blanc et de tôle, la remise des voitures, l'écurie (parfois simplement un enclos) le grand hangar où les tondeurs ambulants viendront opérer pendant la saison. Tel est l'aspect habituel de la *station* à moutons. Elle s'étend parfois sur plusieurs centaines de kilomètres carrés, comprenant des plaines, des montagnes, des marais salés et des criques, formant à elle seule une région aux aspects divers, avec 80 à 100 000 bêtes, et seulement 18 à 20 habitants à demeure, qu'autant de tondeurs renforceront à la saison pendant trois ou quatre semaines [1]. Sans doute, il y a de petites stations; mais la tendance actuelle est aux grandes entreprises faites par des sociétés d'actionnaires. On appréciera l'importance de ces compagnies pastorales, si l'on sait qu'une seule d'entre elles avec quatre *stations* seulement, s'étend sur près de 800 kilomètres du lac Torrens à la frontière du Queensland. Les *stations* sont nombreuses surtout dans les trois colonies qui possèdent d'énormes morceaux des steppes intérieures, Nouvelle-Galles, Queensland, Sud-Australie. Dans les parties où l'herbe est savoureuse et l'eau en quantité suffisante, on a tenté avec succès l'élevage des vaches à lait (Victoria, Nouvelle-Galles) et des bœufs de boucherie (Nouvelle-Galles, Queensland). Les propriétaires de stations forment, avec ceux des mines, la classe riche des capitales australiennes.

Si les terrains qu'ils occupent n'étaient bons qu'à nourrir des moutons, il est probable que les petits fermiers ne les leur disputeraient pas. Mais depuis que la zone côtière, la meilleure du pays, a été aliénée, on prétend que l'intérieur n'est pas aussi impropre à la culture que les premiers colons l'imaginaient : avec des travaux d'irrigation, on peut, en beaucoup d'endroits, faire produire à la terre

_____

(1) *Works and Wealth of Queensland* (publication officielle), p. 18. — De R. Walker. *Australasian Democracy*, p. 69.

des récoltes. Les adversaires de la grande propriété rappellent qu'il y a cent ans on croyait l'Australie bonne seulement à nourrir des kangourous, tout au plus des moutons et que les cultures actuelles ont été introduites sur des régions occupées d'abord uniquement par la brousse ou les arbres. Le meilleur exemple à l'appui de leur thèse est fourni par les plateaux des *Darling Downs*, au sud-ouest de Queensland ; on les a pendant longtemps utilisés comme pâturages, et quand le gouvernement s'est mis à y établir des agriculteurs, les éleveurs ont déclaré que les *Downs* ne pouvaient pas produire une seule tête de chou. Pourtant cette contrée est devenue en quelques années l'une des régions les plus belles de l'Australie. De même la Nouvelle-Zélande a établi avec succès des cultivateurs sur des terrains qu'on croyait destinés à rester éternellement landes de pâturage : il est vrai que la Nouvelle-Zélande et même les *Darling Downs* sont mieux arrosés que l'Australie intérieure ; mais enfin le désert australien lui-même a des sources, des mares, des cours d'eau parfois ; avec des travaux d'irrigation, on pourra conserver l'eau, la bien répartir, n'en pas perdre une goutte. Tous ces raisonnements et le besoin pressant de peupler les campagnes ont convaincu les gouvernements qu'il valait la peine d'essayer de développer la colonisation aux dépens de l'élevage.

On a donc imposé des limites dans l'espace ou dans le temps aux locations de pâtures. Victoria ne loue que 4 000 acres au maximum ; Nouvelle-Zélande ne loue pas pour plus de 4 000 têtes de bétail ou de 20 000 moutons et n'accorde qu'une seule location par personne. Ces deux colonies sont celles où le sol est le mieux arrosé et le plus propre à la culture (surtout la Nouvelle-Zélande). Dans les autres, la proportion des steppes sans eau est considérable : ce serait une folie de les reprendre brusquement aux éleveurs et de les offrir en vente à des cultivateurs. Cependant la Nouvelle-Galles et Queensland ont adopté des mesures contre les locations trop longues ou trop étendues. Ces deux gouvernements offrent, à de bonnes conditions, des autorisations (*licences*) de pâture, renouvelables chaque année ou par deux ou trois années ; les baux (*leases*) à long terme ne sont pas supprimés, mais, pour obtenir le renouvellement de ceux qui ont été conclus avant la loi, il faut abandonner la moitié de l'étendue primitivement concédée. Enfin, ces deux gouvernements ne donnent plus guère à bail que des superficies de 20 000 acres au maximum. Sud-Australie loue pour vingt et un ans et n'accorde un renouvellement de bail qu'aux terres les plus pauvres. Les éleveurs se plaignent beaucoup de ces mesures et prétendent que leur industrie en sera ruinée. Elle exige, en effet, une mise de fonds énorme, employée à acheter le troupeau, à élever les clôtures, à faire des adductions d'eau ou des puits; il faut, pour payer les premières dépenses, une ou deux bonnes années; or, les années sont souvent mauvaises. Le prix de la laine est fort variable : qu'il baisse, et les pertes dépasseront les profits. Le climat de l'intérieur a des pluies rares et irrégulières : vienne la sécheresse, et les moutons meurent en masse. J'ai visité, après trois années de sécheresse, les environs de Bourke, petite ville du Far West de la Nouvelle-Galles sur le Darling; le pays n'est plus qu'une grande plaine monotone coupée par la rigole où coule l'eau maigre et lente de la rivière. Toute la région est occupée par des stations de moutons qui avaient terriblement souffert de la disette d'eau. Les routes étaient parsemées de cadavres de moutons; la ville avait perdu la moitié de sa population, les magasins étaient à louer et l'hôpital plein de gens malades de la fièvre typhoïde; on eut crû voir reparaître quelques-unes des plaies d'Égypte. Les *managers* des stations me déclaraient que les éleveurs seraient ruinés si la sécheresse continuait. « Mais, ajoutaient-ils, une bonne année sur trois, deux sur cinq au plus, suffisent pour refaire. » L'élevage est donc une spéculation : c'est comme spéculateurs que les propriétaires de moutons sont attaqués en Australie. « Ils se préoccupent uniquement de gagner de l'argent, disent leurs adversaires, ils ne tiennent pas au sol; leur fortune faite, ils retournent en Angleterre; du moins ils emploient leurs profits à des entreprises étrangères et non exclusivement à mettre en valeur l'Australie. » Il est vrai qu'ils produisent la plus grande partie de la laine qui fait la richesse des colonies, mais qui empêcherait les petits propriétaires ou les petits locataires de produire la laine eux aussi?

Mesures contre la grande propriété. — Les théories de Henry George.

Les arguments qui portent contre les grandes locations sont employés aussi contre la grande propriété; mais il est bien plus malaisé de toucher au principe même de la propriété qu'aux droits du locataire. Aussi a-t-on commencé par une attaque indirecte.

Victoria, la colonie des mines d'or, qui a si souvent donné l'initiative des réformes, imagina dès 1877 de frapper d'un impôt les propriétés au-dessus de 640 acres ; on croyait par là pousser les propriétaires à vendre leurs terrains en lots assez petits pour ne point payer la taxe ; on voulait que la moyenne et la petite propriété fissent prime sur le marché. La mesure n'eut aucun effet appréciable. On a proposé à sa place un impôt progressif sur la propriété, qui n'a été adopté que par deux colonies, Sud-Australie et Nouvelle-Zélande. Ces impôts ont été institués en 1893, en même temps qu'un système de taxes progressives sur le revenu, sur les successions, ouvertement destinées à combler, aux dépens de la classe riche, le déficit du budget. Les lois qui établissent ces taxes sont des lois de circonstances, faites contre un inconvénient présent et pour un résultat immédiat. Les considérations théoriques y ont fort peu de part. On peut cependant admettre que les idées de l'économiste américain Henry George ont eu quelque influence sur l'établissement de l'impôt foncier progressif.

La doctrine de George a été conçue dans un pays neuf, la Californie, où l'exploitation des mines, le défrichement, la culture, la construction des villes ont rapidement donné une très grande valeur à la terre. Le cas est le même en Australie. Dans toutes les régions qui se peuplent rapidement, l'augmentation de valeur des terrains est due en très faible partie au travail du propriétaire ; elle vient principalement des avantages naturels et du travail de la société tout entière. George en conclut que l'état devrait prendre dans le revenu foncier tout ce qui vient de la nature ou de la société. Il propose donc de remplacer les impôts, les droits de douane, en un mot toutes les recettes de l'état par une taxe unique (*Single Tax*) correspondant au revenu du capital que représente le terrain au moment où l'état le concède. La valeur du terrain pourra augmenter parce que le colon l'améliore, le travaille, y construit une maison; cette plus-value est « méritée » et ne sera pas entamée par l'impôt. Mais, si le terrain augmente de valeur parce qu'il se trouve sur l'emplacement où l'on construit une ville ou près d'une nouvelle ligne de chemin de fer, enfin pour toute autre cause indépendante du travail personnel de l'occupant, alors la plus-value est imméritée (*Unearned Increment*) et doit être absorbée par une élévation de la taxe.

Avec ce procédé, l'état fait d'une pierre deux coups; il assure ses recettes par le moyen le plus juste — suivant George — et il oblige ceux qui prennent des terres à les travailler ou à les améliorer constamment, s'ils veulent en tirer quelque profit. Enfin, les capitaux, au lieu d'être enfouis dans les spéculations à longue échéance sur les terres restent en circulation et leurs possesseurs sont contraints, pour les faire valoir, de les placer dans des entreprises dont la société tire quelque avantage. Dans le système actuel, d'après George, les capitalistes bloquent la colonisation parce qu'ils achètent les bonnes terres et les laissent improductives, comptant sur la plus-value imméritée pour faire un beau bénéfice; sous la menace de la *Single Tax*, le capitaliste se fera banquier, entrepreneur de chemins de fer, constructeur d'usines et deviendra le facteur le plus utile de la colonisation. La doctrine n'est pas dirigée contre les capitalistes, mais contre l'immobilisation du capital dans la spéculation sur les terrains.

Il ne faut donc pas s'étonner de trouver parmi les disciples de George en Amérique, en Australie, en Angleterre, un certain nombre de commerçants, d'industriels, de personnes appartenant à la bourgeoisie aisée qui, par leur profession, ont besoin d'emprunter souvent à bon marché À Adélaïde, par exemple, c'est un notable commerçant que je trouve au premier rang des partisans de la *Single Tax*; à Melbourne, ce sont des gens d'affaires groupés autour d'un économiste d'origine allemande ; en Nouvelle-Zélande, Michel Flurscheim et Ignatius Singer, propagandistes de théories analogues à celle de George, l'un en Allemagne, l'autre en Hongrie, s'occupent, lors de mon passage, d'une manufacture et d'un établissement de crédit. Dans ces pays neufs, le georgisme est souvent le cas d'entrepreneurs disputant à la terre l'emploi des capitaux et cherchant à fermer ce placement si tentant pour les capitalistes. Le propagandiste de Melbourne m'explique que toutes les formes de spéculation, hors celle qui a pour objet les terres, sont nécessaires au développement économique du pays, et il développe cette thèse comme le ferait le plus orthodoxe des économistes libéraux.

Ainsi défini, le georgisme n'a pas excité un enthousiasme universel dans le monde ouvrier australasien. Sans doute, les ouvriers sont, d'instinct, favorables au projet d'augmenter la contribution des grands propriétaires fonciers. Mais leurs intérêts immédiats sont plutôt en conflit avec ceux des possesseurs du capital mobilier et leur préoccupation est, avant tout, d'augmenter leurs gains et de

diminuer leurs heures de travail. En outre, ils croient
le protectionnisme indispensable au maintien des hauts
salaires, tandis que George est libre-échangiste et n'accorde à l'état qu'un seul revenu : le produit de l'impôt
foncier. C'est pourquoi les ouvriers, bien que favorables
à la critique de George, n'ont pas adopté la panacée de
la *Single Tax* qui caractérise la pure doctrine.

La taxe unique n'a été essayée par aucun gouvernement.
Mais le ministère Kingston, en Sud-Australie, a reconnu la
distinction entre la plus-value créée par le travail et la
plus-value imméritée, lorsqu'il a établi l'impôt foncier
progressif, en 1893. La seconde, seule, est atteinte par la
taxe ; la première en est exempte. Le départ entre les deux
est fait par une enquête périodique, à la suite de laquelle
l'impôt est fixé.

Un député sud-australien, partisan de George, a proposé
de donner aux municipalités le droit de se procurer des
ressources supplémentaires en frappant uniquement la
propriété foncière. C'est ce que nous appellerions ajouter
des centimes additionnels à la taxe foncière. Lors de mon
passage, cette disposition paraissait assurée de l'appui du
gouvernement.

A l'impôt foncier progressif, le gouvernement sud-australien ajoute une taxe de 20 p. 100 de revenu sur les
terres dont le propriétaire ne vit pas dans la colonie. « Il
est équitable, a déclaré le premier ministre, que les
absents paient sous cette forme ce que les habitants donnent
à l'état en impôts indirects, puisque les premiers bénéficient comme les seconds des travaux publics qui augmentent la valeur de la propriété. » Cette déclaration qui

semble reconnaître la légitimité de l'impôt indirect, serait considérée comme hétérodoxe par un georgiste pur. Mais le gouvernement ne se pique pas de réaliser la taxe unique. Le véritable but des impôts fonciers indiqués plus haut c'est de battre en brèche la grande propriété.

L'impôt foncier progressif, conçu comme en Sud-Australie, a été proposé à tous les parlements coloniaux. Jusqu'à présent il n'a été adopté qu'en Nouvelle-Zélande. Cette dernière colonie l'a établi de manière à frapper exclusivement les grands propriétaires. En effet, d'après les données publiées dans l'*Annuaire officiel*, 13 000 grands propriétaires sont seuls à le payer, tandis que les 90 000 moyens et petits propriétaires de la colonie en sont entièrement exempts[1]. L'esprit de la loi est nettement indiqué par la disposition suivante : si un grand propriétaire trouve qu'il est surimposé, il a le droit d'abandonner au gouvernement sa propriété pour le prix auquel l'administration financière l'avait évaluée. Le cas s'est produit pour un immense terrain de 85 000 acres, qui comprenait toute la région de collines au nord de la plaine de Christchurch (île sud). Cette région, grande comme un canton de France, arrosée par d'abondants cours d'eau, formait un seul domaine, le *Cheviot Estate*, où le possesseur élevait des moutons et employait une vingtaine de personnes. Après l'échange, le gouvernement a divisé le domaine en petits lots, les a vendus à des cultivateurs, a construit des routes, des ponts, un bureau de poste : aujourd'hui la région compte 290 concessionnaires (non

(1) *The New Zealand Official Year Book*, 1900, p. 135.

compris les femmes et les enfants) et le revenu de la terre a presque quadruplé. C'est là un des plus heureux exemples de l'application des nouvelles lois foncières; aussi le directeur du service des terres à Christchurch invite-t-il avec un légitime orgueil les enquêteurs étrangers à visiter l'ancien *Cheviot Estate*. Malgré le succès de cette difficile expérience, le gouvernement n'aime pas les échanges : on dit, en effet, qu'il est maintenant plus disposé à accorder une réduction sur les taxes, car l'aménagement des grands domaines est une affaire coûteuse et le gouvernement ne saurait l'entreprendre à l'improviste dans des régions où le morcellement peut être difficile et peu utile. Le gouvernement veut employer où il le juge à propos les fonds destinés à augmenter le nombre des petits cultivateurs.

Il a trouvé un moyen de diriger à son gré le morcellement des grands domaines. En effet, une loi de 1891 (*Land for Settlements Act*) l'a autorisé à dépenser jusqu'à £ 50 000 par an pour racheter de grandes propriétés et les diviser en lots de 320 acres au maximum. Le crédit a été porté à £ 500 000 (12 millions 1/2) en 1897. Enfin, les lois de 1894 et 1896 ont institué le rachat obligatoire (*Compulsory Repurchase*), c'est-à-dire l'expropriation pour cause d'utilité publique. Aux termes de cette loi, le gouvernement fait d'abord une offre d'achat au propriétaire du domaine qu'il se propose de morceler. Si le propriétaire ne veut pas traiter à l'amiable, l'expropriation est prononcée par le gouverneur en conseil, et l'indemnité fixée par un jury formé d'un juge de la Cour suprême, président, d'un assesseur nommé par le gouvernement et d'un autre choisi par le propriétaire. Cette loi a été appliquée à 77 domaines, comprenant en tout 324168 acres, les opérations ont coûté £ 1 598 092 (près de 35 millions), dont £ 1 523 927 pour l'achat du terrain et £ 74175 pour le cadastre, la construction des routes, les dépenses administratives. De toute la superficie acquise, plus des 5/6 étaient utilisés en 1900 (267 991 acres concédés, 7 000 réservés pour monuments publics, écoles, etc., ou occupés par les routes). Sur le reste, 36 500 acres n'avaient pas encore été offerts, parce que le travail d'arpentage et le tracé des routes n'était pas terminé. Seuls 15 390 acres n'avaient pas trouvé preneur. Les concessionnaires étaient au nombre de 1 630 (4 196 personnes en contant les femmes et les enfants). Le total des loyers payables au gouvernement s'élevait à £ 72 656 [1].

J'ai visité dans les plaines de Canterbury (île nord) les régions que le gouvernement vient d'acquérir pour les morceler. Ce sont d'immenses espaces ondulés couverts d'herbes : la forêt primitive y a été incendiée au temps des grands propriétaires pour faire place aux moutons ; l'œil est à peine arrêté de loin en loin par les longs glaives verts du *phormium tenax* et par la chevelure flottante au vent du *cabbage tree*. Les rivières descendent des hautes montagnes qui ferment l'horizon, courent vers la mer dans de larges lits de cailloux où leurs eaux se divisent en bras peu profonds qui se gonflent soudain à la fonte des neiges, pour divaguer dans la plaine. Depuis l'inter-

---

(1) *The New Zealand Official Year Book*, p. 377-379.
Voir pour plus de détails les différentes publications du ministre des terres à Wellington sur certains domaines morcelés, par exemple, *The Cheviot Estate*, deux brochures, 1893 et 1894 ; *The Highbank Estate*, Canterbury 1896 ; *The Waiapi... Settlement*, 1897.

vention du gouvernement, des routes commencent à être
tracées, une ou deux petites gares se sont élevées sur la
ligne de Christchurch à Dunedin : des églises, des magasins en planches indiquent le centre des villages créés.
Les maisons de bois ou de terre s'élèvent au milieu des
lots éparpillés dans la campagne ; les charrues commencent
pour la première fois à retourner le sol. L'ensemble, sous
un ciel gris de fin d'hiver, est encore flou comme une
lithographie manquée. Le travail de colonisation commence à peine, mais déjà les maisons, les labours donnent
un aspect de vie à ces immenses solitudes.

La plus grande partie des lots ainsi concédés sont de
100 acres et moins, suivant la fertilité. La loi est donc
destinée à favoriser la propriété relativement petite, plutôt que la moyenne propriété. L'administration des terres
se réserve le droit de donner ces lots à des gens qui ne
possèdent aucune parcelle de terre et de choisir parmi
eux les plus aptes à la culture.

Le gouvernement n'est pas seul à procéder de la sorte.
Il est juste de reconnaître que certains grands propriétaires
ont, de leur propre mouvement, vendu leurs domaines en
petits lots à des cultivateurs. D'après le gouvernement
néo-zélandais, c'est la loi récente qui a amené cette transformation. Peut-être n'est-elle simplement que le résultat
d'une évolution analogue à celle du *Far West* américain :
là aussi la grande propriété est morcelée et vendue en
petits lots, mais sans que les lois y soient pour rien ; c'est
qu'elle rapporte davantage à être aliénée de la sorte. Le
cas est le même en Nouvelle-Zélande. On assure là-bas
que beaucoup de propriétaires sont disposés à se défaire

de leurs domaines et ne demanderaient pas mieux que de traiter avec l'état, le plus solvable de tous les acquéreurs ; on assure même qu'ils trouvent que le gouvernement ne va pas assez vite en besogne, et que les expropriations sont parfois sollicitées comme une faveur par ceux dont elles semblent mettre en danger les intérêts.

On ne s'étonnera donc pas de voir que le moins radical des gouvernements australasiens, celui de Queensland, s'est fait accorder en 1894, un crédit de £ 100 000 par an, pour racheter de grandes propriétés (*Agricultural Land Purchase Act*). Il s'agissait de reprendre des terres fertiles consacrées à l'élevage pour les vendre à des cultivateurs [1]. Le rachat ne peut être imposé à ceux qui refusent de céder leur propriété. Depuis 1899, Victoria rachète aussi des terres, mais seulement de gré à gré. Sud-Australie s'est mise également à racheter des domaines pour les vendre en petits lots avec des conditions très faciles pour le payement. C'est ce qu'on appelle d'un nom significatif, la loi pour augmenter la densité de la population (*Closer Settlement Act*). Le premier ministre, M. Kingston, aux dernières élections générales, avait promis de faire voter le rachat obligatoire sur le modèle de la Nouvelle-Zélande. « Si l'on peut, disait-il, exproprier pour cause d'utilité publique, quand il s'agit de construire un édifice ou d'ouvrir une route, n'a-t-on pas le même droit quand il s'agit d'accroître le nombre des habitants ? » [2] Toujours l'intérêt du plus grand nombre opposé à celui de la minorité. De

(1) *Works and Wealth of Queensland*, p. 30.
(2) *The Government Policy as announced by the Premier* (Discours de M. Kingston à la veille des élections générales), Adélaïde, 1899, p. 9.

théorie, peu ou point. Le sens des lois qu'on vient d'analyser a été nettement exprimé devant les électeurs par M. W. P. Reeves, ex-ministre du travail en Nouvelle-Zélande, peut-être le plus net et le plus conscient des réformateurs australasiens. « La colonie, a-t-il affirmé, ne veut pas de ces grandes propriétés. Je pense qu'elles sont une peste sociale, un obstacle à l'industrie, qu'elles barrent la voie du progrès[1] ! »

Concession exclusive de la moyenne et de la petite propriété. — Le bail perpétuel (facultatif) en Nouvelle-Zélande.

En Australasie, les ennemis de la grande propriété sont les partisans les plus décidés de la moyenne et de la petite. De même que la *Single Tax*, la théorie de la nationalisation du sol a pénétré en Australie, mais sans passer dans la pratique. Seule, la radicale Nouvelle-Zélande a essayé (tout en maintenant la vente pure et simple) un système de bail emphytéotique où la propriété resterait à l'état. Le bail est de 999 ans ; aussi l'appelle-t-on bail à perpétuité (*Everlasting Lease, Lease in Perpetuity*) ; le locataire s'engage à faire certaines améliorations sur son lot, et à payer un loyer équivalent à 4 p. 100 de la valeur de la terre au moment du contrat. Ce loyer est fixé une fois pour toutes, et ne pourra être augmenté ; la plus-value appartiendra donc entièrement au locataire, à moins qu'il ne soit assez riche pour grossir le nombre des 13 000 personnes qui payent l'impôt foncier progressif ; dans ce cas

(1) Cité par Do R. Walker, *Australasian Democracy*, p. 91.

seulement une partie de la plus-value sera reprise par
l'état, les rôles de la taxe étant refaits périodiquement.
Comme les neuf dixièmes des possesseurs du sol sont
exempts de taxe, l'état est loin de s'approprier toute la
plus-value imméritée. M. Flurscheim et les georgistes de
Nouvelle-Zélande le constatent avec regret et blâment le
gouvernement de n'avoir pas soumis le loyer de 999 ans à
une révaluation périodique. Mais que voulait le gouvernement? Tout simplement augmenter le nombre des cultivateurs, en se servant, au besoin, de quelques moyens
empruntés aux disciples de George. Le véritable but, c'est
de mettre la terre à la portée de ceux qui veulent la cultiver. Le loyer perpétuel est surtout un procédé pour faciliter la possession du sol à ceux qui n'ont pas le capital
nécessaire pour l'acheter. A considérer le tarif de l'intérêt
et en Nouvelle-Zélande, le prélèvement de 4 p. 100 attri-
bué à l'état est une condition très douce, d'autant plus que
l'état est créancier plus traitable que les particuliers.

En somme, le principal but de l'état est de faciliter aux
moyens et petits cultivateurs les moyens de posséder la
terre. Aussi ne fait-il aucune difficulté de concéder la propriété à ceux qui la désirent. Il a, en effet, conservé deux
modes de vente que voici :

1° Le gouvernement pratique la location avec promesse
de vente (*Lease with a purchasing power*) : le bail est de
vingt-cinq ans, le loyer fixé à 5 p. 100 de la valeur de la
terre ; le locataire doit cultiver une partie du sol, élever
des constructions ; s'il a rempli ces conditions, et au bout
de dix ans, il peut acheter la terre.

2° Enfin, la Nouvelle-Zélande a conservé la vente pure

et simple ; l'acheteur paye un quart comptant, le reste dans les 30 jours.

Dans tous les cas, *l'étendue du terrain concédé, à bail ou en toute propriété, est strictement limitée*. Un néo-zélandais, depuis la loi de 1892, ne peut acquérir plus de 640 acres de terre de première classe, de 2 000 de terre de seconde classe ; s'il est déjà propriétaire dans la colonie, le nombre d'acres qu'il possède est déduit de 640 ou de 2 000 et il ne peut acquérir que la différence : ainsi se complète le système indiqué plus haut. *La grande propriété est détruite par l'état ; la moyenne, d'autre part, ne peut dépasser une limite rigoureusement fixée.*

Le bon marché du bail perpétuel paraît avoir été plus fort que l'instinct de la propriété. En 1899-1900, 111 108 acres ont été pris à bail perpétuel par 348 personnes. 117 771 acres ont été pris à bail avec droit d'achat par 393 personnes. L'achat pur et simple, plus onéreux, n'a été pratiqué que par 95 personnes et pour 16 510 acres.

Le bail emphytéotique sans droit d'achat n'est usité d'une manière générale qu'en Nouvelle-Zélande ; les deux autres modes d'acquisition ont été établis partout avec quelques différences de détail. Le bail avec promesse de vente et la vente pure et simple avec des conditions et restrictions analogues à celles que j'ai citées plus haut, sont les modes d'acquisitions prescrits dans toutes les colonies par toute une série d'importantes lois foncières promulguées de 1884 à 1892. Partout a triomphé ce que M. W. P. Reeves appelle le principe de la terre au peuple (*The Land for the People*) qui entraîne les dispositions suivantes [1] :

(1) Les dispositions essentielles des différentes législations aus-

1° *Limitation stricte de l'étendue de terrain qu'une seule personne peut acheter ou louer,* (Nouvelle-Zélande, Victoria, Sud-Australie, Nouvelle-Galles et Queensland). Dans plusieurs colonies, le *Homestead* ou lot d'étendue limitée, qu'un colon peut acquérir, a été déclaré insaisissable en tout ou en partie, de même que dans certains états américains ;

2° *Cadastrage préalable et vente à prix fixe des lots* par les soins de fonctionnaires spéciaux. La vente aux enchères introduite avec le système Wakefield, a été presque complètement abolie par Nouvelle-Zélande, Sud-Australie et plusieurs autres colonies, comme trop favorable aux riches ; on ne l'a maintenue que pour les terrains à bâtir, divisés en lots très petits. Pour ne mécontenter personne, la Nouvelle-Zélande fait classer les demandes de concessions par ordre de dates et tirer au sort les lots non réservés.

Rachat et démembrement des grandes propriétés, dans plusieurs colonies. Queensland, Victoria, Sud-Australie, affectent une partie de leurs ressources à cet objet. Jusqu'à présent, la Nouvelle-Zélande seule peut obliger les propriétaires à vendre leurs domaines à l'état.

Le « Farmer » (Moyen et petit cultivateur).

L'intention de tous les gouvernements est d'augmenter le nombre des petits ou des moyens cultivateurs, pour avoir une population stable vraiment australasienne ; en effet, avec son merveilleux développement économique et

tralasiennes sur la vente des terres publiques, sont exposés chaque année dans T.-A. Coghlan, *The Seven Colonies of Australasia,* et dans les autres annuaires indiqués.

ses grandes villes, l'Australasie a des campagnes trop faiblement peuplées. L'immigration a beaucoup diminué depuis que l'état ne la subventionne plus. Or les gouvernements, comptant sur une augmentation constante de la population, ont entrepris beaucoup de travaux publics et contracté d'énormes dettes. Leur intérêt est donc d'offrir aux gens toutes facilités pour s'établir et fonder une famille dans la campagne.

On appelle *farmers*, en Australasie, comme dans l'Ouest américain, ceux qui se font petits ou moyens cultivateurs dans les régions neuves. Petit ou moyen, dans un pays neuf, n'a pas le même sens que chez nous; il faut, en effet, considérer que le *farmer* achète en moyenne 100 hectares, moins dans les parties bien arrosées, plus dans les steppes ou les montagnes. Sa terre est presque toujours dans l'état primitif, couverte de broussailles et de forêts. Il faut qu'il taille son chemin (*cut his way*) pour l'atteindre. Une fois arrivé, il commencera par couper ou flamber le bois dans la partie qui paraît la plus propre à la culture; dans le reste, si le pays est assez arrosé, il mettra des vaches dont il vendra le lait sous forme de crème ou de beurre. Pour ces travaux pénibles, il est seul ou se fait aider par un petit nombre d'ouvriers, généralement fils ou parents de fermiers voisins.

La culture change suivant le pays : en Sud-Australie, c'est du blé; en Victoria, en Nouvelle-Zélande, soit des céréales, soit des prairies artificielles; sur la côte nord du Queensland, la canne à sucre. Cette plante, cultivée d'abord dans de grandes propriétés, commence à l'être dans de petits lots par des fermiers et leurs familles. Le gouvernement encourage leurs efforts en leur prêtant, à de bonnes conditions, les fonds nécessaires pour monter des broyeurs coopératifs, où ils produisent le jus qu'ils vendent ensuite aux raffineries (*Sugar Works Guarantie Act*). Le même gouvernement consent des avances aux producteurs de viande et de beurre (*Meat and Dairy Produce Encouragement Act*)[1]. Victoria aide, par des prêts, ses fermiers à établir des crémeries et beurreries coopératives dont les produits sont destinés à l'exportation[2]. Il n'est pas jusqu'à l'élevage du mouton, le type de la grande entreprise agricole, qui ne se démocratise dans les pays où le gouvernement offre en location des petits lots de terrain à pâture, que les fermiers prennent à bail.

La proportion des terres en culture et le nombre des cultivateurs augmentent chaque année dans toute l'Australasie. Les personnes occupées à la culture forment aujourd'hui le groupe le plus important des producteurs australiens. Leur nombre s'élevait (adultes seulement) en 1897-1898 à 85 273 en Victoria, à 74 598 en Nouvelle-Galles, à 59 477 en Nouvelle-Zélande, à 399 80 au Queensland, à 28 847 en Sud-Australie. Ces totaux comprennent non seulement les *farmers*, mais quelques grands propriétaires, les très petits cultivateurs, et enfin les ouvriers ruraux. En Nouvelle-Zélande, le cens de 1896 évalue le nombre des *farmers* moyens et petits à 34 528, en face de 2 115 éleveurs de moutons.

(1) *Work and Wealth of Queensland* (publication officielle).
(2) *The Government Handbook of Victoria* (publié par le ministère de l'agriculture), Melbourne, 1898, in-8°.
(3) *The Seven Colonies of Australasia*, 1897-98, p. 383.

Les statistiques générales ne permettent pas d'apprécier exactement le nombre et l'augmentation des *farmers*. Besogne presque impossible d'ailleurs, car le colon anglais change de résidence et de métier avec une extraordinaire facilité. Les mines produisent-elles beaucoup, bien des habitants de districts agricoles se laissent tenter par elles et réalisent leur propriété. Actuellement les colonies où la proportion des *farmers* est la plus grande par rapport au reste de la population sont les deux colonies fondées avec le système Wakefield : Sud-Australie et Nouvelle-Zélande. La quantité de terres cultivables est beaucoup plus considérable dans la seconde et le nombre de *farmers* paraît devoir y augmenter plus qu'ailleurs tant par l'effet des avantages naturels que par celui des nouvelles lois foncières.

Les *farmers* forment une population très particulière. Beaucoup d'entre eux ne sont pas nés à la campagne, du moins dans la paroisse qu'ils habitent ; ils viennent d'une ville, ou bien ils en ont habité, traversé plusieurs en venant soit d'une autre colonie, soit d'Europe ; souvent ils ont fait des entreprises de toute sorte avant de tenter fortune aux champs avec le reste de leur capital. Quelque profond que soit le *bush* (la forêt ou la brousse) où ils vont se fixer, ils y portent les habitudes de leur vie antérieure. Ils construisent ou font construire une villa de bois couverte en fer galvanisé, avec une véranda, et un salon meublé comme en ville. Souvent leurs femmes sont des *ladies* dont les mains ne touchent pas aux travaux de ferme, qui font de la musique, lisent, s'habillent, reçoivent. Les maris restent abonnés au journal de la capitale ; ils empruntent des livres aux bibliothèques municipales ou particulières qui sont nombreuses, même à la campagne ; ils se déplaceront facilement, iront visiter leurs amis à cheval ou dans leur carriole ; en véritables Anglais, ils ne sont point parcimonieux et ne se refusent aucune dépense. S'ils ont de l'argent, ils viendront, à la morte-saison, visiter la ville. La capitale et l'étranger sont d'ailleurs un constant sujet de préoccupation pour eux parce qu'ils comptent y vendre ce qu'ils produisent. Le marché local, dans ces colonies immenses et peu peuplées, n'est pas, en effet, assez important pour les produits agricoles. Le vin, les fruits, le blé, la viande, les beurres et fromages sont par conséquent destinés à être expédiés dans les grandes villes de la colonie, en Angleterre, enfin partout où l'on pourra les vendre avec profit.

Le *farmer* australien est donc une sorte de propriétaire-négociant comme le *farmer* américain. Il vend à peu près tout ce qu'il récolte, il achète à peu près tout ce qu'il consomme. Aussi a-t-il sans cesse l'attention fixée sur les cours. La conversation du *farmer* est toute remplie de chiffres, de prix, de cotes ; s'intéresse-t-il à l'économie politique et à la statistique ? Non, mais il possède la petite partie de leurs données qui concerne ses affaires. « A combien le blé, le beurre, la viande gelée ? » Voilà les grands soucis du *farmer*. Le reste le préoccupe moins.

Nouveau venu sur une terre nouvelle, il n'est attaché à aucune tradition et les préjugés qu'il peut avoir ne sont point différents de ceux des immigrés ou fils d'immigrés qui habitent les villes. Dans le *bush* comme à Melbourne ou Sydney, la politique est une affaire d'intérêts très étroits mais très précis. Pourquoi le *farmer* s'affligerait-il de voir les partis avancés dominer certains parlements ? Pour lui, il ne fait aucune objection contre la *forward policy*, la politique du mouvement, tant qu'elle sert ses intérêts. Il voit le gouvernement intervenir en faveur des ouvriers ; il se déclare contre le « laissez-faire, laissez-passer », à condition que l'intervention s'étende jusqu'à lui. Il réclame donc des chemins de fer, des tarifs de faveur, des primes à l'exportation, des magasins et des réfrigérateurs à bon marché, des travaux d'irrigation, enfin la plus grosse part possible du revenu public.

Si les recettes actuelles ne suffisent pas pour satisfaire à ses demandes, il acceptera des taxes nouvelles, à condition qu'elles frappent les citoyens plus riches que lui et il appuiera les projets d'impôt progressif sur le revenu et la propriété foncière qui sont présentés par les radicaux et les ouvriers.

Les atteintes au droit général et abstrait de propriété le laisseront absolument indifférent, tant que sa propriété personnelle sera respectée.

Mesures en faveur des petits cultivateurs
(Nouvelle-Zélande).

Pour acquérir la moyenne propriété, pour devenir un *farmer* à l'aise, un colon doit avoir des capitaux ou du crédit. En effet, depuis l'application du système Wakefield, c'est un principe en Australasie qu'aucune concession de terres n'est gratuite, que le domaine doit être une source de revenus pour le trésor[1]. La très petite propriété même

(1) Aux États-Unis, où pourtant l'immigration est beaucoup plus

n'est pas donnée ; mais les gouvernements ont mis à son acquisition des conditions de plus en plus commodes, et cela pour plusieurs raisons.

D'abord ils ont considéré les très petits propriétaires, ceux qu'on appelle les villageois (*villagers*) comme des gens qui auraient besoin, pour vivre, de travailler en journées chez les grands ou moyens propriétaires : par conséquent, favoriser l'établissement des *villagers*, c'était donner aux *squatters* et aux *farmers* la main-d'œuvre qui est si rare dans les campagnes australasiennes. Tel est le point de vue auquel se placent encore aujourd'hui en Australasie la plupart des partisans de la très petite propriété.

La Nouvelle-Zélande est allée plus loin. Son gouvernement, tout d'abord, ne se préoccupa guère que de fournir des auxiliaires aux moyens propriétaires. Puis il s'aperçut que le *villager* n'aurait pas toujours besoin de travailler chez les autres. En effet, l'étendue de terrain nécessaire pour faire vivre une famille n'est pas aussi considérable qu'on l'avait d'abord imaginé ; le sol une fois mis en valeur, un cultivateur actif peut très bien faire subsister sa famille sur quelques acres, comme en Europe. Or la colonie a besoin de cultivateurs. Pourquoi donc ne donnerait-elle pas des facilités spéciales à ceux qui veulent acquérir de petits lots ? La réponse à cette question devait être affirmative avec un gouvernement démocratique. La Nouvelle-Zélande a donc établi, en faveur de la petite propriété, une législation particulière qui s'est augmentée presque chaque année de

importante et où l'intérieur se peuple plus rapidement qu'en Australasie, tout colon peut obtenir gratuitement 160 acres (64 hectares) de terres vacantes, à condition de résider sur son lot (*Homestead*), de le cultiver, ou d'y planter des arbres.

dispositions nouvelles, et qui forme un système complet.

Pour exposer l'histoire de la petite propriété en Nouvelle-Zélande, il faudrait remonter à la période des grands travaux publics et de l'immigration subventionnée (1870-1880) qui suivit les années pénibles des guerres avec les Maoris. A cette époque, on fit venir une foule d'immigrants pauvres, on les répartit par groupes sur des terres vierges ; plusieurs villages s'élevèrent ainsi, formés de misérables *whares* ou huttes de bois et de terre à la mode maori : j'en ai rencontré encore quelques-uns dans la plaine de Canterbury, le grand champ des expériences de législation foncière. Mais ce mode grossier de colonisation a cessé en même temps que l'immigration subventionnée ; il a été remplacé par des systèmes de plus en plus savants dont le premier remonte à la grande loi de 1885 sur la propriété foncière. Les mesures nouvelles accordent aux petits concessionnaires des avantages considérables notamment des avances en argent consenties par l'état, en vertu d'une loi récente qui sera examinée à la fin de ce chapitre. Par contre, les *villagers* ne peuvent plus devenir propriétaires ; en effet, depuis que la nouvelle loi de 1892 a établi, à côté de la propriété pure et simple le *bail perpétuel*, ce mode de tenure est le seul qui soit concédé dans les établissements dont je vais parler.

La première expérience de Nouvelle-Zélande a consisté à créer les villages de petits propriétaires (*Village Settlements*)[1]. On offre à ceux qui s'y établissent des lots de

<hr>

[1] *Report on Village Homestead Settlements in New Zealand*, 1893, by J. E. March, *superintendent of Settlements*, broch. in-8°. — Voir, outre les documents néo-zélandais, deux rapports publiés par le

100 acres au maximum placés les uns à côté des autres (autrefois avec faculté d'achat, aujourd'hui à bail perpétuel). Ils peuvent acheter en même temps un terrain à bâtir de 1 acre sur l'emplacement où le village doit s'élever. — Au 31 mars 1900, 1 838 *settlers*, pour la plupart mariés et pères de famille (5 323 personnes en tout), vivaient dans ces conditions sur 36 777 acres. Leur gouvernement leur avait avancé £ 25 932, sur lesquelles £ 2 936 ont été remboursées. L'augmentation de valeur des terrains était estimée à £ 152 431.

En même temps que le système précédent, le gouvernement de Nouvelle-Zélande avait imaginé les associations de petites fermes qui donnaient droit tout d'abord à la propriété, mais qui, depuis la grande loi de 1882, n'accordent plus que le bail perpétuel. Ces associations (*Small Farm Association; Special Settlement Association*) sont des groupes de 12 personnes au minimum qui prennent à bail perpétuel 1 000 à 11 000 acres à diviser en lot individuels de 320 acres au maximum. On accorde donc aux concessionnaires la moitié seulement de la superficie maxima (640 acres) qui peut être acquise par les voies ordinaires. En pratique, les lots sont habituellement de 200 acres. Le 31 mars 1900, 733 personnes avaient pris dans ces conditions, soit en toute propriété (ancien système), soit à bail perpétuel (depuis 1892), 130,400 acres.

On ne crée presque plus d'établissements comme les précédents. Le gouvernement, il est vrai, n'a pas abrogé les

gouvernement de Victoria, l'un de M. J. Mac Intyre (1894), l'autre de M. Best, ministre des terres (1899), tous deux chargés par le gouvernement victorien de missions en Nouvelle-Zélande.

mesures qui permettent de les instituer, mais il applique de préférence une loi nouvelle appelée *Improved Farm Settlement Act*. Cette loi a donné des facilités plus grandes qu'auparavant aux personnes qui n'ont pas de capitaux et qui désirent s'établir dans la campagne. L'administration leur offre — à *bail perpétuel* seulement — 100 à 200 acres de terrain, suivant la qualité du sol. Elle leur accorde le droit aux avances en argent dont il sera question plus loin. Enfin elle leur fait le très grand avantage de les engager au service de l'état pour le défrichement, l'ouverture des routes, la construction des édifices publics, enfin tous les travaux destinés à rendre habitable le coin de terre vierge sur lequel on veut les établir. Le nouveau colon est donc assuré de vivre dès les premiers jours de son installation ; s'il utilise ses moments de loisir à améliorer son lot, il pourra subsister avec le produit de sa terre au moment où les travaux publics seront achevés.

On croira sans peine que ce mode d'établissement est très recherché. Pour les *Improved Farm Settlements*, l'administration reçoit plus de demandes qu'elle n'a de lots. Elle se réserve le droit de classer les postulants en donnant la préférence à ceux qui ont une famille et qui ne possèdent aucune parcelle de terre. Le 31 mars 1900, elle avait créé 46 *Improved Farm Settlements* couvrant 76 069 acres. Ils étaient occupés par 499 *Settlers* (1 974 personnes en tout). Les tenures étaient de 100 acres en moyenne. 23 074 acres avaient été mises en valeur. Les améliorations étaient estimées à £ 05 304, en y comprenant les avances faites par le gouvernement, qui s'élevaient à £ 64 786. L'administration des terres considère que ce système vaut mieux que les autres et elle est résolue à l'appliquer avec toute l'ampleur possible.

Quand on visite les différents types de colonies de petits propriétaires établies à différentes époques par la Nouvelle-Zélande, on saisit bien vite le véritable esprit des amendements si nombreux apportés aux dispositions primitives. Tout d'abord la Nouvelle-Zélande se propose simplement de fournir aux éleveurs et aux moyens fermiers la main-d'œuvre, en établissant à côté d'eux des voisins moins riches. C'est le cas des parties les plus anciennement alloties de la plaine de Canterbury. Là, en effet, les groupes de petits propriétaires ou de petits tenants sont dispersés méthodiquement parmi les fermes, ou placés à côté des pâturages. Puis, de plus en plus, on s'habitue à considérer le petit cultivateur comme une fin, non comme un moyen. On pense qu'il peut vivre de son bien ; on estime même qu'il vaut mieux qu'il en vive ; on le regarde comme un citoyen menant une vie stable, indépendante, saine, une existence souhaitable. En conséquence, on encourage de plus en plus ceux qui n'ont pas de capitaux à devenir petits cultivateurs, et on met tous les moyens en œuvre pour qu'ils soient tentés de prendre possession d'un lot.

Voici le tableau des lots et domaines de Nouvelle-Zélande, classés par dimensions en 1896-1897 et en 1899-1900.

ÉTENDUE	1896-1897		1899-1900	
	Nombre.	Superficie totale.	Nombre.	Superficie totale.
		acres.		acres.
1 à 10 acres. .	16,715	69.620	17,454	70,290
10 à 50 — . .	11,008	310,493	11,505	322,036
50 à 100 — .	6,833	548,035	7,195	568,716
100 à 200 — . .	8,804	1,369,170	9,177	1,404,581
200 à 320 — (1).	5,206	1,387,431	5,075	1,475,195
320 à 640 — (2).	5,244	2,492,275	5,830	2,688,231
640 à 1,000 — . .	1,829	1,611,267	2,128	1,731,036
1,000 à 5,000 — . .	2,367	5,165,119	2,667	5,495,467
5,000 à 10,000 — . .	343	2,410,140	352	2,451,073
10,000 à 20,000 — . .	227	3,501,576	233	3,201,355
20,000 à 50,000 — . .	162	5,251,810	169	5,535,541
50,000 et au-dessus . .	112	9,769,121	100	9,477,032
Total	58,040	33,312,212	62,485	34,422,053

(1) Superficie maxima de la petite tenure qu'on peut acquérir dans des conditions spécialement favorables.

(2) Superficie maxima de la propriété qu'une seule personne peut acquérir dans les conditions ordinaires.

Dans ce total de 62, 485 lots, ceux qui allaient de 1 à 320 acres, c'est-à-dire qui comprenaient toutes les variétés de *settlements* à des conditions spéciales dont il a été question dans ce chapitre, tous les *blocks* dont il sera traité plus loin, et de plus une plus grande partie de la moyenne propriété acquise suivant les lois ordinaires (maximum = 640 acres) s'élevaient à l'énorme proportion de 81,63 p. 100[1].

Nulle part ailleurs le gouvernement ne témoigne une pareille sollicitude pour la petite culture. Pourtant certains indices semblent montrer que l'évolution commen-

[1] *The New Zealand Official Year Book*, 1900, p. 336 et 837.

cée en Nouvelle-Zélande deviendra générale. Sud-Australie paraît tentée de suivre l'exemple de Nouvelle-Zélande. Victoria a envoyé en 1894 et en 1899 deux hauts personnages étudier la législation agraire de Nouvelle-Zélande, et les rapports publiés à la suite de ces enquêtes ont été fort élogieux sur tous les points, y compris les *Village Settlements*. Enfin ces dernières institutions ont certainement contribué à donner aux gouvernements d'Adélaïde et de Melbourne l'idée de certains établissements agricoles, que j'examinerai plus loin, parce qu'ils étaient destinés plus spécialement aux sans-travail[1], et considérés comme des expériences et non comme une part essentielle de la législation foncière.

Avances de l'État aux moyens et petits cultivateurs (particulièrement en Nouvelle-Zélande).

Pour donner une idée complète de l'esprit nouveau qui anime les lois sur les terres en Nouvelle-Zélande, il me reste à parler des prêts consentis par l'état aux moyens et petits cultivateurs. Il en a été question plusieurs fois dans les pages qui précèdent. Voici pourquoi et comment le gouvernement accorde ces avances.

En Nouvelle-Zélande, comme dans tous les pays neufs, il est impossible à un *settler* de s'établir sans un capital qui lui permette d'acheter la terre, de la défricher, de construire une maison et d'attendre sans mourir de faim ses premiers revenus. Or, les moyens et petits colons, auxquels va de préférence la sollicitude du gouvernement

(1) Chapitre VII, p. 191-210.

ont peu d'argent et se procurent le capital de premier établissement par des emprunts dont le taux est presque toujours supérieur à 5 p. 100. D'autre part, le gouvernement a un crédit suffisant pour emprunter en Angleterre à 3 p. 100. Le gouvernement a donc imaginé de mettre son crédit au service des colons et il y a été autorisé par une loi de 1894 (*Government Advances to Settlers Act*, amendé en 1899).

Cette loi autorise le gouvernement à émettre pour £ 3 000 000 (75 millions de francs) d'obligations à 3 p. 100 de 1894 à 1897. Le terme final a été reculé jusqu'en 1901. Jusqu'à ce jour £ 2 580 000 d'obligations ont été émises à Londres et ont trouvé preneur au-dessous du pair (en moyenne à 94,40 environ). Les sommes ainsi empruntées sont avancées aux colons sur hypothèques et mises exclusivement *à la disposition de la moyenne et de la petite propriété* formée en vertu des lois foncières promulguées depuis 1885. L'intérêt est de 4 p. 100, le bénéfice de 1 p. 100 environ pris par le gouvernement étant destiné à couvrir ses frais et à amortir les pertes. Les demandes d'emprunt sont reçues par une administration spéciale qui les examine et peut soit les rejeter, soit réduire le chiffre demandé. Quand le prêt est accordé, il est remboursable par versements semestriels calculés de manière à comprendre l'intérêt, plus une prime d'amortissement.

Du 23 février 1898, date initiale, au 31 mars 1900, l'administration des avances a reçu 10 995 demandes pour une somme totale de £ 3 711 055, supérieure d'un tiers environ à celle dont elle disposait. Elle a autorisé 8 452 avances, s'élevant à £ 2 633 440, et dépassant l'extrème limite du produit des obligations affectées aux prêts. Mais les sommes avancées réellement n'ont fait qu'un total de £ 2 179 440 réparti entre 7 448 emprunteurs. En effet, 1 004 demandes sur lesquelles l'administration avait fait des réductions ont été retirées. L'administration évaluait le gage de ses avances à £ 4 359 983.

On appréciera l'avantage que présente ce système de crédit foncier national, si l'on sait que 60 p. 100 des emprunts étaient destinés à rembourser des créances particulières dont l'intérêt était supérieur à 3 p. 100 [1].

La libéralité de la Nouvelle-Zélande est supérieure à celle des autres colonies. Toutes, cependant, ont cherché à favoriser l'établissement de petits colons en leur faisant des avances [2]. Sud-Australie prête de l'argent aux membres des communautés de village et aux tenants des *blocks,* dont il sera question plus loin ; elle songe à suivre jusqu'au bout l'exemple de la Nouvelle-Zélande. Victoria avance aussi des fonds aux entreprises récemment tentées pour établir les sans-travail dans la campagne ; elle prête encore aux fermiers qui veulent établir des crémeries, beurreries et d'autres entreprises coopératives. Queensland consent des avances aux sucreries coopératives de petits producteurs.

Partout enfin se manifeste une sollicitude marquée pour les cultivateurs moyens et petits, un désir évident d'intervenir pour les encourager et pour augmenter leur nombre. Les efforts des pouvoirs publics ont de grandes chances

(1) *The New Zealand Official Year Book,* 1900, p. 420-431.
(2) T.-A. Coghlan, *The Seven Colonies of Australasia,* et les autres annuaires indiqués donnent chaque année un sommaire de la législation des différentes colonies à ce sujet.

de succès, car ils vont dans le même sens que l'évolution économique et sociale. Après avoir été le pays de la laine et de l'or, l'Australasie s'est mise à produire la viande, les beurres et fromages, les fourrages, le blé. La superficie cultivée s'étend de plus en plus ; le nombre des *farmers* augmente, et les grands propriétaires trouvent plus de profit à vendre leurs domaines par morceaux qu'à les mettre en valeur. A ces changements correspond une transformation de la société. La classe dominante a été longtemps celle des grands éleveurs de moutons ; le pouvoir est aujourd'hui sous le contrôle des ouvriers ; l'avenir appartiendra peut-être aux *farmers* [1].

(1) Voir encore, sur la question agraire, les pages 191-223 (colonies ouvrière ; maisons et jardins ouvriers) et 230-231 (l'état et l'exportation des produits agricoles).

CHAPITRE III

L'ACTION OUVRIÈRE

Si les efforts des gouvernements pour créer une classe de moyens et petits propriétaires réussissent, la population deviendra plus stable, prendra un esprit particulier, et le monde ne tardera pas à connaître une nation australasienne bien caractérisée. Jusqu'à ces dernières années, l'Australasie — comme les autres colonies anglaises — a été pour la métropole un champ d'entreprises et de spéculations dans lequel on se lançait pour gagner de l'argent. Combien de fois j'ai entendu dire par tel ou tel Anglais établi aux antipodes : « Si j'étais riche, je serais en Angleterre », ou encore : « L'Australie n'est bonne que pour faire fortune. »

L'Australie et la Nouvelle-Zélande ont donc été des pays d'affaires, peuplés par deux classes bien différentes : les capitalistes qui venaient pour s'enrichir par la spéculation sur les terres, l'élevage des moutons, l'exploitation des mines ; les ouvriers sans travail d'Angleterre amenés par le mécanisme du système Wakefield[1] ou attirés par les mines et les travaux publics.

L'histoire contemporaine de l'Australasie, c'est la lutte

(1) Voir page 7.

entre ces deux classes pour la possession du sol et pour les conditions du contrat de travail. Ces conflits se mêlent, parce qu'un ouvrier des antipodes n'hésite pas à se faire colon en achetant de la terre s'il en a le moyen, et parce que le sol appartient souvent à de grands propriétaires qui emploient des salariés dont les intérêts sont les mêmes que ceux des villes. Petits fermiers et ouvriers ont, jusqu'à présent, soutenu d'un commun accord les gouvernements hostiles aux capitalistes industriels et fonciers.

PREMIÈRE PARTIE. — LA VIE ET L'ORGANISATION OUVRIÈRES

Les diverses catégories de salariés.

Les ouvriers des ports, les matelots et chauffeurs sont très nombreux. L'Australie et la Nouvelle-Zélande sont en effet des pays où la plupart des communications et surtout le transit des marchandises se font par mer ; ce sont encore des pays qui vivent de l'exportation des produits agricoles et des minéraux, et qui importent d'Europe et des États-Unis un grand nombre de produits manufacturés. Sydney, capitale de l'unique colonie libre-échangiste, est le port le plus important du Pacifique.

Les ouvriers des ports, marins et chauffeurs, se déplacent constamment et portent les idées d'organisation, d'agitation, les plans de réforme d'un point à un autre : ce sont eux encore qui, dans cette Australasie presque exclusivement anglaise, renferment le plus d'éléments étrangers, notamment des allemands et des scandinaves qui ont apporté avec eux les germes du socialisme [1].

Les ouvriers des ports, les marins et chauffeurs sont fédérés dans toute l'Australasie avec Sydney pour centre. A Sydney, à Melbourne, à Adélaïde, à Brisbane, les secrétaire des branches locales étaient lors de mon passage, membres des parlements. Enfin leur association est en relations avec celles d'Angleterre et des États-Unis et adhère au projet d'une fédération universelle entre les unions d'ouvriers des ports, de marins et de chauffeurs.

Les tondeurs de moutons (*shearers*) ont formé jusqu'à présent la catégorie la plus turbulente. Les tondeurs sont, comme les marins, des ouvriers nomades. Pendant la saison, ils partent par bandes de dix à vingt, avec leurs ciseaux, portant sur le dos un ballot (*swag*) formé de quelques vêtements roulés dans une couverture et tenant à la main un *billy*, gamelle en fer pour préparer le thé. La caravane des *swaggers* marche généralement à pied, parfois elle possède un ou deux chevaux ; quelques *shearers* ont une bicyclette sur laquelle ils roulent à travers la brousse. Ils vont à travers les immenses plaines de l'intérieur couvertes de quelques maigres eucalyptus et coupées par les barrières en fils métalliques des immenses parcs à moutons. Le soir, ils couchent à la belle étoile, sous un buisson ou dans le creux d'un arbre : ou bien ils ont la chance de rencontrer une de ces maisonnettes en bois où vivent les gardes ou les surveillants de stations et qui sont parfois à plusieurs journées de marche l'une de

____

(1) La même remarque s'applique aux ouvriers des ports dans les principaux centres des États-Unis : San-Francisco, Chicago, New-York.

l'autre ; là ils demandent un abri qui ne leur est pas refusé ; on leur permet d'égorger et de faire cuire un mouton, on leur donne du sel, du pain, du sucre, du thé ; si on a besoin d'eux, on les embauche, sinon, ils repartent : l'hospitalité résulte d'un contrat tacite entre les propriétaires, qui peuvent à tout moment avoir besoin de main-d'œuvre, et les ouvriers, qui ne se hasarderaient pas dans le désert s'ils n'y trouvaient à s'abriter et à se nourrir [1].

Le *shearer* finit par rencontrer l'occasion de louer ses services : il est payé à la tâche, généralement 25 francs par 100 moutons ; on considère comme novice celui qui n'arrive pas à tondre au moins 80 moutons dans une journée ; plusieurs dépassent la centaine. Pendant la tonte, le *shearer* est nourri et logé à la « station ». La tonte finie, il cherche une autre « station » avant que la saison se termine. Certaines équipes commencent leur travail au Queensland où la température est plus chaude, puis, à mesure que l'été s'avance, descendent vers le sud jusque dans la colonie tempérée de Victoria ; plusieurs trouvent encore moyen de passer dans l'île sud de la Nouvelle-Zélande, à temps pour y être employés à la tonte.

Si travailleur que soit le tondeur, il y a toujours pour lui une morte-saison ; il fait alors ce qu'il peut, mais la solution qu'il préfère est d'aller chercher de l'or dans les gisements alluviaux, où suffisent les instruments peu coûteux, une pelle, un plat, un *craddle*. Cette vie fait du tondeur un être extrêmement indépendant, qui ne tient à

(1) Voir sur la vie des ouvriers nomades, les nouvelles publiées par le *Bulletin*, revue satirique et littéraire de Sydney. Plusieurs ont été réunies dans l'intéressant volume de Henry Lawson, *While the Billy boils*.

rien : les relations constantes avec des pays différents, les voyages, la traversée des grandes villes lui donnent un soupçon des idées d'émancipation sociale. Le spectacle continuel des immenses richesses des propriétaires de moutons lui inspire le sentiment d'une injustice commise à son égard. Aussi le *shearer*, bien différent de l'ouvrier agricole d'Europe, est-il toujours disposé à suivre les agitateurs et à s'inscrire dans un syndicat.

Les tondeurs sont groupés dans toute l'Australie en une fédération qui comprend aussi les autres ouvriers agricoles et les manœuvres; cette organisation a donné des preuves de sa puissance. Lorsque la grande grève de 1800 fut déclarée, la tonte commençait : les *shearers*, après avoir reçu les dépêches de leurs syndicats, suspendirent le travail immédiatement partout et se mirent à camper hors des stations. Plus tard, ils firent deux grèves redoutables en Nouvelle-Galles et Queensland pour obliger les patrons à n'employer que des ouvriers syndiqués et à payer le salaire fixé par le syndicat. En Queensland, il y eut des voies de fait, des hangars incendiés, des barrières brisées, des coups de dynamite; le parlement, effrayé, suspendit les garanties constitutionnelles par une loi d'exception qui a été renouvelée pendant un an et qui n'est plus appliquée aujourd'hui.

Les détails que je viens de donner sur les *shearers* s'appliquent surtout à ceux des deux grandes colonies à moutons, Nouvelle-Galles et Queensland. On dit qu'en Sud-Australie, en Victoria, en Nouvelle-Zélande, l'ancien tondeur disparaît; le nouveau tondeur profiterait des lois en faveur de la petite propriété, achèterait une ferme, la cultiverait et ne ferait plus la tonte que dans son voisinage.

Les mineurs d'or ont été longtemps une catégorie très particulière de travailleurs : c'était au temps où on cherchait l'or à la surface, dans les alluvions, où l'on pouvait partir pour les champs d'or avec des outils simples et peu coûteux. Alors les chercheurs (*diggers*) sortaient de toutes les classes de la société, ouvriers manuels, grands seigneurs, gens de profession libérale à la recherche de la fortune. Les personnes des origines les plus diverses et de toutes les nations du monde se rencontraient sur les *Gold fields* : ces mineurs étaient très indépendants et ils le firent voir en réclamant, les armes à la main, le droit de suffrage dans la colonie de Victoria où ils étaient les plus nombreux. Aujourd'hui, la plupart des mines sont exploitées au moyen de puits qui descendent vers les couches profondes du quartz ; les rochers extraits sont broyés par de puissantes batteries à vapeur. Ce sont des compagnies de capitalistes qui possèdent la plupart des gisements ; le chercheur individuel se rencontre encore, mais il devient une exception. Les mineurs sont donc des ouvriers salariés peu différents des autres ; on les rencontre un peu partout, car les mines sont très nombreuses dans toutes les colonies, sauf en Sud-Australie. Outre l'or, on exploite l'argent, le cuivre, le charbon (Nouvelle-Galles du Sud) ; la production minérale ne le cède en importance qu'à celle de la laine. Les mineurs forment en Australasie un nombre considérable d'agglomérations importantes. L'organisation syndicale semble n'être ni générale, ni solide parmi eux.

Les ouvriers du bâtiment ont trouvé de l'emploi à de

bonnes conditions dans la construction de ces grandes villes australiennes comparables, par la rapidité de leur croissance, aux *Mushroom Cities* de l'ouest américain. Mais, d'autre part, aucun pays n'a exagéré comme l'Australie les crises, les chômages subits qui caractérisent partout l'industrie du bâtiment. Ce fait tient à la spéculation sur les terrains, à l'audace des gouvernements et de certains particuliers qui n'hésitent point à lancer un port, une usine, une ville même dans une situation qui leur paraît propice. Toute l'Australie et particulièrement Melbourne ont vécu, entre l'époque de l'or et 1892, sous le régime du *boom*. On escomptait un rapide accroissement de la population et des ressources, on empruntait sans compter; on achetait des terrains à tout prix et, pour exciter les acquéreurs, pour aider au *boom*, on construisait partout. Melbourne devenait une ville américaine aux hôtels magnifiques, aux luxueuses maisons desservies par des ascenseurs.

Là-dessus tomba le krack financier de 1892 : les palais et les villes restèrent inachevés, mal couverts par des planches, de la tôle, des bâches. Les ouvriers du bâtiment émigrèrent, se firent mineurs, cherchèrent d'autres professions. Le même sort échut en partage à ceux qui étaient employés à la construction des chemins de fer et dans les travaux publics. Ces catégories d'ouvriers ont fourni, avec ceux des ports, un énorme contingent à l'armée des sans-travail australiens dont je parlerai plus loin. Les syndicats du bâtiment, qui furent les premiers à réclamer et à obtenir le journée de huit heures (1856), sont à l'heure présente bien affaiblis.

Des catégories moins nombreuses, mais plus compactes, sont constituées par les ouvriers de la confection et de la chaussure ; beaucoup d'entre eux travaillent à la machine, comme les américains et les anglais ; ils se rencontrent chaque jour à l'atelier et à l'usine ; ils sont bien payés ; ils habitent les villes et sont nombreux dans les capitales où ils se sentent près du parlement et du ministère ; leurs syndicats sont généralement assez solides et influents. Par contre, ceux qui prennent de l'ouvrage à domicile sont soumis au *Sweating System*, ont une condition très malheureuse et ne peuvent s'organiser, parce qu'ils sont trop pauvres, et sans contact les uns avec les autres. J'examinerai plus loin les mesures que le gouvernement victorien a prises contre le *Sweating System*[1].

Dans l'ensemble, l'Australasie se compose de pays agricoles, commerçants et miniers, mais l'industrie y est à ses débuts : on n'y rencontre point les grandes agglomérations de fabriques qu'on trouve en Angleterre ou dans le nord-est des États-Unis. Les ouvriers y sont répartis en plus petits groupes que dans l'Europe occidentale, mais, proportionnellement à la population, ils sont plus nombreux que partout ailleurs. Cela tient à cette division en deux classes, un petit nombre de capitalistes et une majorité de salariés.

On aimerait à pouvoir exprimer en chiffres l'importance des deux classes ; mais les recensements australiens, comme ceux d'Europe, ne distinguent pas assez nettement, dans chaque industrie, les ouvriers des patrons.

(1) Chapitre v.

Voici les données les moins sujettes à caution empruntées aux remarquables statistiques de M. Coghlan. [1]

COLONIES	TOTAL des personnes occupées dans l'industrie en 1897-1898.	TOTAL des ouvriers de fabrique en 1896[1].
Victoria.	87,656	50,448
Nouvelle-Galles	71,559	49,840
Nouvelle-Zélande	42,939	27,389
Queensland	21,786	19,733
Sud-Australie	19,588	13,090
Tasmanie	7,832	1,873
Ouest-Australie	2,799	2,500

(1) La deuxième colonne ne comprend pas les ouvriers des petits métiers, ni ceux des mines.

Le nombre des ouvriers a augmenté certainement
depuis 1896. En juin 1899, le chef de la statistique de
Victoria l'évaluait pour la colonie à 75 000 environ,
toutes catégories comprises : vers la même époque on
estimait, en Nouvelle-Zélande, qu'il était voisin de 40 000.
Tous ces chiffres, je le répète, ne peuvent être considérés
que comme des approximations.

Histoire de l'organisation ouvrière. — Action syndicale et partis politiques.

L'histoire du mouvement ouvrier commence à l'époque
de l'or et de la grande immigration ; elle se divise en deux
périodes : celle de l'action purement corporative, celle de

(1) *The Seven Colonies of Australasia*, 1897-98, surtout p. 335 et
315-347.

l'action politique, séparées par la grande grève maritime de 1890.

Avant 1890, les ouvriers australiens restent fidèles à la méthode du vieux trade unionisme anglais : ils forment des syndicats, traitent avec les patrons et obtiennent par marchandage collectif la journée de huit heures[1] et d'autres avantages. Ils ne demandent pas au gouvernement d'intervenir dans le contrat de travail ; tout au plus appuient-ils les demandes de réformes démocratiques comme le suffrage universel, l'indemnité des représentants. Quoiqu'ils possèdent une influence politique très supérieure à celle des ouvriers de la Grande-Bretagne, pays de suffrage restreint, ils ne la mettent pas au service de leurs intérêts corporatifs ; en cette matière le syndicat traite, dans chaque profession, avec les patrons.

Les trade unions, en Australasie, ont été tolérées tout d'abord dans les limites prescrites par la loi anglaise de 1824. Elles ont obtenu la personnalité civile dans les différentes colonies par des lois votées de 1876 à 1877 et imitées des deux importantes lois anglaises de 1871 et 1875. Plusieurs d'entre elles ont formé des fédérations de métiers s'étendant à plusieurs colonies et même à toute l'Australasie (tondeurs, manœuvres, ouvriers des ports, gens de mer, etc.).

Dans chaque centre industriel, les divers syndicats locaux de toutes les professions se sont groupés sous la direction d'un conseil des métiers (*Trades Council*) installé dans le *Trades Hall*, qui correspond à nos Bourses

____

(1) Voir le chapitre IV, p. 109-114.

du travail. Les Conseils correspondent entre eux, organisent des congrès ; ils ont même tenté d'organiser une fédération des syndicats australiens. Ébauchée dans plusieurs réunions préparatoires, parmi lesquelles il faut citer le congrès ouvrier intercolonial d'Adélaïde (1886), cette fédération semble aujourd'hui près d'être réalisée. En effet les délégués de tous les *Trades Councils* australiens, réunis à Brisbane au moment où cinq colonies, se préparaient à former le *Commonwealth* ou les États-Un is d'Australie, ont préparé un plan de fédération syndicale qui sera probablement adopté [1]. Si cette organisation est créée, elle sera bien différente de celle que voulaient fonder ses premiers promoteurs. Aujourd'hui en effet les organisations ouvrières prennent part aux élections. Autrefois elles ne s'en mêlaient point : se grouper, traiter avec les patrons, et si ceux-ci n'accordaient rien, employer la grève, telle était la tactique des ouvriers australasiens avant 1890.

Elle leur avait valu beaucoup d'avantages car les différents Conseils et syndicats se prêtaient un mutuel appui : mais, à l'exemple des ouvriers, les patrons s'associèrent ; ils opposèrent organisation à organisation et la lutte changea de face. La bataille définitive fut livrée en 1890. A cette époque les syndicats australasiens avaient une haute idée de leur puissance et de leurs ressources. Ils venaient de recueillir par souscription des sommes très importantes destinées aux *dockers* de Londres engagés dans la grande grève de 1889 et cet acte de solidarité avait été célébré par tous les journaux favorables à la cause

(1) Voir *The Worker*, journal hebd. de Parti ouvrier de Queensland, Brisbane, n° du 13 mai 1899.

ouvrière. On commençait à parler des heureux travailleurs des antipodes, on disait qu'ils avaient obtenu les salaires les plus élevés, les journées de travail les plus courtes du monde. Justement fières de leurs succès, les trade unions australasiennes voulaient les assurer en obligeant les patrons à n'employer que des syndiqués ou des ouvriers travaillant aux conditions fixées par le syndicat. Or les patrons s'étaient associés précisément pour lutter contre cette prétention. La période des accommodements était passée. Après plusieurs escarmouches, une grève éclata qui devait être la plus importante de toute l'histoire d'Australasie[1].

Le prétexte fut le renvoi par une compagnie de navigation d'un employé qui était membre d'un syndicat. Aussitôt l'union des matelots et chauffeurs boycotta le navire auquel appartenait l'employé congédié. Cet incident eut pour effet d'aggraver un différent qui s'était élevé entre l'association des officiers de la marine marchande et les compagnies de navigation. Les premiers réclamaient une augmentation de leurs appointements et une réduction des heures de service. Les secondes répondirent qu'elles ne feraient aucune concession tant que l'association des officiers continuerait à faire partie du *Trades Council* (Conseil des syndicats) de Melbourne. L'association refusa de quitter le *Council;* et comme les compagnies maintenaient leurs prétentions, elle déclara la grève et ordonna à ses membres de quitter leur service : l'union

<hr>

(1) Voir les volumineuses publications de la commission formée en Nouvelle-Galles pour faire une enquête sur les grèves et les moyens de les prévenir. *Report of the Royal Commission of Strikes : Minutes of Evidence : Appendices*, Sydney, 1891, in-4°.

des matelots, celle des garçons et cuisiniers, celle des ouvriers du port de Melbourne cessèrent également le travail. Seuls les mécaniciens restèrent à leur poste moyennant un arrangement qui augmentait leurs salaires pour une durée de trois ans.

Ainsi commença la grande grève maritime ; elle s'étendit bientôt de Melbourne aux autres ports, car les matelots étaient fédérés dans toute l'Australasie ; mais en dehors de Victoria, elle ne prit d'importance réelle qu'en Nouvelle-Galles et dans quelques parties de Queensland. Là, en effet, les tondeurs lièrent partie avec les ouvriers des ports ; les derniers refusèrent de charger la laine qui n'était pas coupée par des ouvriers syndiqués et les membres de l'union des tondeurs cessèrent le travail partout afin d'obliger les *squatters* à n'employer que des tondeurs syndiqués.

La question était nettement posée. Elle intéressait toutes les associations ouvrières et toutes les associations des patrons de l'Australasie. Toutes prirent à la lutte une part au moins indirecte. Les *Trades Councils* organisèrent des souscriptions et firent appel à tous les partisans du contrat collectif et du syndicat obligatoire. Le comité de défense ouvrière de Sydney recueillit à lui seul pendant les trois mois de grève près d'un million de francs. Un congrès ouvrier intercolonial se prononça unanimement en faveur de l'*Union Labour*, du travail aux conditions du syndicat. D'autre part les armateurs et les propriétaires de moutons adressèrent à tous les patrons un appel qui fut entendu : un congrès des patrons australasiens siégeant à la Chambre de commerce de Sydney se prononça énergiquement pour « la liberté du contrat », c'est-à-dire le droit pour le patron de prendre ses ouvriers où il lui plait et aux conditions qu'il juge les meilleures.

Toutes les tentatives de conciliation échouèrent. Les syndicats tinrent jusqu'à l'épuisement de leurs ressources : au bout de trois mois, ayant vidé leurs caisses, ils durent capituler. L'union des officiers de marine quitta le *Trades Council*, et les tondeurs reprirent le travail.

Voici comment un témoin, M. H. H. Champion qui avait été en 1889 l'un des organisateurs de la grande grève des *dockers* à Londres, jugeait la grande lutte de 1890. « L'événement, écrivait-il, a établi d'une manière définitive que la fédération ouvrière la plus gigantesque, à moins d'être dirigée par des stratégistes plus habiles que ceux d'Australie, se brisera comme un œuf contre un cuirassé si elle se heurte à l'opposition systématique des patrons fédérés. » A quoi l'un des stratégistes incriminés répondait que les élections générales allaient permettre l'inauguration d'une tactique nouvelle.

La conséquence la plus importante de la grève maritime fut en effet de jeter les syndicats dans la politique. Sans renoncer au contrat collectif ni aux grèves, ils se décidèrent à se servir du suffrage universel pour obtenir des gouvernements une législation favorable à leurs intérêts.

Des élections de 1890 date la formation et l'action des partis ouvriers politiques (*Labour Parties*) dans toutes les colonies. Ils n'ont conquis le pouvoir nulle part, mais ils exercent une grande influence, car plusieurs parlements sont divisés en deux partis de force à peu près égale ; pas de majorité sans l'appoint du parti ouvrier ; on ne peut gouverner sans lui.

Or les deux partis ou plutôt les deux coalitions qui se disputent le pouvoir n'ont rien qui les empêche de subir l'alliance du parti ouvrier si elle leur devient nécessaire. Leurs programmes, en effet sont assez confus : c'est parfois une rivalité de personnes qui les divise. Dans un parlement, un membre de l'opposition que je questionnais sur son programme, répliqua en montrant le banc des ministres : « Mon programme ? Renverser ces gens-là ! » Dans de pareilles conditions la politique de bascule est facile et s'impose naturellement à un groupe nouveau.

Pour comble de chance, les partis ouvriers sont entrés dans la politique au moment où le pouvoir passait aux mains de ministres qui avaient absolument besoin d'eux. On traversait alors une grande crise financière. Les particuliers suspendaient leurs constructions, fermaient leurs ateliers ou leurs usines ; les gouvernements arrêtaient les travaux publics et cherchaient le moyen de payer leurs dettes[1]. Les budgets étaient en déficit, et les partis conservateurs quittaient le pouvoir parce qu'ils ne voulaient

(1) Les dettes des colonies sont énormes. Actuellement, la proportion de la dette par tête d'habitant est :

En Sud-Australie.	67.	9 s.	8 d.
Au Queensland.	66.	4.	9.
En Nouvelle-Zélande	62.	17.	3.
En Ouest-Australie	62.	5.	1.
En Tasmanie.	47.	8.	7.
En Nouvelle-Galles	46.	19.	8.
En Victoria.	42.	16.	1.

Le chiffre varie donc de 1 100 à 1 700 francs environ par personne ; il atteint au Queensland et en Sud-Australie à peu près le double de la proportion de la dette par tête d'habitant en France. *The New Zealand Official Year Book*, 1900, p. 403.

pas augmenter les impôts. Des hommes nouveaux prenaient les ministères, instituaient l'impôt progressif sur la grande propriété et le revenu en Sud-Australie d'abord, puis en Nouvelle-Zélande, et rétablissaient l'équilibre du budget. Pour vaincre les résistances, ils avaient besoin du parti ouvrier, qui, lui-même, recherchait leur appui; il en résultait un pacte mutuel qui eut pour résultat les nombreuses lois de protection ouvrière votées dans les dix dernières années.

Avant d'étudier les lois elles-mêmes, il est indispensable d'avoir une idée de l'organisation et de l'influence des différents partis ouvriers : je vais en donner les traits principaux.

Tendances actuelles des partis ouvriers. Sont-ils socialistes?

Les partis ouvriers australasiens, composés d'hommes qui ne lisent que l'anglais, reçoivent l'influence du jeune trade unionisme de la mère patrie, c'est-à-dire la réflexion plutôt que les rayons directs du socialisme occidental. Ils ont accueilli avec enthousiasme les conférences faites chez eux par Ben Tillett, un des organisateurs de la grande grève des docks de Londres (1889) lorsqu'il a visité l'Australasie, en 1898. Ben Tillett a parlé dans plus de cent meetings ouvriers; il a posé la première pierre de *Trades Halls* (bourses du travail) dans les villes de bois et de tôle qu'habitent les mineurs du désert central. J'ai vu son portrait exposé dans les boutiques avec cette légende : « Le Démosthène du travail. » On m'a dit aussi que sa figure juvénile et ses longs cheveux l'on fait surnommer :

« Le petit Christ du travail. » Tous les leaders du mouvement ouvrier en Angleterre sont l'objet de l'attention des travailleurs autralasiens. Ainsi, la nouvelle que, Tom Mann, un autre organisateur de la grande grève des docks, s'est retiré du mouvement pour ouvrir un débit de liqueurs à Londres a été commentée vivement dans les *Trades Halls*, où certains secrétaires de syndicats sont des buveurs d'eau, comme du reste une partie de leurs collègues anglais.

Les partis ouvriers d'Australasie ressemblent au trade unionisme anglais par leur charpente composée de syndicats, par leur caractère exclusivement pratique, par leur programme de réformes menues et immédiatement réalisables, par la rareté et le vague de leurs déclarations socialistes et des principes généraux qui peuvent se trouver dans leurs publications officielles. D'autre part, ils ressemblent à nos groupements socialistes par leur organisation en parti politique spécial, laquelle n'existe en Angleterre qu'à l'état de projet fort discuté. En apparence, ils sont ce qu'on appelle chez nous *un parti de classe* menant la lutte contre les bourgeois; en réalité ils acceptent le patronat, le salariat, et cherchent simplement à s'assurer de bonnes conditions de travail dans le monde tel qu'il est. C'est ce que va montrer une revue rapide de leurs tendances générales.

Les partis ouvriers réclament la journée de huit heures et l'augmentation des salaires. Ils demandent, comme les syndicats anglais, que le nombre des apprentis soit réduit au minimum. Ils veulent être libres de faire grève quand ils le jugent à propos et d'employer les procédés traditionnels des syndicats anglais, notamment le *picke-*

ting, c'est-à-dire le planton fait par les grévistes devant les usines ou les chantiers. J'ai passé à Lithgow (Nouvelle-Galles), pendant une grève des mineurs de charbon. La gare et la route qui conduit à la ville étaient garnies de grévistes qui dévisageaient les arrivants pour tâcher de reconnaître et de détourner les ouvriers qui seraient venus s'embaucher. A Lyttleton, le port de Chris'church (Nouvelle-Zélande), j'ai vu les ouvriers du port faire une démonstration sur le quai en face d'un vaisseau où le capitaine employait ses matelots à charger du charbon. Là, il s'agissait de protester pour le vieux principe des syndicats anglais : « *One man, One job!* » c'est-à-dire « à chaque travailleur, une seule besogne », afin qu'un plus grand nombre de personnes trouvent à s'employer. Ce principe est rigoureusement appliqué, surtout en Nouvelle-Zélande, et les syndicats flétrissent ceux qui acceptent de faire deux tâches. Un conservateur m'affirmait, en Nouvelle-Zélande, que son domestique avait reçu un blâme du syndicat parce qu'il était en même temps cocher et jardinier.

Tout cela est général dans le monde ouvrier anglais. Voici trois articles conçus dans le même esprit, mais spéciaux à l'Australasie :

1° Les ouvriers sont protectionnistes parce qu'ils veulent écarter les produits étrangers et rester maîtres du marché local. Ils l'avouent sans détour, et tout en exprimant leur opinion sous cette forme philosophique : « Nous voulons écarter la concurrence de gens d'une civilisation inférieure jusqu'à ce qu'ils aient adopté les mêmes conditions de travail que nous. » En fait, toutes les colonies autralasiennes, sauf Nouvelle-Galles, sont protectionnistes et les deux plus avancées en législation ouvrière, Victoria et Nouvelle-Zélande, ont précisément les tarifs les plus élevés.

2° Les ouvriers australasiens ont réussi partout, sauf en Queensland, à faire supprimer les dépenses destinées à favoriser l'immigration, telles que propagande, passages gratuits, etc. Par là, ils semblent reconnaître que les hauts salaires et les courtes journées de travail dont ils bénéficient sont dus à des circonstances exceptionnelles, comme la rareté de la main-d'œuvre ; ils semblent douter que l'organisation syndicale puisse les maintenir si le nombre des ouvriers augmentait. J'ai discuté plusieurs fois cette question avec eux, je leur ai demandé s'ils ne croyaient pas politique de sacrifier sur ce point l'intérêt de leur classe à celui des colonies. En effet, l'Australasie est trop peu peuplée et elle a besoin d'habitants nouveaux. Mes interlocuteurs m'ont paru résolus à ne point risquer une expérience qui semblait avoir quelque danger pour leurs intérêts.

3° Pour écarter une concurrence gênante, les ouvriers d'Australasie ont réclamé et obtenu partout des lois contre l'immigration chinoise.

Les Chinois, à l'étroit dans leur pays, travailleurs, sobres et économes, s'étaient mis à émigrer en Australasie : ils apprenaient tous les métiers et les exerçaient pour des salaires très réduits. Les ouvriers européens, mangeurs de viande, n'ont pu lutter contre ces mangeurs de riz, et, comme aux États-Unis et au Canada, ils ont obtenu que les gouvernements prissent des mesures contre leurs rivaux. En 1881, Victoria, puis Nouvelle-Galles et Nouvelle-Zélande ont saisi le prétexte d'une épidémie de petite vérole pour interdire aux Chinois d'arriver plus d'un par cent tonneaux sur n'importe quel navire et de débarquer sans acquitter un droit de 250 francs. En 1888, Nouvelle-Galles a porté la proportion à un immigrant par 300 tonneaux et décuplé le droit. Les autres colonies l'ont imité. Par ce procédé on a arrêté l'immigration chinoise, qu'on ne pouvait interdire directement.

On voulait prendre des mesures analogues contre les hindous, mais ils sont sujets de la reine ; contre les japonais, mais ils ont un gouvernement qui les fait respecter. Du reste japonais et hindous sont peu nombreux en Australasie.

Enfin les gouvernements ont interdit l'importation et l'emploi de travailleurs polynésiens et canaques, partout, sauf dans la partie tropicale de Queensland.

Toutes ces mesures ont pour but principal la défense des hauts salaires et des journées courtes. On les justifie encore par des considérations politiques et sociales. « Il est, dit-on, impossible d'admettre un nombre indéfini d'asiatiques et d'océaniens dans un pays démocratique et égalitaire. Nous avons la chance de n'avoir pas de difficultés de couleur et de race. N'en créons pas ! » On ajoute que le Chinois travaille aussi mal que bon marché, on lui reproche de ne rien dépenser et d'emporter dans son pays tout ce qu'il a gagné en Australasie. Au fond le raisonnement des ouvriers est le suivant : « Les conditions de travail présentes nous sont favorables, conservons-les ! » Les syndicats australasiens veulent être pratiques, c'est pourquoi ils limitent leurs efforts et leurs pensées. Ils ne s'inquiètent point de savoir si l'évolution de la société tend vers le collectivisme ou le communisme, ils ne cherchent pas à en précipiter la marche comme nos socialistes.

Le socialisme n'a pas séduit les Australasiens, le mot même a conservé chez eux le sens péjoratif qu'il a pour les adversaires de la doctrine. « Nous avons bien ici des socialistes, me dit le secrétaire de la Bourse du travail de Melbourne ; mais nous ne sommes pas d'accord avec eux : ce sont des *extrémistes*, et nous sommes avant tout pratiques. » A Christchurch (Nouvelle-Zélande) un jeune mécanicien, récemment émigré d'Angleterre, essaie de faire un peu de propagande ; il est vaguement socialiste chrétien, il a fondé un petit groupe appelé *Socialist Church* (église socialiste). « Église, me dit-il, fera passer l'épithète, car ici les ouvriers sont très pieux et ils ont une grande défiance du socialisme. » Je m'en suis bien aperçu moi-même, à la surprise que j'ai causée, dans la Bourse du travail de Christchurch, en déclarant que beaucoup de grands syndicats français s'affirmaient socialistes.

Le socialisme, tel que nous le connaissons, n'est guère représenté en Australasie que par de petites sociétés qui sont en dehors du mouvement ouvrier. La plus active a son siège à Sydney [1]. Elle se compose en partie d'étrangers, scandinaves, allemands, italiens. Elle a adopté le nom, les principes, la tactique de la social démocratie marxiste. Elle déclare poursuivre l'abolition du salariat par la substitution de l'ordre socialiste à l'ordre capitaliste.

(1) On trouvera au Ministère du commerce une collection de périodiques et brochures relatives à l'agitation socialiste en Australie, et particulièrement à Sydney, depuis 1890. La plupart des brochures sont des exposés des doctrines du socialisme contemporain, d'après des ouvrages en langue anglaise. Les périodiques ont tous été de courte durée.

L'activité de ses membres, leur énergie est supérieure à leurs ressources. Ils iennent des meetings publics dans un parc tous les dimanches ; ils ont une salle et donnent des conférences chaque semaine, ils publient une feuille mensuelle, *The People and Collectivist*, formée par la fusion de plusieurs organes antérieurs. A propos de la Fédération, ils ont formé un congrès avec quelques autres petits groupes dont le principal est à Melbourne ; ils ont décidé de solliciter les souscriptions pour présenter un candidat au Sénat fédéral, afin de compter les voix socialistes démocratiques dans toute l'Australasie.

J'ai cru devoir indiquer ce petit mouvement, car les socialistes de Sydney font quelquefois parler d'eux dans les journaux socialistes d'Europe ; ils avaient même envoyé un mandat à Mrs Aveling pour les représenter au Congrès socialiste international de Londres. Leur ambition de représenter le socialisme tel que l'Europe occidentale le conçoit est parfaitement légitime, mais il ne faudrait pas confondre leurs groupes avec les grands partis ouvriers qui ne sont pas socialistes.

DEUXIÈME PARTIE. — LES DIVERS PARTIS OUVRIERS ET LEUR ACTION [1]

Chaque colonie a son parlement, fait ses lois, par conséquent chacune a son parti ouvrier politique distinct. On a indiqué plus haut les essais de fédération entre les syndi-

(1) Anton Bertram, *Le mouvement ouvrier en Australasie*, dans la *Revue d'économie politique*, 1897, p. 33, a donné les programmes de différents partis ouvriers. Une collection de programmes plus récents se trouve au Ministère du commerce (Paris).

cats de toute l'Australie. Les partis ouvriers politiques n'ont encore rien tenté de semblable : ce serait inutile, car même après la formation des États-Unis d'Australie, chaque colonie restera maîtresse de ses lois ouvrières. Il faut donc, avant d'étudier ces lois, jeter un coup d'œil sur les plus importants des partis ouvriers. J'examinerai ceux de toutes les colonies sauf la Tasmanie et Ouest-Australie.

La Tasmanie, le *Sleepy Hollow* (trou du sommeil) est une colonie archaïque qui est longtemps restée agricole : depuis quelques années, d'importantes mines d'argent ont été découvertes au Nord-Ouest de l'île ; les ouvriers y ont afflué, se sont syndiqués, mais jusqu'à présent ils ne sont pas représentés au parlement et la Tasmanie n'a pour ainsi dire pas de législation industrielle.

Ouest-Australie ne compte que depuis les mines d'or qui ont quintuplé sa population en dix ans : elle a comme ouvriers surtout des mineurs, dispersés sur une grande étendue de terrain. L'agitation y est plus intense qu'en Tasmanie, les syndicats ont chaque année un congrès où quelques socialistes ont fait une certaine opposition à la majorité réformiste. Mais cette agitation n'a pas eu grande influence sur le gouvernement. Je me contenterai donc de passer en revue les cinq colonies les plus peuplées.

Sud-Australie. Influence d'un parti ouvrier dans un pays agricole [1].

En Sud-Australie, pays de fermiers, sans mines, presque sans industrie, le parti ouvrier est concentré surtout dans la

(1) Voir le journal du parti ouvrier *The Herald*, hebdom., — la brochure de M. Batchelor, *The Labour Party*, 1895, — les discours de M. Kingston.

capitale, Adélaïde et à Port-Adélaïde. Il a deux bases :
1° les syndicats ; 2° les organisations politiques. Les syndicats sont groupés en une fédération dont le centre est le *Trades Hall*, qui correspond à peu près à notre Bourse du travail. Le *Trades Hall* d'Adélaïde a été bâti aux frais des syndicats et sur un terrain acheté par eux : nos Bourses du travail sont plus heureuses ; elles obtiennent généralement terrains et locaux des municipalités qui souvent même y ajoutent une subvention ; les syndicats d'Adélaïde avaient bien demandé au conseil municipal de leur donner l'emplacement, mais le conseil, élu au suffrage censitaire, par ceux qui paient un impôt direct, n'a pas jugé à propos de faire le cadeau que les ouvriers sollicitaient. L'achat et la construction ont coûté fort cher et ont été payés à l'aide d'emprunts dont le service et le remboursement sont confiés à une commission spéciale. La fédération s'est endettée pour de longues années, mais elle fait face à ses obligations.

Le bâtiment comprend plusieurs bureaux assignés aux secrétaires des syndicats, les moins importants se groupant à plusieurs dans la salle, comme à la Bourse du travail de Paris. Il comprend encore un grand hall destiné aux meetings et plusieurs salles de réunion. Les syndicats individuels y tiennent des réunions particulières pour leurs affaires spéciales selon les arrangements conclus avec le secrétaire. Le Conseil formé par les délégués de tous les syndicats, sorte de parlement corporatif local, se réunit dans la grande salle tous les quinze jours. J'ai assisté à l'une de ces réunions qui fut tenue la veille des élections générales. Malgré les circonstances, on n'y traita que les affaires du *Trades Hall* et celles de l'union des syndicats.

On ne voit ici qu'une face du *Labour Party*. Pour saisir l'autre, il faut visiter plusieurs institutions dont la plus intéressante est le *Democratic Club*. Cette organisation occupe un bâtiment spécial, loué, meublé et organisé par elle-même : en bas, un bureau, des salles de lecture, de réunions privées, de billard et un café. En haut, tout l'étage est occupé par une salle de conférences et de réunions publiques assez vaste pour contenir plusieurs centaines de personnes. Chaque dimanche, on y fait régulièrement une conférence, suivie d'un débat public. C'est là, paraît-il, que les jeunes orateurs parlementaires du parti ouvrier ont appris l'art de la parole et de la discussion. Les sujets sont des plus variés ; on a traité la colonie vers 1848, l'émigration, le programme du parti ouvrier, différents points de morale, le spiritisme, etc. Les orateurs appartiennent à toutes les nuances démocratiques et à tous les partis de réforme sociale.

Les membres eux-mêmes professent les opinions les plus variées ; la seule qualification exigée pour l'admission dans le *Club* est une moralité parfaite. On rencontre dans cette association des ouvriers et des agents de change, des membres du parlement et des épiciers, des disciples de George, des gens teintés de socialisme et des démocrates chrétiens. Il ne faut pas oublier qu'en pays anglais, beaucoup de réformateurs appartiennent à des minorités religieuses dissidentes et tiennent beaucoup à leur foi particulière. Ici, comme en Angleterre, certains leaders des partis avancés font la prière avant le dîner. Adélaïde, la capitale d'une colonie qui passe pour être à demi socialiste, est véritablement la cité des églises ; chaque confession y a son clocher et ses fidèles.

Dans toute la colonie, comme dans la capitale, la charpente du parti ouvrier est formée de *Trades Halls* ou groupements corporatifs, qui en sont l'élément le plus constant et le plus solide, et de *Clubs* ou sociétés politiques. Le parti ouvrier uni (*United Labour Party*) s'étend sur toute la colonie, a un congrès périodique qui rédige et modifie son programme et qui nomme le comité directeur. Ce comité, composé presque exclusivement d'ouvriers ou anciens ouvriers manuels, siège au *Trades Hall* d'Adélaïde.

Le parti ouvrier sud-australien, formé comme ceux des autres colonies en 1890, a commencé modestement ; il n'eut d'abord que deux députés à l'Assemblée législative. Dans l'Assemblée élue en 1899, il occupe douze sièges ; ses représentants sont presque tous des ouvriers ou des employés syndiqués : le parti n'exclut pas les bourgeois, mais en fait, il est plus prolétarien que les partis de Melbourne ou de Sydney. A la Chambre, il est devenu un des éléments nécessaires de la coalition qui soutient contre les conservateurs le ministère radical Kingston, et ce ministère, formé en 1893, a duré plus de sept ans dans un pays qui avait eu auparavant trente-sept ministères en quarante et un ans.

Le ministère Kingston était entièrement composé de libéraux appartenant à la classe moyenne, mais il s'appuyait continuellement sur le parti ouvrier. Aux élections générales d'avril 1899, le premier ministre s'était présenté aux électeurs d'Adélaïde sur la même liste que le *leader* du parti ouvrier, à peu près avec le même programme et tous deux ont fait ensemble leur campagne. L'ex-premier ministre, M. Kingston, est le fils de Sir George Kingston, un des fondateurs de la colonie. Le *leader* du parti ouvrier, M. Batchelor, a été instituteur dans une ville industrielle, puis ouvrier et employé de chemin de fer avant d'entrer au parlement. Ces deux hommes d'origine si différente sont arrivés à avoir beaucoup d'articles communs dans leurs programmes.

M. Kingston a établi des impôts progressifs sur les successions, le revenu, la terre, appliquant pour la première fois en Australasie le principe de la progression. Il a institué la conciliation officielle en cas de grèves, fait voter plusieurs lois de protection ouvrière, établi des villages coopératifs pour les sans-travail, fondé une banque d'état, donné des avances aux colons sur le budget, accru l'importance des travaux publics, créé un établissement gouvernemental de congélation et d'exportation pour les produits agricoles; il a maintenu le protectionnisme, les lois contre l'immigration chinoise et l'interdiction d'employer des ouvriers noirs, enfin donné le droit de suffrage aux femmes ses sur l'exemple de la Nouvelle-Zélande. Il promettait dans affiches électorales une loi pour diminuer les heures de travail des employés de magasin, l'établissement d'une caisse de retraites pour les vieillards, l'expropriation des grands propriétaires pour cause d'utilité publique, tous projets imités de la Nouvelle-Zélande, enfin le suffrage universel pour l'élection de la Chambre haute [1].

(1) *The Government Policy as announced by the Premier*, 3 discours prononcés et publiés à l'époque des élections générales de 1893, 1896, et 1899, Adélaïde.

Le programme ouvrier ne différait du sien que par les détails : rien d'étonnant à ce fait puisque les représentants du *Labour Party* ont constamment soutenu M. Kingston de leurs votes ; ils continuent pourtant à former une organisation spéciale, exclusive, qui se coalise avec les progressistes sans se fondre en leur sein. Mais, quel que soit le souci de rester « parti ouvrier », leur intérêt les oblige à voter avec la gauche, parce que Sud-Australie est une colonie agricole, où les centres industriels sont peu nombreux et où les *Labour Men*, ne peuvent être au parlement qu'une minorité.

Melbourne, le principal centre des lois ouvrières en Australie.

La colonie de Victoria est celle où les premières mines d'or ont été découvertes et celle où la population s'est augmentée le plus rapidement. Les premiers colons y sont venus en 1832, la fièvre de l'or y a commencé en 1851 : cette jeune colonie était, il y a quelques années, la plus peuplée de toutes ; depuis la crise de 1892 et la découverte de nouvelles mines d'or en Australie occidentale, elle perd chaque année plus d'habitants qu'elle n'en gagne par l'immigration ou l'excédent des naissances. Elle en conserve encore 1 163 400 ; il faut noter que la majorité de ces habitants vivent dans des villes et sont des salariés ; nulle part, en Australasie, la proportion de la population urbaine n'est aussi forte. Melbourne, la capitale, ne comptait, en 1836, que 183 hommes et 38 femmes : c'est aujourd'hui une ville de 475 380 habitants. Avant la crise financière et industrielle de 1892, elle renfermait près de la moitié de la population victorienne. Port de mer, ville de commerce et d'industrie, elle est le point de départ de tous les chemins de fer de la colonie : c'est une ville bâtie de neuf, construite sur un plan américain, en *blocks* ou carrés, avec des rues droites, bien entretenues, desservies par des tramways mécaniques, bordées de hautes maisons où s'étagent les bureaux reliés par des ascenseurs : elle rappelle les villes des États-Unis par son aspect, ses magasins, son activité, bien tombée pourtant depuis la crise ; comme elle a obtenu, malgré Sydney, sa rivale, d'être choisie pour capitale provisoire de la Fédération, il est probable que les affaires vont y reprendre pendant quelque temps et que la population augmentera de nouveau.

Cette grande cité à croissance rapide attira dès l'origine un grand nombre d'ouvriers. Lorsque le suffrage universel eut été établi, Melbourne devint naturellement un centre de législation industrielle ; l'effort de ses électeurs ouvriers est secondé par ceux des mines d'or, de charbon et de quelques ports qui exploitent ce que Melbourne leur laisse du commerce de la colonie. Melbourne et les centres industriels *out vote*, écrasent par leur vote, suivant l'expression concise et frappante de la langue anglaise, tout le reste de la colonie.

Victoria a été la première en Australasie à obtenir de son gouvernement un tarif protectionniste, réclamé à la fois par les patrons et les salariés, qui voulaient s'assurer le monopole du marché local. Ce fut la première et pendant longtemps la seule intervention de l'état dans le jeu de l'offre et de la demande.

Au début, les ouvriers, presque tous d'origine anglaise,

suivaient l'exemple de leur patrie. Ils ne demandaient rien à l'état et se bornaient à discuter les conditions du travail avec leurs patrons par l'intermédiaire des syndicats. C'est ainsi qu'ils furent les premiers dans le monde à gagner la journée de huit heures (1856); chaque métier l'obtint pour son compte par une série d'arrangements privés qui n'ont jamais été confirmés par une loi [1].

Pendant longtemps les syndicats se crurent en possession d'obtenir tout des patrons, sans recourir aux pouvoirs publics et ils dédaignèrent de rien demander au gouvernement. Ils étaient, en effet, extrêmement puissants. Leur force et leur richesse d'autrefois éclate dans le *Trades Hall* de Melbourne. C'est un édifice monumental, bâti en pierres de taille, au coin de deux larges rues. On y voit une salle des pas-perdus, des bureaux, des bibliothèques et des salles de lecture pour les différents syndicats, un grand hall des fêtes pour les bals et réunions, un amphithéâtre pour les séances du *Trades Council* ou Conseil général de la fédération des syndicats. A côté subsiste le *Trades Hall* primitif, construit il y a cinquante ans, simple baraque de planches avec des bancs, conservé pour donner une idée du progrès de la puissance syndicale pendant un demi-siècle.

Le *Trades Hall* de Melbourne a été construit entièrement avec de l'argent fourni par les syndicats ou emprunté sur leur garantie. Il n'est pas, comme certaines Bourses du travail françaises, le cadeau d'une municipalité bienveillante. Il passe pour le plus remarquable des édifices

(1) Voir le chapitre suivant, p. 109-114.

de son espèce à la surface du globe, et il le serait s'il ne lui manquait une chose, d'être achevé. La partie construite ne forme, en effet, qu'une aile du grandiose édifice rêvé par les syndicats de Melbourne et dont le secrétaire montre aux visiteurs le plan et l'élévation encadrés et suspendus au-dessus de son bureau.

Si les syndicats de Melbourne n'ont pu exécuter le projet tout entier, c'est que les circonstances ne se sont pas prêtées à leurs ambitions. Ils avaient cru que le développement de la colonie et de sa capitale continuerait indéfiniment. La crise de 1892 survint, les constructions restèrent inachevées, beaucoup de fabriques et d'ateliers se fermèrent, un grand nombre d'ouvriers durent émigrer pour chercher du travail. Depuis cette épreuve, les syndicats ont diminué de moitié, et ils sont loin aujourd'hui d'avoir réparé leurs pertes.

En outre, les syndicats avaient trop présumé de la faiblesse des patrons. Ceux-ci se coalisèrent et, nous l'avons vu, firent échouer la grande grève maritime de 1890. A Melbourne, comme dans le reste de l'Australasie, les chefs ouvriers se décidèrent alors à entrer dans la lutte politique. Le parti ouvrier de Victoria a été constitué comme les autres par les délégués des *Trades Halls* et des sociétés politiques réunis en congrès. Lors de mon passage, il comptait dans l'Assemblée législative dix-sept membres, les uns anciens travailleurs manuels, arrivés par les syndicats, les autres avocats, médecins, journalistes, issus des clubs ou des comités électoraux.

La concorde ne régnait pas toujours entre les deux éléments du parti. J'ai assisté à une réunion du Conseil général des syndicats (*Trades Council*) de Melbourne, siégeant au *Trades Hall*, réunion dans laquelle étaient discutés les rapports entre les organisations ouvrières et les députés qui se réclament du *Labour Party*. Il s'agissait de décider si le *Trades Council*, composé exclusivement d'ouvriers syndiqués, admettrait désormais à ses séances tous les députés dits ouvriers, ou s'il resterait ouvert seulement à ceux qui ont débuté dans la vie comme salariés, qui appartiennent aujourd'hui encore à un syndicat, et qui joignent à leur qualité de représentant du peuple une délégation formelle de leur syndicat. La majorité des délégués présents se prononça contre les simples députés. « A quoi servent-ils ? s'écriait un des orateurs. Ils touchent leur 7 000 francs par an et c'est tout ! Quand vous leur demandez de présenter une loi, ils prétendent qu'ils sont là pour les affaires de leurs électeurs, non pour celles des syndicats. Leur groupe s'intitule parti ouvrier ! Allons donc ! C'est un *Go You please Party !* » finalement, l'admission a été refusée aux députés qui ne sont pas membres d'un syndicat.

Si peu cohérent qu'il soit, le parti ouvrier de Victoria a pris beaucoup d'influence à l'Assemblée. Il n'y forme qu'une minorité, mais comme le gouvernement et l'opposition ont à peu près les mêmes forces, le ministère, pour obtenir les voix du *Labour Party*, lui a accordé la législation ouvrière la plus complète du monde, avec celle de la Nouvelle-Zélande.

La journée de travail a été réduite à huit heures en moyenne et le travail de nuit aboli pour les femmes et les enfants. Leur semaine se termine le samedi à midi et ne recommence que le lundi matin. Ces avantages ont été étendus aux employés de magasin. Le *Sweating System* a été pourchassé par une série de mesures successives; inspection des petits ateliers, des ouvriers chinois, contrôle du travail à domicile, enfin le soin de fixer un tarif minimum de salaires dans certaines industries a été confiée à des conseils mi-partis de patrons et d'ouvriers[1].

L'importance de la législation industrielle en Victoria montre comment une capitale congestionnée et une habile organisation des intérêts ouvriers peuvent avoir une influence considérable sur un parlement et un ministère qui ne sont pas socialistes.

La ville de Sydney et la colonie de Nouvelle-Galles du Sud. Un parti ouvrier divisé[2].

La Nouvelle-Galles du Sud, la « colonie mère », la plus ancienne et la plus peuplée, a pour capitale Sydney, l'une des deux grandes cités australasiennes, tantôt plus, tantôt moins peuplée que sa rivale Melbourne, suivant les fluctuations du commerce, de l'industrie, de l'immigration. Le territoire de la colonie étant plus étendu et renfermant plus d'habitants que celui de Victoria, Sydney ne domine pas la Nouvelle-Galles autant que Melbourne domine Victoria. Il y a même quelque antagonisme entre les districts éloignés et la capitale ; lors du vote de la Fédération, Syd-

(1) Pour le détail de ces mesures, voir p. 114-146.

(2) G. Black (député), *Labor in Politics*, brochure, Sydney. Une collection de brochures et journaux, relative à l'agitation ouvrière, à Sydney depuis 1890, se trouve à la bibliothèque du Ministère du Commerce.

ney était pour le *statu quo*, et la plupart des circonscriptions extérieures pour l'union des colonies ; on parlait même de séparation, de nouveaux états, de rattachements possibles à Victoria. Un journal fédéraliste représentait la Nouvelle-Galles sous la forme d'un pauvre mouton dont Sydney, représenté par un oiseau de proie, se repaissait et s'engraissait. Rien d'étonnant si les partis sont plus instables et plus divisés encore en Nouvelle-Galles que dans le reste de l'Australasie.

Le parti ouvrier a comme bases importantes : Sydney et ses faubourgs ; trois centres houillers dont le plus important est Newcastle, qui produit les 4/5 du charbon australasien et qui possède un port très actif ; — plusieurs centres miniers, dont le principal est Broken Hill (les plus grandes mines d'argent d'Australasie), élevé sur un rocher au milieu d'un affreux désert, près des frontières de Sud-Australie. Enfin les circonscriptions rurales, qui forment la majeure partie du territoire, donnant au parti ouvrier les voix des tondeurs de moutons. La Nouvelle-Galles est, en effet, la première des colonies pour la production de la laine : elle compte 50 millions de moutons, autant que l'Angleterre et la France tout ensemble.

La colonie est divisée, comme les autres, par la question du libre échange et de la protection ; seule, en Australasie, elle est restée fidèle au libre échange, à part quelques exceptions. Le libre échange est cher surtout à Sydney devenu, grâce à lui, le port le plus fréquenté des mers australes.

La diversité des intérêts en Nouvelle-Galles a créé, entre les partis, des divisions dont le parti ouvrier n'est point resté exempt. Sorti, comme tous les autres, du grand mouvement qui suivit la grève générale, le *Labour Party* se forme grâce à la coopération des syndicats et des groupes politiques, est représenté à l'Assemblée législative dès les élections de 1891 et finit par y compter jusqu'à 34 membres en 1894. Il est alors le plus nombreux des partis ouvriers australasiens et on parle déjà de sa participation possible au pouvoir ; suivant la tactique habituelle il se borne à soutenir le ministère qui lui est favorable, mais reste hors des affaires et garde sa personnalité propre. Le cabinet, en 1894, est présidé par M. Dibbs qui passe pour radical et qui propose, en effet, d'abolir les dernières restrictions au suffrage universel. Mais ce gouvernement réprime par la force une grève de mineurs à Broken Hill et fait condamner à la prison deux membres du syndicat. Alors le parti ouvrier se divise sur la question de savoir s'il faut continuer ou retirer son concours à M. Dibbs. Une vingtaine de ses membres continue à voter pour le ministère, mais abandonne le parti pour n'y plus rentrer. Il ne reste, dans les rangs du *Labour Party*, que 15 députés augmentés par la suite de 3 ou 4 nouveaux. Le plus grand nombre, mais non tous, sont d'anciens ouvriers et des syndiqués. Le leader a été mineur ; l'un des membres les plus influents est M. Sam Smith, secrétaire général de la fédération des chauffeurs et gens de mer de l'Australasie.

Les membres du nouveau parti se sont engagés à rester fidèles aux décisions du groupe parlementaire, et ils ont tenu leurs promesses, quoique les sujets de division n'aient pas manqué : le principal a été la Fédération. La Ligue politique du travail, l'une des organisations importantes du

parti ouvrier, présidée par M. Sam Smith, s'était prononcée contre la Fédération : tous les membres du groupe
parlementaire ont voté contre, sauf deux. La Ligue a tenu
des réunions tumultueuses dans lesquelles elle a reçu les
explications des deux dissidents : leur défense a consisté
à dire que leur engagement les liait au groupe parlementaire seul et que le groupe n'avait pas pris de décisions dans la circonstance. La question a été posée de
nouveau quelques jours après à propos du concours à
donner au ministère Reid. Ce ministère, composé de gens
de la classe moyenne, à tendances libérales et radicales,
était assez favorable à l'extension des lois industrielles et
se maintenait grâce à l'appoint des voix ouvrières. Mais il
venait de faire voter la Fédération après s'être montré
longtemps hostile au projet. Là-dessus, il se trouva menacé
de tomber à propos d'une dépense irrégulière; le parti
ouvrier décida de ne plus voter pour lui, à quelques voix
de majorité. La décision fut observée et le ministère tomba
(1899) pour faire place à un gouvernement un peu moins
radical. Le parti ouvrier garde une attitude expectante
et le nouveau ministère a, pour le gagner, proposé une loi
sur l'arbitrage [1].

En somme, le mouvement ouvrier politique est fort en
Nouvelle-Galles, mais il manque de netteté, de cohésion ;
c'est pourquoi Sydney, bien qu'elle ait eu des ministères
progressistes, n'est pas allée aussi loin que Melbourne en
matière de législation industrielle.

(1) Voir chapitre vi, p. 151.

Queensland. Un parti ouvrier dans l'opposition :
Situation unique en Australie [1].

La colonie de Queensland n'a pas, comme les autres, une seule tête ; elle se partage en trois régions desservies par trois voies ferrées distinctes allant chacune d'un port, Brisbane, Rockhampton, Townsville, vers les mines et les parcs à moutons des steppes intérieures. Ces régions sont différentes. Le sud a un climat presque tempéré, le centre et le nord cultivent, sur le littoral, la canne à sucre avec des manœuvres polynésiens. Dans ce pays la vie économique et sociale a une foule de petits centres ; l'action du parti ouvrier serait insuffisante si elle ne s'exerçait que dans la capitale ; il lui faut des organisations solides dans chacune de ces régions si éloignées, si différentes par leurs climats et leurs industries. Dans la capitale, on trouve comme partout en Australie un *Trades Hall*, une Bourse du travail construite par les syndicats et servant à leurs réunions. Une partie du bâtiment est employée au service de l'organe central du parti, *The Worker* (le Travailleur) hebdomadaire. Rien de bien nouveau ici, rien qui diffère sensiblement des autres centres d'agitation ouvrière.

Il faut sortir de la capitale, il faut aller, par exemple, partie en chemin de fer, partie en bateau, de Brisbane à Rockhampton, la métropole du Queensland central. On traverse des centres de mines d'or, Gympie, Maryborough, un centre de culture de la canne et de fabrication du sucre,

(1) A. Bertram, *The Labour Party in Queensland*, extrait de la *Contemporary Review*, 1893. — Résumé dans le *Journal des Économistes*, 1896.

Bundaberg ; partout on rencontre à la fois une fédératio
ou un bureau central de syndicats, et une direction politique représentée par un journaliste, un député, qui parfois, édite une petite feuille, qui toujours sert de trait
d'union entre la fraction locale du parti et la capitale.
Aussi, chacun de ces centres ouvriers est-il représenté au
parlement par un *Labour Member*.

On arrive à Rockhampton, ville toute neuve, aux
grandes rues ambitieuses, trop larges, aux maisons de
bois et de tôle, rares et trop petites. L'organisation
ouvrière n'est là qu'à ses débuts. L'éditeur de l'organe
central du Parti m'avait adressé à un démocrate libre-penseur, éditeur d'un petit journal indépendant, *The People's
Newspaper*. Je fus au journal et je trouvai une grande
baraque en bois pleine d'ouvriers du port que M. W. Nelson,
le journaliste, endoctrinait pour les organiser; il leur
expliquait l'ABC du syndicalisme en Australie, qui peut
se résumer ainsi : « Travaillez huit heures par jour et
faites-vous payer les heures supplémentaires et le travail
du dimanche une fois et demie le tarif ordinaire. » La réunion finie, M. W. Nelson me raconte son histoire : il est
né en Écosse; il a été conférencier pour les positivistes
anglais aux temps de Bradlaugh ; c'est alors qu'il est
devenu libre-penseur et radical. Positivisme et radicalisme n'ont guère réussi en Angleterre. M. Nelson a émigré
dans un pays neuf où son radicalisme est assez bien reçu,
quoiqu'il ne s'accorde pas toujours avec les vues de certains membres importants du parti ouvrier. Quant à
l'athéisme, c'est une mauvaise note, même dans ce Queensland indépendant et rude qui semble moins asservi aux

traditions que le reste de l'Austral:., mais qui reste attaché, comme tous les pays anglais, au respect extérieur de la religion. « C'est dommage, me dit un ouvrier, que M. Nelson soit athée, car il a plus de cervelle que n'importe qui dans le parti ! »

Ailleurs, dans le grand centre minier de Mount Morgan, l'âme du mouvement est un émigré danois radical venu il y a bien des années, avant le développement de la démocratie sociale dans son pays. Il est photographe et libraire en même temps que conférencier : « Le district est satisfaisant, me dit-il ; nous nommons un député ouvrier. » Il me parle encore d'une conférence que M. Davitt, le député irlandais et georgiste, est venu faire ici il y a deux ans : les auditeurs lui ont voté une adresse de remerciements, et Davitt a dit qu'elle lui était deux fois chère parce qu'elle était une preuve de la fraternité internationale des travailleurs, attendu qu'elle était présentée par un français et par un danois (mon interlocuteur).

Je ne puis décrire tous les centres que j'ai visités sur ma route, mais je dois dire quelques mots du plus curieux, un centre de tondeurs, à 1 000 kilomètres dans l'intérieur. Il se trouve dans les plaines calcaires qui s'étendent indéfiniment sous une poussière jaune avec quelques vagues lignes de petits eucalyptus rabougris qui ne donnent point d'ombre. Pas d'autre eau que les flaques stagnantes d'une crique d'où le liquide est pompé dans une grande citerne en tôle et distribué à la ville. On vient de forer un puits artésien qui donne une eau bouillante et chargée de sel qu'on laisse se perdre. C'est le moment de la tonte : à la nuit, les bars sont pleins de tondeurs qui ont fini leur journée sous une chaleur accablante, qui boivent ou jouent. Des maisons en bois de chaque côté d'une rue, beaucoup de monde, peu d'animation, tel est le tableau. Ce que je cherche, c'est le bureau de la branche locale des tondeurs. Je trouve le secrétaire dans une petite construction de planches et de tôle qui lui sert de chambre et d'office. Il reçoit là les tondeurs qui ont des réclamations à faire, ceux qui cherchent de l'ouvrage ; il les engage à ne pas travailler au-dessous des tarifs syndicaux et à se faire inscrire au syndicat. La colonie compte trois offices de ce genre : celui que je vois à l'extrémité du chemin de fer central et deux autres, aux extrémités des voies ferrées sud et nord, par conséquent en plein pays de laine. Ils correspondent à trois arrondissements de la grande trade union des tondeurs qui comprend aussi les ouvriers agricoles et s'étend sur tout le Queensland.

En somme, les catégories d'ouvriers les plus importantes dans cette colonie sont les mineurs et les tondeurs. Ceux-ci sont très turbulents ; ils ont fait, en 1890 et 1894, deux grèves violentes qui ont amené le gouvernement à mobiliser la police et les volontaires et à suspendre, par une loi de coercition, les garanties constitutionnelles pendant deux ans.

Les éléments du parti sont donc plus violents qu'ailleurs. L'esprit a été plus socialiste aussi ; il est venu d'un communiste à la mode de 1848, William Lane, qui avait apporté d'Amérique l'idée d'une refonte de la société sur le modèle d'Owen ou de Cabet. Lane était boiteux, de constitution faible, mais plein d'ardeur et de feu. Il a passé plus de dix années de sa vie soit en Queensland, soit dans les autres colonies et il y a exercé une grande influence : c'est lui qui a fondé le *Worker* de Brisbane, devenu par la suite l'organe du *Labour party*. Mais Lane, impatient d'aboutir, las de réclamer des réformes qu'il n'obtenait pas toujours, prit la résolution de s'exiler et de tenter l'expérience d'une nouvelle Icarie. Il est parti en 1893 de Sydney avec plusieurs amis, et est allé fonder au Paraguay la colonie communiste de Cosmé ou Nouvelle-Australie, qui existait encore en 1899.

Depuis, le collectivisme moderne a pénétré dans les bureaux du *Worker* et a fait, paraître arriérées les idées de Lane. « C'était, me dit-on, un homme excellent, mais qui, comme les gens de 1848, croyait à une panacée. » On est plus moderne aujourd'hui à Brisbane ; j'y ai trouvé, dans les bureaux du *Worker*, des traductions de Marx, de Loria et de collectivistes contemporains en plus grand nombre qu'ailleurs. Le mot « socialisme » avait même été franchement adopté par le parti ouvrier du Queensland, seul en Australie. « Socialisme à notre époque, » telle était la devise que M. Higgs, rédacteur en chef du journal, mettait en épigraphe au *Worker*. M. Higgs, en 1899, a quitté le journal pour devenir député ouvrier. Son successeur a fait disparaître l'épigraphe : il m'a avoué, sans réticence, que le mot faisait peur au Queensland comme dans le reste de l'Australasie. La chose a-t-elle disparu avec le mot? Les députés ouvriers avec qui j'ai causé, même M. Higgs, m'ont paru dans les sentiments des chefs du jeune trade unionisme en Angleterre. Les plus audacieux vont jusqu'à John Burns et même jusqu'à Keir Hardie, c'est-à-dire jusqu'au socialisme sentimental, un peu religieux, très syndical et en même temps très pacifique. Sous ce rapport, la différence n'est pas très grande entre les chefs ouvriers du Queensland et ceux des autres colonies.

Le ton des journaux et surtout du *Worker*, les caricatures, les mots sont plus véhéments qu'ailleurs. Ainsi le propriétaire et le capitaliste sont généralement représentés sous les espèces d'un veau gras ou d'un porc. La révolte des travailleurs prend dans les images des formes violentes. La déclaration de guerre au Transvaal y est indiquée par une caricature peu claire mais plutôt défavorable. Cette allure, sans doute, est celle qui convient aux tondeurs et mineurs turbulents du Queensland. Elle a une autre raison d'être et la voici.

Le parti ouvrier du Queensland est le seul en Australasie qui soit dans l'opposition. Partout ailleurs, le gouvernement s'appuie sur le *Labour Party* ; à Brisbane, il le combat systématiquement. C'est, on le voit, la situation de beaucoup des partis socialistes en Europe, et il ne faut pas s'étonner si elle conduit aux mêmes procédés de polémique.

Mais pourquoi cette anomalie qui distingue le Queensland ? C'est qu'en 1890, le chef du parti libéral a, pour des raisons personnelles, fait alliance avec le chef du parti conservateur, en adoptant le programme de ce dernier et en faisant accorder aux planteurs l'autorisation d'employer le travail polynésien dans les districts de canne à sucre. Cette coalition irritait d'autant plus les mécontents qu'elle avait pour conséquence l'élévation de Sir Samuel Griffith, le chef des libéraux, au rang du pré-

sident de la Cour suprême, avec une forte augmentation
des appointements attachés à la charge, et c'était l'époque
de la crise, où l'on réduisait tous les traitements par économie ! On cria à la trahison, mais en dépit de tout, les
conservateurs renforcés se sont maintenus au pouvoir
avec une énorme majorité. Sur 72 membres, les libéraux
fidèles à leur programme ne sont que 8, dédaigneusement
appelés *les débris*. Aussi l'opposition est-elle dirigée par
le leader du parti ouvrier qui comprend aujourd'hui
22 membres.

Le ministère appuyé sur une majorité de 10 voix seulement a failli plusieurs fois tomber. S'il était mis en minorité, c'est le chef du parti ouvrier qui prendrait le pouvoir. Si le Queensland était, comme on l'a proposé plusieurs fois, divisé du nord au sud en trois colonies ayant
respectivement pour capitales Brisbane, Rockhampton,
Townsville, les conservateurs ne garderaient la majorité
que dans la première; le *Labour Party* gouvernerait les
deux autres. C'est sans doute cette perspective qui a contribué à rendre le parti plus modéré qu'autrefois.

Son programme électoral, adopté en 1898 par le Congrès général, demande des réformes démocratiques dont
plusieurs ont été accomplies dans les autres colonies (un
seul vote par électeur, plus de membres à vie dans la
Chambre haute, des écoles gratuites); il demande encore
l'établissement d'impôts progressifs sur la propriété et le
revenu comme en Sud-Australie et Nouvelle-Zélande.
Enfin, il réclame des lois de protection ouvrière comme
celles qui ont été adoptées depuis 1890 en Victoria et Nouvelle-Zélande : sur ce dernier article seul le gouverne-

ment a fait quelques concessions ; ce point excepté on peut dire qu'à l'Assemblée toutes les proportions du *Labour Party* sont systématiquement écartées. Les deux points sur lesquels l'échec du parti ouvrier est le plus sensible sont la question de l'immigration subventionnée par l'état et celle du travail des gens de couleur.

Dans toutes les autres colonies, sans exception, les partis ouvriers ont fait supprimer toutes les dépenses destinées à favoriser l'immigration. Seul, l'état du Queensland n'a pas cessé d'entretenir des agents d'émigration en Europe, d'offrir tout ou partie des frais de passage aux travailleurs agricoles ; il en fait venir de temps à autre un plein navire, les reçoit dans de grands dépôts contruits dans ses ports, les y loge et nourrit gratuitement jusqu'à ce qu'ils aient trouvé un emploi [1].

Le parti ouvrier se plaint très vivement qu'on fasse ainsi baisser les salaires : à mon passage, le directeur du *Worker* venait de publier une comparaison entre le taux des salaires en Angleterre d'après l'officielle *Labour Gazette* de Londres et celui du Queensland d'après la *Government Gazette* de Brisbane (28 juillet 1899), afin d'établir que les salaires étaient plus faibles en Queensland que dans la métropole. Les chefs du parti se montraient choqués qu'un socialiste anglais, venu l'année précédente et reçu comme un frère, eut accepté du gouvernement queenslandais la fonction salariée de conférencier pour prêcher l'émigration aux habitants d'Angleterre. C'était à leur avis une trahison caractérisée.

(1) *Queensland Immigration Act*, 1882 (plusieurs fois amendé). *Immigration Agent's Annual Report*, Brisbane.

Contre le travail des gens de couleur, amenés des îles polynésiennes, l'irritation est d'autant plus vive en Queensland que ce travail a été rétabli après avoir été supprimé. Dans toutes les autres colonies il n'existe plus. Même dans le Territoire du Nord où les blancs ne peuvent rien faire, le *Black Labour* (travail noir) est interdit par Sud Australie qui administre le territoire. En Queensland l'importation et l'emploi de polynésiens et de canaques sont autorisés sous certaines conditions, dans les districts centre et nord et pour la culture des cannes à sucre [1]. C'est un scandale au jugement du parti ouvrier, qui proteste en s'appuyant sur deux sortes d'arguments ; d'abord ceux qui servent déjà contre l'immigration, savoir l'intérêt des ouvriers ; ensuite, des argument moraux ; les polynésiens et canaques seraient enlevés de force, mal payés, maltraités.

L'insuccès du parti ouvrier queenslandais sur ces questions ne fait qu'accentuer davantage sa situation exceptionnelle qui le réduit au rôle d'opposition contre un gouvernement conservateur.

**Nouvelle-Zélande. La législation ouvrière la plus avancée ;
le parti ouvrier le moins organisé.**

La Nouvelle-Zélande est la terre classique du socialisme d'état et de la législation ouvrière. Son gouvernement a été plus radical que tous les autres en matière d'impôts et

---

(1) *Queensland. Imperial and colonial Acts relating to the Recruiting... of Pacific Island Labourers*, Brisbane, 1892, in-8°.
Pacific Island Immigration. Annual Report.
Contre les procédés employés pour recruter les travailleurs de couleur : Rev. W. Gray, *The Kanaka...* Adélaïde, 1895, in-8°.

de législation foncière. Il est le plus grand patron de la colonie et en même temps celui qui est le plus libéral avec les ouvriers. Il a inauguré la protection des employés de commerce et des gens de mer, l'arbitrage obligatoire en cas de grève, une foule d'autres mesures dont s'inspirent les partis ouvriers et les progressistes des autres colonies. Et pourtant la Nouvelle-Zélande est, parmi les grandes colonies, la seule qui ne possède pas un parti ouvrier compact.

C'est que le parti libéral a fait siennes les revendications du parti ouvrier. Le leader des libéraux, Ballance a conquis la majorité et le pouvoir en 1891, avec l'appoint des ouvriers. Sous son administration et sous celle de M. Richard Seddon, premier ministre depuis la mort de Ballance, le parti a conservé les voix ouvrières, grâce à une politique continue de réformes en faveur de la classe salariée. Le grand artisan de législation ouvrière a été le ministre du travail, M. W. P. Reeves, fils d'un journaliste et homme politique de Christchurch, élevé dans une université d'Angleterre, écrivain et juriste remarquable, dont l'œuvre est le résultat d'enquêtes et d'études sur les projets de protection ouvrière adoptés ou proposés aux États-Unis, en Angleterre, dans les divers états européens. Aujourd'hui M. Reeves a quitté le ministère pour aller représenter la Nouvelle-Zélande à Londres. M. Richard Seddon a conservé le pouvoir après les élections législatives de 1899, de sorte que le ministère libéral néo-zélandais détient aujourd'hui le record de la durée en Australasie. M. Seddon est si populaire et paraît si puissant, qu'on le surnomme parfois le roi Richard, *King Dick*. Ce monarque sans couronne est le représentant d'une circonscription minière (or et charbon), sur la côte nord-ouest de l'île sud, contrée montagneuse, à peine déboisée, d'accès presque impossible, sauf par mer : dans ce rude pays, il était propriétaire d'un hôtel quand les électeurs l'envoyèrent à l'Assemblée. Au ministère c'est lui qui, par ses débuts, se rapproche le plus du peuple, dont la faveur lui est assurée depuis si longtemps.

On a vu plus haut que les ouvriers australasiens ne tiennent pas absolument à être représentés au parlement par les gens de leur classe ; les personnes leur importent peu, mais ils semblent tenir à former des partis ouvriers distincts des partis bourgeois. S'ils n'en ont pas constitué en Nouvelle-Zélande, c'est qu'ils en sentaient moins la nécessité, le gouvernement leur accordant ce qu'ils demandaient. « N'importe quel individu, me disait un conservateur de Wellington, griffonne n'importe quel projet et s'en va le porter au gouvernement ; le gouvernement le fait voter. »

Ces paroles sont trop aigres sans doute, mais le fait est que les ouvriers néo-zélandais n'ont pas eu besoin d'un effort d'ensemble pour s'assurer le concours des pouvoirs publics. Du reste, les conditions géographiques et économiques se prêtaient mal à l'organisation d'un parti. La Nouvelle-Zélande n'est point dominée — *outvoted* — par un Melbourne ou un Sydney ; elle a quatre centres : Auckland, Wellington, Christchurch, Dunedin, tous au-dessous de 70 000 habitants, — faubourgs compris — très éloignés l'un de l'autre, avec des communications lentes et difficiles.

Les organisations ouvrières les plus solides sont des groupes régionaux de syndicats fédérés comme ailleurs, autour des *Trades Halls*. Rien d'ailleurs des installations larges et coûteuses qu'on a vu dans les grandes villes d'Australie. Les *Halls* de Christchurch et de Dunedin sont de simples salles louées à ur propriétaire, parfois partagées avec d'autres sociétés. Lors de mon passage à Wellington, le Conseil des syndicats avait dû quitter son local et ne réussissait pas à en trouver un autre.

Auckland, port et ville industrielle, le principal lieu de passage de la colonie occupe une forte proportion de nouveaux venus et d'ouvriers étrangers qui ne se syndiquent pas. C'est là, s'il faut en croire les syndicats, que les conditions du travail sont le plus désavantageuses.

Les syndicats et conseils syndicaux de la colonie ont un congrès annuel qui réunit une quinzaine de délégués[1]. On n'y traite guère que des questions corporatives; on y propose des amendements aux lois de protection ouvrière inspirées par le gouvernement. On n'y a pas, jusqu'ici, esquissé le plan d'un parti ouvrier politique.

Les conseils syndicaux de Christchurch et de Dunedin se préoccupaient bien un peu de cette question lors de mon passage, c'est-à-dire à la veille des élections générales. A Christchurch, un groupe de jeunes gens, ardents et novateurs, reprochaient au parti Seddon d'être composé de politiciens, de ne songer qu'à se maintenir au pouvoir, d'encourager l'immoralité et la corruption, de n'être pas favorable à la prohibition de l'alcool : ils voulaient fonder un nouveau parti, mais ils n'avaient pas la majorité. A

---

(1) Voir *Annual Conference of the Trades and Labour Councils of New Zealand.* Wellington, 1898. — Christchurch, 1899, — deux brochures publiées sous les auspices des *Trades Councils* des villes où les congrès se sont tenus.

Dunedin, l'un des secrétaires syndicaux les plus anciens et plus influents m'a dit : « Ces jeunes gens n'ont peut-être pas tort ; mais si nous les écoutions, nous risquerions de renverser Seddon et au profit de qui ? Nous l'ignorons, tandis que nous savons bien que Seddon a beaucoup fait pour nous et fera encore davantage. Gardons-le ! » On a vu que M. Seddon est resté aux affaires après les élections de 1899.

La Nouvelle-Zélande est donc la colonie où les ouvriers sont le moins organisés en parti politique de classe ; ils ne sont pas simplement coalisés comme ailleurs, ils sont presque confondus au parlement avec les progressistes ; le parti des réformes s'appelle libéral et non pas ouvrier, se compose de gens de la classe moyenne beaucoup plus que de travailleurs manuels, mais à force de concessions et de bonne volonté, il a fini par satisfaire à peu près complètement les ouvriers.

La Nouvelle-Zélande fournit la meilleure preuve que les ouvriers australasiens ou du moins la majorité d'entre eux ne se préoccupent point de la suppression du salariat et du patronat, mais réclament le maximum d'avantages compatibles avec l'organisation capitaliste.

CHAPITRE IV

LA JOURNÉE DE TRAVAIL ET LA PROTECTION LÉGALE DES OUVRIERS

Les deux colonies où le gouvernement s'est le plus préoccupé de réglementer le contrat de travail sont Victoria et Nouvelle-Zélande. La colonie de Victoria, peuplée tout d'un coup à l'époque des mines d'or, renferme beaucoup d'ouvriers ; les villes y sont beaucoup plus peuplées que les campagnes. Melbourne est la plus forte agglomération urbaine d'Australasie : elle renferme les deux cinquièmes de la population de Victoria : elle en a contenu près de la moitié. La législation ouvrière victorienne sort tout entière de Melbourne.

La Nouvelle-Zélande, au contraire, n'a pas de métropole qui la domine ; mais le nombre de ses fabriques, mines, ouvriers est relativement considérable. Elle est la colonie d'Australasie où les usines et ateliers sont le plus disséminés sur tous les points du territoire. En outre, son gouvernement, depuis 1890, est de tous les gouvernements australasiens le plus favorable aux revendications ouvrières.

Il faut ajouter que Victoria et Nouvelle-Zélande ont depuis longtemps adopté un tarif protectionniste, on pourrait presque dire prohibitif ; d'abord établi au profit des

entrepreneurs d'industrie, ce tarif est aujourd'hui considéré par les gouvernements et par les ouvriers comme un
moyen de sauvegarder et de développer la protection
légale des travailleurs, en écartant la concurrence des pays
où la législation ouvrière est moins avancée.

Dans les autres colonies, les lois de protection ouvrière
sont, pour la plupart, imitées de Victoria ou de Nouvelle-
Zélande[1].

La journée de huit heures obtenue par l'action syndicale.

L'Australasie a réalisé plus qu'aucune autre terre britannique le vœu traditionnel des ouvriers anglais :

> *Eight Hours to Work, Eight Hours to Play,*
> *Eight Hours to Sleep, Eight Shillings a Day.*

c'est-à-dire huit heures de travail, huit heures de loisir,
huit heures de repos et 8 shillings par jour. Ce dernier
huit est dépassé en Nouvelle-Zélande où les salaires tendent vers 10 shillings par jour ; il n'est pas encore atteint
dans les colonies agricoles de Sud-Australie, Tasmanie,
Queensland. Mais les trois autres huit sont des réalités
partout.

(1) Les traductions et analyses de lois données dans les revues
spéciales (où l'on trouve d'ailleurs beaucoup d'excellents articles) ne
suffisent pas pour une étude complète sur la législation ouvrière.
Voir les textes des différentes lois (*Factories and Shops Acts*) et
des réglementations (*Regulations*) qui y sont annexées.
Les lois ouvrières de Nouvelle-Zélande sont réunies dans un code
spécial, intitulé *The New Zealand Labour Laws*, Wellington, in-8°.
A consulter les rapports des commissions officielles qui ont fait
des enquêtes pour la préparation ou sur l'application des lois ouvrières, par exemple : *Queensland Shops Factories and Workshops ;
Royal Commission of Inquiry*, Brisbane, 1891, in-4°; *Victoria Factories Act Inquiry Board*, deux rapports, 1893 et 1895 (Voir p. 133).

La journée de huit heures pour l'ouvrier adulte a été établie et maintenue *par accords entre syndicats et patrons, sans l'intervention de la loi.* Son histoire est curieuse [1].

L'idée de la journée de huit heures apparaît dans les syndicats anglais vers 1838, au moment de la grande agitation des disciples d'Owen et des chartistes [2]. Elle est propagée surtout par les ouvriers du bâtiment. Quelques années plus tard, la fièvre de l'or éclate en Victoria, l'émigration anglaise augmente, beaucoup d'ouvriers arrivent et apportent avec eux l'organisation syndicale, l'idée du suffrage universel, celle de la journée de huit heures qui ont échoué dans la métropole et qui réussiront dans les colonies.

Les conditions étaient, à vrai dire, favorables aux revendications des ouvriers. On défrichait, on construisait partout, et les capitalistes avaient besoin de plus de bras que l'immigration ne leur en offrait. Le travail faisait prime et l'ouvrier pouvait dicter ses conditions. Aussi voit-on les défricheurs et arpenteurs écossais de la Compagnie de colonisation d'Otago (Nouvelle-Zélande) réclamer la journée de huit heures au début même de l'entreprise, en 1848-1849. Le directeur a beau répliquer que « d'après la bonne vieille coutume d'Écosse, dix heures font la journée légale de travail », les ouvriers ont gain de cause.

A Sydney, un association de maçons a réclamé et obtenu

(1) W. E. Murphy, *History of the Eight Hours Movement*, Melbourne, 1896, in-16.

(2) Sydney et Beatrice Webb, *Histoire du Trade-Unionisme* (trad. franç.). Paris, Giard et Brière, 1897, in-8°.

la journée de huit heures dès 1855. Mais la véritable patrie de la journée de huit heures est Melbourne, cette ville qui s'est formée en quelques années dans la période de l'or. Les champions de l'idée sont des ouvriers du bâtiment, récemment émigrés d'Angleterre. En 1856, l'Association des maçons réunit un grand meeting public à Melbourne et fait voter le principe de la journée de huit heures. Le 21 avril de la même année — date mémorable dont l'anniversaire est toujours fêté — plusieurs centaines d'ouvriers du bâtiment se réunissent dans les chantiers de l'Université en construction; ils en partent, précédés d'un drapeau anglais et d'une bannière sur laquelle sont figurés les trois huit. Ils parcourent les rues alors toutes nouvelles, s'arrêtent devant les chantiers de construction qu'on rencontre à chaque pas et invitent ceux qui y travaillent à se joindre à eux; ils manifestent surtout devant les chantiers du Parlement et du Marché, parce que les entrepreneurs de ces édifices ont refusé catégoriquement d'accorder la journée de huit heures. Enfin ils se réunissent dans un grand banquet auquel assistent plusieurs hommes politiques et le maire de la ville. Le mouvement une fois lancé ne s'arrêta plus; la journée de huit heures se généralisa, et, pour fêter son avènement, les ouvriers firent, le lundi de la Pentecôte 1856, une manifestation imposante qui se termina par un pique-nique et une fête dans laquelle on représenta la prise de Malakoff et le bombardement de Sébastopol.

On prétendait que la journée de huit heures ne durerait pas; pourtant elle s'est maintenue, elle s'est étendue peu à peu à tous les métiers par suite d'arrangements entre les trade unions et les patrons; elle existe aujourd'hui dans toute l'Australasie, au moins dans les grandes villes.

Un monument de bronze élevé dans la plus belle avenue de Ballarat, la ville de l'or, rappelle que le maçon écossais J. Galloway a été l'un des initiateurs du mouvement. Un autre monument commémoratif doit être élevé devant le Parlement de Melbourne; il y fera pendant à la statue de Gordon élevée par les partisans de l'expansion coloniale comme une protestation contre la politique pacifique de Gladstone.

La célébration de l'anniversaire de la journée de huit heures est, depuis près d'un demi-siècle, l'une des solennités de Melbourne. Les syndicats de la ville nomment un Comité permanent qui siège au *Trades Hall* et qui s'occupe de recueillir des souscriptions et de préparer le programme de la fête. Ce programme comprend un défilé où les diverses corporations sont représentées avec leurs bannières, où figurent des chars allégoriques, des cavaliers costumés. Le soir sont donnés des conférences, un banquet, un bal. Les quêtes et les souscriptions procurent un assez beau bénéfice. Il est d'usage que des personnages politiques, parfois des ministres, assistent ce jour-là au banquet des syndicats de Melbourne. En 1885, le gouverneur Sir Henry Loch consentit à y prendre place. Le président du Comité, en le recevant, dit qu'il aurait souhaité voir Lady Loch accompagner son mari. « Mais, répliqua le gouverneur, vous ne l'avez pas invitée. » L'année suivante, le gouverneur et sa femme assistèrent au défilé et le suivirent quelque temps dans leur voiture.

Les autres centres industriels fêtent le même anniversaire ; dans certaines villes, les écoles et les édifices publics sont fermés à l'occasion de cet événement. Hors de Victoria, les syndicats célèbrent l'anniversaire de la journée de huit heures à la date où elle a été introduite dans leur colonie. Ces manifestations et réjouissances rappellent la plus remarquable victoire de la tactique exclusivement syndicale, au temps où les ouvriers ne faisaient point de politique. Les gouvernements n'y ont pas contribué. Ils se sont bornés à suivre le mouvement et à prescrire la journée de huit heures dans tous les chantiers et ateliers publics et dans tous les travaux faits pour le compte de l'état. C'est ainsi qu'ont procédé en Angleterre le Conseil de comté de Londres et ceux des villes progressistes, pour les travaux municipaux.

Le terme consacré de journée de huit heures ne doit pas faire illusion. La *journée* est souvent de plus de 8 heures, mais la *semaine* de l'ouvrier australien ne comprend guère que 48 à 52 heures, car il se repose non seulement le septième jour, mais encore la moitié du sixième. L'usage de ne travailler ni le samedi après-midi, ni le dimanche, est général en Australasie comme en Grande-Bretagne. Il a été importé de la métropole : son origine vient du puritanisme protestant ; on ne doit rien faire le dimanche, pas même se promener ou s'amuser ; il faut donc consacrer le samedi après-midi aux distractions que les Européens du continent se donnent le dimanche ; il faut encore l'employer à faire des provisions, parce que tout sera fermé le dimanche. Les ouvriers adultes chôment donc un jour et demi par semaine, mais ils n'y sont obligés que par les usages. Aussi consentent-ils aisément à travailler même le dimanche, pourvu qu'on leur paye un salaire plus élevé, habituellement une fois et demie le tarif ordinaire.

D'une manière générale, c'est la coutume qui a établi le repos hebdomadaire du moins en ce qui concerne les ouvriers adultes. La loi n'intervient pour limiter leurs journées que dans la dernière mesure de protection ouvrière adoptée par le gouvernement de Victoria (1896). D'après cet acte, le travail à tout âge et pour les deux sexes dans tous les ateliers où l'on fabrique des meubles, et de plus dans toutes les blanchisseries où un Chinois est employé, n'est permis que de 7 heures et demie du matin à 5 heures du soir, et est interdit sans exception du samedi après midi à 2 heures, jusqu'au lundi matin.

Cette mesure ne s'applique donc qu'à deux industries, celles où une enquête de 1893, sur laquelle je reviendrai plus loin, a révélé des exemples scandaleux de *Sweating System*. On remarquera, de plus, qu'elle est dirigée contre les Chinois, ouvertement dans le cas des blanchisseries, indirectement dans l'autre, car la plupart des petits ébénistes en boutique et en chambre sont des Chinois. Ces articles de la loi de 1896 sont donc moins un progrès dans le développement de la protection légale qu'un cas particulier de la lutte contre les Chinois, lutte où les ouvriers européens ont l'appui du gouvernement victorien.

Lois pour protéger les femmes et les enfants employés dans l'industrie.

La limitation légale du travail des femmes et des enfants est un des principaux objets des nombreuses lois de protection ouvrière d'Australasie. Il faut noter que ces lois ont été, pour la plupart, votées ou dans tous les cas refondues et amendées depuis l'époque où les partis ouvriers se sont formés et ont réussi à envoyer des députés à tous les parlements, c'est-à-dire depuis dix ans.

Sans doute Victoria avait donné l'exemple longtemps avant l'entrée du parti ouvrier dans la politique, par la loi de 1873 qui limitait le travail des femmes et des enfants à huit heures par jour. Mais cette loi a été remplacée par la loi beaucoup plus complète de 1890 et enfin par celle de 1896, qui est encore en vigueur, après de très légères modifications datant de 1897 et 1898.

D'après cette loi, les jeunes gens ne peuvent être employés avant 13 ans ; encore doivent-ils avoir passé à l'école le nombre d'années imposé par la loi et être jugés assez forts pour travailler : les garçons au-dessous de 16 ans et les filles ou femmes de tout âge ne devaient pas travailler plus de quarante-huit heures par semaine, d'après la loi de 1890 ; la loi de 1896 ajoute qu'ils ne doivent pas travailler plus de dix heures par jour, ni plus tard que 9 heures du soir.

On prévoit cependant le cas où le travail sera pressant et les commandes abondantes, et 'on permet pour ces époques les heures supplémentaires, mais sans les laisser à la discrétion du patron. Un patron ne peut demander aux femmes et aux enfants plus de cinq heures supplémentaires dans un jour, plus de dix jours avec heures supplémentaires dans l'année, du 1er janvier au 31 décembre ; nul ne fera d'heures supplémentaires malgré lui. Ces heures seront payées une fois et demie le tarif (au temps ou aux pièces) et chaque travailleur recevra de plus 0 fr. 60 de supplément pour son repas du soir. Enfin, depuis 1896, le patron qui use de la faculté accordée par la loi doit en prévenir l'inspecteur en chef vingt-quatre héures à l'avance.

Si les cinquante heures supplémentaires accordées par la loi ne suffisent pas, on peut demander au ministre l'autorisation de faire travailler pendant trois heures supplémentaires au maximum par jour, de manière que les heures de travail ne dépassent pas cinquante-sept par semaine, et pour une période de deux mois au plus. L'autorisation peut être refusée. Si elle est accordée, elle doit être affichée dans l'atelier. Le tarif des heures supplémentaires et l'indemnité pour le repas sont les mêmes que précédemment.

En Nouvelle-Zélande, quatre lois successives, fondues et amendées dans la loi de 1894, ont réglé les heures de travail des femmes et des enfants. Pour les enfants au-dessous de 14 ans, pas de travail. De 14 à 16 ans, un certificat scolaire et un certificat d'aptitude physique sont nécessaires. Les enfants au-dessous de 16 ans, les femmes et filles de tout âge ne peuvent travailler plus de quarante-huit heures par semaine et ne doivent pas travailler avant 8 heures moins un quart le matin et après 6 heures le soir. De plus, les femmes ne doivent pas travailler dans les quatre semaines qui suivent l'accouchement.

La faculté de demander des heures supplémentaires ne peut être exercée par le patron qu'avec le consentement écrit de l'inspecteur, et cette autorisation doit être affichée dans l'usine ou l'atelier. Les heures supplémentaires ne doivent pas excéder trois par jour, ne peuvent s'étendre sur plus de vingt-huit jours par an et ne peuvent être demandées plus de deux jours de suite. Elles doivent être payées au-dessus du tarif habituel. Nul n'est forcé d'en faire contre son gré.

Des mesures analogues mais moins complètes et moins rigoureuses ont été adoptées par les autres colonies. En Nouvelle-Galles, la législation depuis 1899 est à peu près celle de Victoria. Les enfants ne travaillent pas avant 13 ans, et ne peuvent travailler de 13 à 14 qu'avec une autorisation spéciale du ministère. Les enfants au-dessous de 16 ans et les femmes ne doivent pas travailler plus de 48 heures par semaine, pas commencer leur journée avant 7 heures du matin ni la terminer plus tard que 6 heures du soir. On ne peut leur demander des heures supplémentaires que pendant 30 jours par an ordinairement, 60 jours au plus si l'on obtient une autorisation spéciale du ministère ; les heures supplémentaires ne dépasseront pas trois pendant ces 30 ou 60 jours. Elles seront payées une fois et demie le tarif ordinaire.

En Sud-Australie, depuis 1894, un enfant pour travailler doit être âgé de 13 ans, posséder le certificat d'études ou avoir passé quatre années à l'école. Les femmes et les enfants au-dessous de 14 ans ne doivent pas être occupés plus de 48 heures par semaine en temps ordinaire, plus de 60 heures si le patron en avertit l'inspecteur du travail ; celui-ci ne fait qu'enregistrer la demande, il ne peut s'opposer à son effet. Mais les heures supplémentaires ne doivent pas dépasser 100 pour toute l'année. Après cinq heures de travail continu, il doit y avoir une interruption pour les repas. Le travail de nuit est interdit pour les femmes et les enfants. Ces dispositions ne sont pas applicables à la manipulation des fruits, des denrées périssables c'est-à-dire des produits agricoles qui sont de beaucoup les plus importants de la colonie.

En Queensland, autre pays agricole, la législation est à peu près celle de Sud-Australie. Les femmes et les enfants ne travaillent pas plus de 48 heures par semaine. Les heures supplémentaires sont limitées à trois par jour au plus pendant 52 jours par an au maximum. Le fabricant d'ailleurs réclame ces heures quand il veut, sans autre obligation que de les inscrire sur un registre à la disposition de l'inspecteur.

Après trois heures de travail, les femmes et enfants ont droit à une demi-heure d'arrêt pour un repas. Le travail de nuit n'est interdit formellement que pour les garçons mineurs de 16 ans et les femmes mineures de 18. Ces deux catégories ne peuvent commencer leur journée avant 6 heures du matin, ni la terminer après 7 heures du soir.

Les inspecteurs du travail de Sud-Australie et de Queensland se plaignent dans leurs rapports de ne pouvoir protéger efficacement les femmes et les enfants et ils demandent qu'on leur donne les mêmes pouvoirs qu'à leurs collègues des colonies plus avancées.

Les rapports de Queensland réclament le repos du dimanche obligatoire, l'interdiction du travail de nuit pour les femmes au-dessus de 18 ans. Ils font valoir que dans le principal ou plutôt l'unique centre industriel de la colonie, à Ipswich, les femmes majeures sont employées très souvent le dimanche et la nuit, et l'inspecteur général prend le parti de l'inspecteur d'Ipswich qui a essayé d'empêcher le travail de nuit bien que la loi ne lui en donnât point formellement le pouvoir.

Les inspecteurs de Queensland et de Sud-Australie demandent que la loi oblige les patrons à donner un salaire plus élevé et à payer le prix d'un repas quand ils font travailler pendant des heures supplémentaires. Cette condition est imposée, comme on vient de le voir, par les lois de Victoria, Nouvelle-Zélande, Nouvelle-Galles.

Les mêmes inspecteurs réclament le droit de pouvoir interdire l'emploi des heures supplémentaires même dans les limites fixées par la loi, tandis que leur rôle se borne jusqu'à présent à constater que ces limites n'ont pas été dépassées. En Nouvelle-Galles, au contraire (1896), l'inspecteur a pu interdire à une entreprise de blanchisserie qui lavait le linge des paquebots d'imposer 3 heures supplémentaires trois fois de suite à son équipe de jour et à son équipe de nuit. L'entreprise a été obligée d'employer trois équipes. Et pourtant la loi, prise littéralement, accordait 3 heures supplémentaires par jour pendant 30 jours par an. L'interprétation adoptée accorde à l'inspecteur en Victoria, Nouvelle-Galles et Nouvelle-Zélande, le droit de contrôler la façon dont ces heures sont employées et d'empêcher le patron de les rapprocher trop. Dans ces mêmes colonies, les inspecteurs comptent dans les 48 heures qui constituent la semaine de travail de l'enfant tout ce qu'il fait pour son patron; ainsi c'est une contravention d'employer un apprenti à des courses ou au ménage, à moins qu'on ne compte le temps ainsi passé dans les 48 heures de sa semaine de travail (Nouvelle-Galles, 1896).

Les lois qui protègent les femmes et les enfants employés par l'industrie, dans les cinq colonies dont je viens d'examiner la législation, peuvent être résumées de la manière suivante :

1° *Pas de travail avant 13 ou 14 ans. Réglementation des heures de travail pour les garçons jusqu'à 16 ans, pour les femmes à tout âge (jusqu'à 18 ans seulement en* Queensland) ;

2° *Pas de travail de nuit* (sauf en Queensland) ;

3° *La semaine de 48 heures, généralement réparties ainsi : neuf heures chaque jour, arrêt le samedi à une heure après-midi ;*

4° *Repos le samedi après midi et le dimanche;*

5° *Les heures supplémentaires limitées en nombre par journée et par année, accordées seulement sur l'autorisation de l'inspecteur du travail, payées au-dessus du tarif ordinaire* (sauf, pour les deux dernières dispositions, Sud-Australie et Queensland).

Lois pour protéger les femmes et les enfants employés dans les magasins.

Un des traits caractéristiques de la législation australasienne, c'est qu'elle fait bénéficier de la limitation des heures de travail les enfants et les femmes employés dans le commerce de détail. Cette catégorie est formellement comprise dans la loi victorienne de 1896 ; elle bénéficie en Nouvelle-Zélande d'une loi spéciale, *The Shops and Shop*

Assistants Act, votée en 1894, en même temps que la loi générale sur la protection des travailleurs.

La loi victorienne limite pour les femmes et les enfants employés dans les magasins les heures de travail à 52 par semaine (repas non compris) et à neuf par jour ; on pourra toutefois faire travailler onze heures un seul jour par semaine, deux jours même, quand le magasin aura été fermé un jour férié autre que le dimanche. Les employés de magasin ont le droit de s'asseoir et les patrons leurs fournissent des sièges.

Si un enfant ou une femme travaillent partie dans un atelier, partie à la vente, ils ne seront occupés en tout que huit heures par jour.

On ne doit pas faire travailler plus de cinq heures de suite sans une interruption pour un repas.

Le gouvernement a le droit de faire arrêter le dimanche à midi toute distribution de lait, pain, etc., à domicile.

Les heures supplémentaires ne seront accordées que par l'inspecteur principal des manufactures et pendant quarante jours au plus par année.

Avant la loi, la semaine de travail des femmes et enfants employés dans le commerce de détail s'élevait parfois, d'après l'inspecteur des manufactures, jusqu'à 90 heures. La même autorité déclare qu'une employée est venue depuis la promulgation de la loi demander à une inspectrice si elle pourrait continuer à travailler 72 heures par semaine.

L'inspecteur reconnaît d'autre part, que de tels cas ne sont pas communs. Au contraire, l'usage de ne pas faire travailler les femmes et les enfants plus de neuf heures par jour se généralisait avant l'adoption de la nouvelle mesure. Sans cette habitude, avoue l'inspecteur, il eût été difficile d'appliquer la loi.

Enfin la loi accorde une après-midi de vacances chaque semaine aux enfants et femmes employés dans les magasins. On ne pouvait songer au samedi, puisque l'usage des clients est de faire leurs achats pour le dimanche — jour où tout est fermé — dans l'après-midi ou la soirée du samedi ; c'est même ce jour que la loi considère quand elle permet une journée de onze heures de travail. Le samedi, les marchands au détail ne ferment guère qu'entre neuf et dix heures du soir. Mais ils doivent donner congé à leurs employés dans l'après-midi d'un autre jour de la semaine, et ce jour est fixé dans chaque municipalité par les détaillants à la majorité des voix. Le mercredi a été généralement adopté.

En Nouvelle-Zélande, les heures de travail dans les magasins, pour les enfants et les femmes, s'élèvent à cinquante-quatre heures au plus par semaine.

L'ensemble des dispositions de la loi rappelle les mesures adoptées en Victoria. Comme dans cette dernière colonie, les détaillants doivent, dans chaque municipalité, décider, à la majorité des voix, quel jour de la semaine ils donneront une après-midi de congé à leurs employés.

Deux autres colonies, Nouvelle-Galles et Queensland, ont adopté, en 1896, des lois pour protéger les femmes et les enfants employés dans les magasins.

En Nouvelle-Galles, les dispositions de la loi s'appliquent seulement aux garçons au-dessous de 16 ans et aux femmes au-dessous de 18 ans. Pour ces deux catégories, le maximum des heures de travail est de 9 1/2 par jour, sauf un seul jour par semaine où il peut être de 11 1/2 (pratiquement le samedi) et de 52 par semaine. Les heures supplémentaires ne doivent pas dépasser 3 par jour et ne peuvent être demandées pendant plus de 52 jours par an.

En Queensland, les dispositions sont à peu près les mêmes. Dans ces deux colonies, si le travail d'atelier s'ajoute aux soins de la vente au détail, le total des heures ne doit pas dépasser 8 par jour.

En Sud-Australie, un projet de loi pour fermer les magasins de bonne heure (*Early Closing Bill*) a été soumis au parlement et semble avoir pour lui la majorité de l'assemblée élue en 1899. Il propose de fermer les magasins à 6 heures du soir pendant 4 jours, à 9 heures un seul jour, et de donner une après-midi de congé par semaine comme en Victoria et Nouvelle-Zélande.

Il faut noter que ces lois ont été adoptées seulement par les villes, bien que plusieurs textes, entre autres le projet sud-australien, donnent au ministre le droit de les étendre à la campagne. De plus, elles ne s'appliquent pas aux pharmacies, pâtisseries, confiseries, débits de tabac, de journaux, cafés, pensions, hôtels, magasins de poissons, de fruits, de légumes, ni aux détaillants qui emploient seulement des personnes de leur famille. Telle est la liste des exceptions, du moins pour Nouvelle-Galles et Queensland, car Victoria et Nouvelle-Zélande l'ont sensiblement diminuée et menacent de la réduire encore.

Ces deux colonies ont placé sous le contrôle des inspecteurs du travail les bureaux de placement pour servantes. Les domestiques-femmes de Nouvelle-Zélande auraient voulu être protégées par une loi spéciale ; plusieurs d'entre elles ont envoyé à ce sujet une députation au premier ministre M. Seddon. Celui-ci a reçu et écouté avec bienveillance les déléguées, mais sans leur faire aucune promesse formelle. Il est vrai que la situation des servantes est plus favorable en Australasie que partout ailleurs, sauf peut-être aux États-Unis. Leur nombre ne suffit pas à la demande, parce qu'il n'est pas augmenté par l'immigration depuis la suppression des subventions et passages gratuits (sauf en Queensland), et parce que beaucoup de jeunes filles préfèrent au travail domestique celui de l'atelier ou du magasin, réduit et mieux rémunéré depuis les nouvelles lois. Les servantes obtiennent d'assez bons gages, la libre disposition de leurs loisirs et de leurs soirées, l'après-midi du dimanche. Dans toutes les maisons, le repas du dimanche soir se compose invariablement de viande froide et de thé, car les servantes ou la cuisinière ont congé. En Nouvelle-Zélande, les domestiques ont, souvent, une autre après-midi par semaine. Elles sont parfois traitées comme des personnes de la famille, viennent, leur ouvrage fait, causer au *parlour* avec leurs maîtres et les amis de leurs maîtres, lire le journal et jouer du piano. On m'a dit à Wellington que le mot *servant* qui rappelait la sujétion d'autrefois et l'infériorité sociale, était repoussé par certaines domestiques et changé contre celui de *lady help* (dame auxiliaire), équivalent au mot *officieux* de notre Révolution.

L'élévation des gages et les habitudes des domestiques ont obligé un grand nombre d'habitants à prendre des habitudes de vie simples et des mœurs démocratiques.

On ne trouve presque plus de maison montée à l'européenne, sauf chez les gouverneurs et chez quelques personnages des grandes villes.

L'inspection du Travail [1].

L'application des lois de protection ouvrière est confiée à des inspecteurs et inspectrices qui relèvent habituellement d'une direction, et, dans certaines colonies, d'un ministère du travail (*Labour Department*). Ces ministères, tous créés après 1890, sont généralement réunis à d'autres, l'Instruction publique, par exemple, et n'ont pas de titulaire spécial. Outre l'inspection du travail, ils dirigent un service de placement gratuit, dont il sera parlé plus loin dans le chapitre sur le chômage [2].

L'inspection du travail a été instituée dans les colonies à la suite des lois récentes de protection ouvrière ; elle ne s'étend, d'ailleurs, qu'aux *districts proclamés*, c'est-à-dire aux circonscriptions urbaines et industrielles formellement désignées, et elle n'a dans plusieurs colonies qu'un personnel très faible. Sud-Australie n'a que deux inspecteurs et une inspectrice à Adélaïde ; Nouvelle-Galles, deux inspecteurs et une inspectrice à Sydney, un inspecteur à Newcastle ; Queensland, un inspecteur et une ins-

---

(1) Voir les rapports annuels publiés par le service de l'inspection dans les différentes colonies : *South Australia : Reports of Inspector of Factories ; — Victoria : Report of the Chief Inspector of Factories, etc. ; — New South Wales : Report on the Working of the Factories and Shops Act ; — Queensland*, même titre ; — *New Zealand : Report of the Departement of Labour* (comprenant les rapports des inspecteurs). Tous ces documents se trouvent aux archives de la Direction du Travail du Ministère du commerce.

(2) Voir chapitre vii, p. 182-188.

pectrice à Brisbane, un dans chacun des cinq autres districts. Dans ces colonies, les inspecteurs demandent qu'on augmente leur nombre. Le service et le personnel de l'inspection se développent de plus en plus à mesure que les lois s'ajoutent les unes aux autres.

Sous ce rapport, l'histoire de Victoria est caractéristique. En 1873, la première loi de protection ouvrière est votée dans cette colonie. L'application en est confiée aux municipalités qui l'abandonnent à la police ordinaire, refusent de nommer des inspecteurs spéciaux, et même négligent tout à fait la mission dont elles sont chargées. La loi de 1896 fait de l'inspection un service du gouvernement central et le confie à un inspecteur en chef et à onze inspecteurs et inspectrices, dont les rapports sont publiés chaque année.

En Nouvelle-Zélande, le service est sous le contrôle du ministère du travail : il emploie un directeur et 20 inspecteurs ou agents locaux, dont les comptes rendus sont publiés chaque année dans le rapport du ministère du travail. Les inspecteurs sont donc plus nombreux en Nouvelle-Zélande qu'ailleurs ; mais il faut remarquer que, dans ce pays, les communications sont difficiles et que le département du travail remplit le rôle d'une agence de placement.

Il faudrait, d'ailleurs, un nombre immense d'inspecteurs pour assurer l'application de la loi. A chaque amendement, l'espace soumis à l'inspection s'élargit. En Victoria, par exemple, les anciennes lois s'appliquaient aux villes seulement : la nouvelle peut être étendue par le gouverne-

(1) Voir chapitre vii, p. 183-184.

ment aux circonscriptions rurales. La loi de 1873 s'appliquait seulement aux établissements industriels employant dix personnes. Celle de 1896 s'applique à tous ceux qui emploient quatre personnes (le petit patron inclus), à tous les ébénistes et à toutes les blanchisseries qui emploient un Chinois. On dit plaisamment, à Melbourne, qu'un seul Chinois compte pour une manufacture.

Sont soumis à l'inspection, d'après la loi de Nouvelle-Galles, tous les établissements : 1° qui occupent au moins quatre personnes n'appartenant pas à la même famille ; 2° qui emploient des moteurs à vapeur pour fabriquer des objets ou les emballer pour le commerce, quel que soit le nombre des travailleurs, qu'ils appartiennent ou non à la même famille ; 3° qui occupent deux Chinois ou plus.

En Sud-Australie, la loi soumet à l'inspection les établissements où six personnes au moins travaillent. L'inspecteur demande qu'on descende au-dessous de ce nombre et qu'on soumette à son contrôle tous les ateliers où sont employés des Chinois, des Afghans ou des Syriens.

En Nouvelle-Zélande, la loi soumet à l'inspection toute salle où deux personnes au moins sont employées.

Le travail à domicile même est contrôlé. En Victoria, Nouvelle-Galles, Queensland, les patrons sont obligés d'inscrire sur un registre les noms, les adresses, les salaires des personnes auxquelles ils confient du travail à emporter. En Nouvelle-Zélande, tous les objets fabriqués à domicile, en Victoria tous les objets fabriqués par un Chinois doivent porter une marque spéciale, destinée évidemment à prémunir le public contre eux. Les ouvriers de Melbourne se plaignaient, lors de mon passage, que la marque ne fût pas mise à une place plus apparente. Ces mesures sont destinées à réprimer le *Sweating System,* dont la principale cause paraissait être le travail à domicile. La législation très nouvelle de Victoria sur ce sujet sera examinée dans le chapitre suivant.

Les nombreuses prescriptions que je viens d'énumérer doivent être observées par les patrons sous peine d'amende. et, sous peine de fermeture de l'usine ou de l'atelier, en cas de récidive habituelle.

Si ces innombrables prescriptions allaient à l'encontre des habitudes, tous les inspecteurs et toutes les sanctions du monde auraient peine à les imposer. Mais il ne faut pas oublier que l'Australie et Nouvelle-Zélande sont des colonies éloignées où l'*armée de réserve* des travailleurs en quête d'emploi n'existe guère, où les patrons sont parfois heureux de prendre un ouvrier ou un employé à des conditions que nous jugeons exorbitantes. Les avantages accordés aux travailleurs par la loi étaient donc à peu près établis par l'usage avant que le parlement vînt les consacrer pour toujours. Il les a garantis, il a pu les préciser, les augmenter même ; il ne les a pas créés. Si les inspecteurs de Queensland et de Nouvelle-Galles se plaignent qu'on n'observe pas la loi, surtout dans le commerce au détail, ceux de Victoria, Sud-Australie, Nouvelle-Zélande, se félicitent de rencontrer souvent de « bons patrons » disposés à se conformer aux nouvelles mesures parce qu'elles ne font pas trop violence à leurs habitudes. Ils constatent pourtant beaucoup de contraventions et reconnaissent que la plus grande partie d'entre elles leur échappe.

Les inspecteurs ne suffiraient donc pas à la besogne s'ils n'étaient secondés par une foule de volontaires. Cette collaboration s'explique par les mœurs démocratiques de ces pays neufs, où chacun exerce sans crainte ses droits de citoyen, n'hésite pas à écrire aux journaux, à faire des réunions, à adresser des pétitions au ministre. Il faut ajouter que les journaux locaux sont extrêmement nombreux, prêts à recueillir toutes les informations possibles, et qu'il est ainsi très facile de donner de la publicité à un grief fondé ou non. Les inspecteurs n'opèrent donc pas au milieu d'un public indifférent et habitué à se laisser gouverner, mais parmi des gens qui prennent parti et considèrent comme leur devoir d'intervenir dans un sens ou dans l'autre. C'est le cas à Melbourne surtout.

Melbourne, depuis les lois de 1890 et 1896, fourmille d'associations spontanées dont l'objet est de protéger les ouvriers. Contre le *Sweating System*, s'est formé l'*Anti-sweating League* présidée par un pasteur et composée d'hommes politiques, de secrétaires de syndicats, de philanthropes. Elle se réunit chaque semaine, recueille les plaintes qui lui sont adressées, essaye de les contrôler, si le patron incriminé s'y prête, et les transmet aux inspecteurs des manufactures.

De même, un Comité des mesures contre le chômage, formé d'éléments analogues, a été élu par les ouvriers sans travail, convoqués en meeting par des agitateurs pleins d'excellentes intentions. Ce Comité s'est fait donner un local dans un ministère et il a réussi à obtenir tous les pouvoirs d'une commission officielle d'enquête, notamment le droit d'obliger les témoins à comparaître devant lui.

On trouve là une collaboration bénévole du public avec les services administratifs mais elle n'est possible qu'avec l'organisation démocratique et l'absence de traditions de l'Australasie.

Les collaborateurs les plus assidus de l'inspection sont naturellement les syndicats ouvriers auxquels l'opinion australasienne est parfaitement accoutumée et qu'elle considère absolument comme elle considérerait une assemblée politique ou une administration.

En Nouvelle-Zélande et en Victoria, la collaboration des syndicats n'a pas été abandonnée à la bonne volonté. Elle a reçu un commencement d'organisation par l'institution des *Special Boards* ou *Wages Boards* (Conseils des salaires) à Melbourne et de l'arbitrage obligatoire en Nouvelle-Zélande qui feront l'objet des deux chapitres suivants.

La question des heures supplémentaires.

Les femmes et les enfants ne peuvent, on l'a vu, faire qu'un nombre limité d'heures supplémentaires; mais aucune restriction de ce genre n'a été imposée aux ouvriers adultes, sauf les cas particuliers de l'ébénisterie et de la blanchisserie en Victoria.

Une idée assez répandue parmi les ouvriers syndiqués en Australasie, c'est qu'il faut réduire les heures de travail des femmes et des enfants, mais laisser aux hommes le droit de faire des heures supplémentaires, payées plus cher que les autres. J'ai entendu bien des fois les ouvriers de diverses colonies se réjouir de travailler la nuit ou le dimanche, parce que ce travail leur était payé plus de 1 fr. 25 l'heure.

Les inspecteurs du travail ont un point de vue différent. On le trouvera indiqué non point dogmatiquement, mais par une série de réflexions, de remarques incidentes, dans les remarquables rapports de l'inspecteur en chef des manufactures à Melbourne. Ce personnage, et beaucoup de réformateurs européens avec lui, pensent que les lois de protection ouvrière sont faites dans l'intérêt de la nation et non dans celui d'un groupe particulier. Or l'intérêt de la nation est que les ouvriers aient le plus de repos et de loisirs possible.

L'expérience des trade unions d'Angleterre prouve que les heures supplémentaires consenties par quelques-uns s'imposent bientôt à tous les ouvriers : ceux qui refusent seront obligés d'abandonner leur travail d'une manière ou de l'autre. En effet, le patron tend à considérer comme normale la journée augmentée des heures supplémentaires habituelles; il tend à en ramener le salaire à l'ancien tarif mais sans réduire la durée du travail. Ainsi l'usage trop fréquent des heures supplémentaires amène à la longue une réduction des salaires[1]. La conclusion qui s'impose, c'est que les ouvriers adultes devraient, dans leur propre intérêt, laisser réglementer leurs heures de travail.

L'inspecteur cité considère comme un pas dans ce sens l'institution des *Special Boards;* ils ont, en effet, tellement élevé le prix de l'heure supplémentaire, que les patrons regardent à l'employer. De même la loi de 1896, qui obligeait à payer plus cher les heures supplémentaires des femmes et des enfants, en a fait réduire le nombre.

<hr>

(1) Voir l'analyse de Sydney et Beatrice Webb, *Industrial Democracy*, Londres 1898, t. I, p. 330-351.

Les résultats.

La réglementation du travail des hommes est à peu près exclusivement coutumière, obtenue par arrangements entre syndicats et patrons dont les premiers remontent à un demi-siècle.

Les heures de travail des enfants et des femmes sont, au contraire, déterminées strictement par des lois récentes imposées par l'action politique des partis ouvriers.

Si l'on considère l'effet produit sur le public, on constate que l'opposition a d'abord été très forte. Elle continue sur la question de l'inspection que les patrons trouvent tracassière, surtout en Nouvelle-Zélande ; sur l'intervention des *Special Boards* et surtout des Conseils de conciliation néo-zélandais. Elle a cessé à peu près contre la réglementation de la journée de travail. Je n'ai trouvé en Australasie personne qui fut contre la journée de huit à neuf heures ; chacun donnait pour expliquer cette opinion la même raison, savoir : que l'intensité du travail est plus grande avec la journée courte.

Le principe de la journée courte (inférieure à dix heures) est universellement admis en Australasie pour les ouvriers, il est encore contesté pour ce qui concerne les employés de magasin.

Enfin Victoria et Nouvelle-Zélande, les deux colonies qui ont le plus réduit les heures de travail, ont été amenées pour que l'application de leurs lois ne nuisît pas aux ouvriers, à établir le minimum de salaire ; cette innovation n'est point d'ailleurs la conséquence d'une mesure générale, mais se fait peu à peu par les décisions particulières des *Special Boards* de Melbourne et des Conseils d'arbitrage de Nouvelle-Zélande. Les deux chapitres qui suivent sont consacrés à ces deux institutions.

Je viens d'étudier les plus intéressantes et les plus radicales des lois qui modifient le contrat de travail; il en existe beaucoup d'autres moins originales, et analogues à celles qu'ont adoptées presque tous les états de l'Europe occidentale. Je citerai dans le nombre l'interdiction du *Truck System*, c'est-à-dire du payement des salaires autrement qu'en espèces, le privilège accordé à l'ouvrier sur l'objet de son travail pour le payement de son salaire (*Workmens Lien's Act*) l'interdiction de saisir une certaine proportion du salaire (*Wages' Attachment Act*).

Les gens de mer sont mieux protégés par les lois en Australasie que dans la plupart des pays européens. La Nouvelle-Zélande, par une loi récente (amendée en 1897) a fixé le nombre de leurs heures de travail et leur a accordé un salaire minimum. La loi est applicable sur les navires des armateurs néo-zélandais et sur tous les navires étrangers quand ils sont dans les eaux de Nouvelle-Zélande.

Il sera question plus loin des retraites pour la vieillesse (Nouvelle-Zélande) [1] et de l'indemnité due à l'ouvrier en cas d'accident [2].

Pour reproduire simplement le texte des lois de protection ouvrières australasiennes, il faudrait tout un livre. Celles de Nouvelle-Zélande forment à elles seules la matière d'un volume in-16 de typographie serrée.

(1) Chapitre VIII, p. 236.
(2) Chapitre VIII, p. 238-246.

CHAPITRE V

LE MINIMUM DE SALAIRE, A MELBOURNE

Le gouvernement victorien a donné directement et expressément le droit de fixer un salaire minimum à des conseils mi-partis élus par les patrons et les ouvriers dans les professions désignées par décret. Le gouvernement néo-zélandais est arrivé au salaire minimum indirectement par l'arbitrage obligatoire que j'étudierai dans le chapitre VI, après avoir indiqué les autres essais de conciliation en Australasie.

La lutte contre le « Sweating System » à Melbourne.

La fixation officielle d'un salaire minimum en Victoria a été adoptée comme un remède contre le *Sweating System*, le système des longues journées de travail pour un faible salaire. Le *Sweating System* existe dans les grandes villes; il sévit contre les étrangers, qui, ne connaissant pas la langue ni les usages du pays, acceptent de travailler à n'importe quel prix pour ne pas mourir de faim; il sévit plus régulièrement encore contre les femmes et les jeunes filles qui se font concurrence les unes aux autres : certaines, en effet, vivent des salaires de leurs maris ou de leurs parents et ne travaillent que pour se procurer un supplément de revenu; elles prennent donc l'ouvrage à très bas prix, et avilissent ainsi les salaires des veuves ou des isolées qui travaillent pour vivre. Le *Swealing System* s'applique à toutes les industries de la confection et en général à tous les ouvrages que les ouvriers ou ouvrières font à domicile. Là en effet, ils échappent au contrôle de l'inspecteur, et même à celui de l'opinion publique, car par dignité, par discrétion ou par crainte de perdre leur gagne-pain, enfin surtout parce que tout leur temps est absorbé par une besogne fatigante et peu payée, ils parlent rarement des conditions qui leur sont faites. De plus, étant pauvres, ils sont logés fort mal et vivent en dehors de l'hygiène la plus élémentaire. Toutes les enquêtes et les recherches sur le travail à domicile ont montré qu'il était en général plus long, plus mal payé et plus malsain que le travail à l'usine, parce qu'il n'est pas, comme ce dernier, protégé par la loi et soumis à l'inspection.

Le fait est reconnu partout; à Melbourne il a été confirmé par deux rapports d'une commission nommée par le gouvernement en 1893 afin de faire une enquête sur le fonctionnement d'une importante loi de protection ouvrière votée en 1890. La commission a publié deux rapports[1] l'un sur l'industrie de la confection, l'autre sur l'ébénisterie. Ce sont précisément les deux professions dans lesquelles la commission de la Chambre des lords, nommée trois ans auparavant pour faire une enquête en Angleterre, avait découvert les exemples les plus caractéristiques du *Sweating System*.

(1) *Factories Act Inquiry Board. First Progress Report...* (confection), Melbourne, 1893. — *Second Progress Report...* (ébénisterie), Melbourne, 1894.

D'après la commission de Melbourne, plus de la moitié des ouvriers perdaient le bénéfice de la protection légale parce que les patrons tendaient à former les manufactures soumises à l'inspection pour distribuer du travail à domicile. Dans l'ébénisterie seule, le nombre des manufactures était tombé de 64 employant 1 022 ouvriers en 1886, à 40 employant 471 ouvriers en 1893. Les patrons recherchaient le travail le moins coûteux : par suite le nombre des ouvriers chinois avait augmenté aux dépens du nombre des européens et la baisse des prix était favorisée par l'enquête même qui révélait les salaires ; les chinois s'offraient au rabais et se ruinaient les uns les autres : leur nombre après s'être élevé de 66 en 1880 à 320 en 1886, retombait à 246 en 1894. La quantité d'ouvrage restait pourtant la même qu'auparavant, mais par l'effet de la concurrence, chaque travailleur devait accepter une tâche plus considérable et se résigner à des conditions de moins en moins favorables. Aussi le salaire hebdomadaire oscillait-il de 68 fr. 25 (maximum très rarement atteint, dit la commission) à 20 à 25 francs, tandis qu'autrefois il avait été de 75 francs en moyenne.

Dans la confection, des femmes travaillaient de douze à quatorze heures par jour pour 13 à 15 francs par semaine. On leur donnait environ 0 fr. 40 pour une paire de pantalons. « Nous nous croirions en paradis, disait une ouvrière en chambre à l'inspectrice des manufactures, si l'on nous donnait 1 fr. 25 par pièce ! » Et ce prix, ajoute l'inspectrice, n'a rien d'excessif, puisqu'il a été payé, et au delà à des ouvrières de fabrique. C'est pour le linge surtout que les prix étaient bas. Les chemises de coton ordinaires étaient payées de 3 fr. 50 à 4 fr. 35 la douzaine, et l'ouvrière ne recevait aucune indemnité pour ses fournitures ni pour ses outils. Les ouvrières avaient bien essayé de former un syndicat pour se défendre. Après une grève en 1885 leur trade union avait obtenu des patrons un tarif aux pièces ; mais l'association s'était dissoute, quoique les cotisations ne fussent que de 0 fr. 10 par semaine ; elle ne comptait plus que 130 membres au lieu de 2 000 et les patrons payaient à peine la moitié des prix convenus en 1885.

Les « Special Boards » Conseils spéciaux pour fixation d'un salaire minimum.

La commission demandait au gouvernement d'intervenir et lui proposait des mesures qui ont toutes été adoptées dans la grande loi de 1896 qui a remplacé celle de 1890.

C'est ainsi qu'il a été prescrit de donner dans toutes les professions, à tous les apprentis un salaire minimum de 3 fr. 10 par semaine. Les inspecteurs se plaignent vivement que cette disposition soit éludée par des patrons qui reprennent le lundi ce qu'ils ont payé le samedi, ou qui demandent aux parents, comme frais d'apprentissage, une somme supérieure à celle qu'ils donnent aux enfants.

En tout cas, cet article de la loi de 1896 a posé un principe nouveau, savoir : que l'apprenti ne doit pas payer son patron, mais au contraire être payé par lui parce qu'il fournirait plus qu'il ne reçoit.

La principale des innovations introduites en 1896 est la création des Conseils spéciaux (*Special Boards*), desquels traite un chapitre de la loi générale précédemment citée.

Ces Conseils doivent être institués par un décret du gouverneur dans chacune des professions qui paraît ou paraîtra menacée par le *Sweating System*. Aucune autre limite n'est indiquée à leur extension : on pourrait donc en principe « placer sous un Conseil », suivant l'expression consacrée, toutes les industries de la colonie ou plutôt de la métropole et des parties de la colonie auxquelles a été décrétée l'application de la loi de protection ouvrière[1]. En principe d'ailleurs, rien ne s'oppose à ce que la loi de 1896 soit étendue à tout le territoire victorien.

Quand une profession a été par décret « placée sous un Conseil », ce Conseil est élu moitié par les patrons, moitié par les ouvriers. Les électeurs patrons sont tous ceux qui payent patente dans la profession, les électeurs ouvriers, tous ceux qui peuvent établir qu'ils sont employés dans la profession. Deux rôles différents sont dressés, l'un pour les ouvriers de fabrique, l'autre pour les ouvriers en chambre : ces derniers ont droit à une représentation distincte, s'ils forment plus d'un cinquième du total : sinon ils votent avec les autres.

La liste des candidats et le jour du vote sont portés à la connaissance des électeurs individuels qui peuvent aller porter leur bulletin chez l'inspecteur en chef des manufactures ou voter par correspondance. Suivant l'usage anglais, les candidats sont considérés comme élus sans scrutin, s'ils ne sont pas plus nombreux que les places à remplir.

[1] Chapitre IV, p. 125.

Les ouvriers ont chacun une voix, les patrons de une à quatre voix, suivant le chiffre de leur patente, mais les deux représentations sont égales ; — cinq personnes de chaque côté, prises parmi les électeurs.

Chacun de ces conseillers a droit à une indemnité de 5 francs pour une demi-journée, 10 francs pour une journée et à des frais de déplacement s'il demeure à plus de 60 kilomètres de Melbourne.

Le premier soin du Conseil, une fois réuni, doit être de nommer un président, pris hors de ses membres : si l'élection n'a pas eu lieu au bout de deux semaines, le président est désigné d'office par le gouverneur.

Les pouvoirs que la loi donne expressément aux Conseils consistent à fixer : 1° le salaire minimum au temps ou aux pièces dans la profession : 2° le nombre des apprentis au-dessous de dix-huit ans.

Les décisions du Conseil sur ces deux sujets sont communiquées au gouvernement, publiées dans la *Government Gazette*, et ont dès lors, force de loi. Elles doivent, comme les lois de protection ouvrière, être imprimées et affichées dans les usines : elles devront en outre être mises entre les mains des travailleurs en chambre.

Ces décisions sont prises pour un temps déterminé : le *Board* seul peut les modifier ou les proroger. Le gouvernement n'intervient que pour leur donner force de loi.

Dans l'année (1897-1898) qui a suivi la promulgation de la loi, six professions dans lesquelles le *Sweating System* sévissait ont été mises sous des Conseils. Ce sont : la boulangerie ; la confection ; la chaussure ; les cols, manchettes, chemises, etc. ; le linge de femme; l'ébénisterie.

On a remarqué en général assez peu d'empressement pour les élections, à cause de l'indifférence des ouvriers, surtout de ceux qui travaillent à domicile; il n'est pas étonnant d'ailleurs que les catégories les plus mal payées, et celles qui renferment le plus de femmes, soient les moins organisées et par suite les moins prêtes à une action d'ensemble. Dans une des professions (linge de femme) le gouverneur a dû nommer d'office le représentant des ouvriers en chambre. Dans l'ébénisterie, on s'est aperçu que si les Chinois étaient électeurs, ils auraient la majorité : la Chambre alors a voté un amendement spécial portant que, par exception, les membres du Conseil d'ébénisterie seraient nommés par le gouverneur. L'inspecteur en chef des manufactures regrette que cette mesure n'ait pas été générale ; son extension aurait, selon lui, permis de former les Conseils plus vite et leur aurait donné plus d'autorité : il faut voir dans ces regrets une preuve de l'affaiblissement temporaire de l'organisation syndicale à Melbourne.

Le minimum de salaire dans certaines professions [1].

Le Conseil de la boulangerie s'est réuni pour la première fois, le 23 février 1897 : il a choisi comme président un juge, et ses décisions ont été publiées par la *Gazette* le 2 avril 1897.

Il a fixé le salaire minimum des ouvriers à 1 fr. 25 l'heure, limité le nombre des apprentis au-dessous de dix-

(1) Les rapports annuels de l'Inspecteur en chef des manufactures (*Reports of the Chief Inspector of Factories...*) et un exemplaire imprimé de chacune des décisions du Conseil se trouvent dans les collections du Ministère du Commerce.

huit ans à 1 par 3 ou fraction de 3 ouvriers, et déclaré qu'un apprenti doit recevoir au moins 6 fr. 25 par semaine. La loi générale, en obligea, pour la première fois les patrons à donner un minimum de salaire aux apprentis, l'avait fixé à 3 fr. 10 par semaine.

Dans l'ensemble, les salaires ont été relevés de 25 p. 100 : les ouvriers et les patrons paraissent contents. Au *Trades Hall*, le secrétaire et plusieurs membres du syndicat des boulangers m'ont décla.. qu'ils seraient satisfaits si un plus' grand nombre d'ouvriers s'inscrivaient dans leur association, parce qu'ils pourraient ainsi contrôler les salaires et seconder le service d'inspection qui est insuffisant. Les patrons qui payent le tarif se plaignent que plusieurs de leurs concurrents travaillent au-dessous du prix et réclament une inspection plus étendue et plus étroite.

Le Conseil de la confection s'est réuni pour la première fois le 26 janvier 1897 et il a publié ses décisions le 20 octobre de la même année : il avait choisi comme président un ministre protestant et comme secrétaire l'inspectrice principale du travail.

Son travail a été fort long, car il avait à fixer non seulement le salaire au temps, mais le salaire à la tâche pour chaque pièce, et à faire deux tarifs différents, l'un pour le vêtement sur mesure, l'autre pour la confection. Voici les principaux articles de ses décisions dont le détail prend 32 pages in-4° de typographie serrée.

Le minimum du salaire au temps est fixé, pour une journée de huit heures, à 9 fr. 35 pour les hommes et à 4 francs pour les femmes ; le nombre des apprentis est limité à 4 par 3 hommes : leur salaire hebdomadaire est établi suivant une échelle qui commence au minimum légal de 3 fr. 10 par semaine.

Les patrons ont accepté ce tarif, mais ils demandent à celui qui travaille à la journée une tâche plus considérable qu'autrefois, 18 à 20 pantalons par exemple, au lieu de 16. Tous les inspecteurs constatent que la tâche quotidienne a été augmentée et que les ouvriers maladroits risquent de ne plus trouver d'emploi.

Les principales difficultés se sont élevées à propos du salaire aux pièces qui s'applique surtout aux ouvriers en chambre, — catégorie sujette au *Sweating System* et à laquelle devait bénéficier plus particulièrement la protection de la loi. Ici, comme je l'ai dit, le Conseil a publié deux tarifs : 1° un tarif pour les habits sur mesure : il est payé sans difficulté, car il est modéré, et, dans certains cas, au-dessous des salaires payés avant la décision, mais il ne profite qu'aux ouvriers adroits ; 2° un tarif pour la confection : il a été fixé trop haut, dit le rapport de l'inspecteur. La conséquence est que les patrons ont avantage à prendre les ouvriers en fabrique et à leur payer le salaire minimum par jour, en leur assignant une tâche plus considérable qu'auparavant. Autrefois, comme on l'a vu, les patrons faisaient de préférence travailler à domicile pour échapper à la loi de 1890. Depuis 1896, la tendance contraire semble prévaloir dans certains cas. Plus le travail à domicile diminuera, plus l'inspection sera facile, plus la protection que la loi offre aux ouvriers leur sera assurée ; sous ce rapport, il y a progrès ; mais par contre, à l'usine sous le régime des heures réduites et du salaire minimum, les ouvriers maladroits et lents ne trouvent plus d'ouvrage. Il faut ajouter qu'avant l'application de la loi et la publication de la décision du Conseil, les magasins de confection ont fait travailler tant qu'ils ont pu, aux anciennes conditions et ont accumulé des stocks qui leur permettent de ne plus donner d'ouvrage en attendant que le travail soit moins cher.

Pour toutes ces raisons, la nouvelle loi semble avoir déçu la majorité des travailleurs de la confection, c'est-à-dire ceux qui font l'ouvrage commun. Mais leurs souffrances tiennent en partie à des causes temporaires. Quand les stocks seront épuisés, quand le *Board* se sera décidé à dresser le prix du travail aux pièces, on pourra voir si la loi est vraiment avantageuse. Toutefois un inconvénient qui paraît impossible à éviter, c'est l'exclusion de l'ouvrier médiocre. L'effet des décisions des autres Conseils nous montrera qu'il est général.

Le Conseil de la chaussure est entré en fonctions le 11 février 1897. Les membres n'ayant pu se mettre d'accord pour élire un président, le gouverneur a désigné d'office un magistrat pour cette fonction. Après huit mois de discussion, le Conseil a publié un tarif au temps et un tarif aux pièces contre lesquels les patrons firent une protestation si énergique que le gouverneur en suspendit l'application. Le tarif au temps fut alors réduit de 9 fr. 35 par jour pour les ouvriers à 8 fr. 30 et 7 fr. 50 suivant les catégories; des réductions furent également opérées sur les salaires au temps des femmes et des apprentis. Mais on ne réduisit pas la série des salaires aux pièces ; par suite les ouvriers se plaignent que les patrons tendent à faire travailler à la journée en fixant une tâche énorme et à exclure les maladroits.

Deux Conseils élus l'un pour les chemises, cols, manchettes et travaux similaires, l'autre pour le linge de femme, n'ont pu parvenir à fixer l'échelle très compliquée des salaires aux pièces. Le premier est enfin parvenu à prendre des décisions en 1898. Je n'ai pas de renseignements sur leur application.

Le Conseil de l'ébénisterie a été comme on l'a vu nommé par le gouverneur pour éviter qu'il ne fut dominé par les représentants des Chinois : il s'est réuni pour la première fois le 1er janvier 1897; il a pris une décision le 19 avril, mais il l'a révoquée à la suite de plusieurs difficultés : enfin ses décisions définitives n'ont été publiées par la *Gazette* que le 24 octobre 1898. Encore sont-elles incomplètes. Le Conseil déclare qu'il lui est impossible de fixer une échelle de salaires aux pièces. L'inspecteur en chef des manufactures a bien fait observer au Conseil qu'un article de la loi en vertu de laquelle il était nommé, prescrivait de fixer un tarif aux pièces aussi bien qu'un tarif au temps. Le Conseil a répliqué que le gouvernement n'avait qu'à agir directement, s'il le pouvait. Le Conseil s'est borné à fixer le salaire des hommes à 1 fr. 25 par heure, celui des femmes à 25 francs par semaine, le nombre des apprentis à 1 garçon par 4 hommes, 1 fille par 3 femmes, payés au moins 6 fr. 25 par semaine pour la première année.

La conséquence a été que l'ébénisterie est restée à peu près dans le même état qu'avant, la seule différence étant l'exclusion systématique par les patrons des ouvriers lents et maladroits.

Il est à propos de rappeler les mesures spéciales, prises avant la constitution des Conseils, pour protéger les ébénistes contre les journées de travail excessives et contre la concurrence des Chinois. Seuls, parmi les adultes mâles, ils ont leur journée de travail réduite par la loi et non pas seulement par un contrat collectif avec les patrons : ils ne doivent travailler ni avant 7 heures et demie du matin, ni après 5 heures du soir, ni du samedi l'après-midi au lundi matin.

Les meubles fabriqués par des Chinois doivent porter une marque spéciale destiné à avertir l'acheteur qui préférerait les produits du travail européen.

Enfin tout atelier où travaille un seul ébéniste chinois est soumis à l'inspection.

Mais ces mesures ne peuvent être strictement mises en pratique : il faudrait pour cela un personnel beaucoup plus nombreux que celui de l'inspection. Chaque semaine, plusieurs contraventions sont dressées contre les Chinois, et pourtant ils réussissent à tourner la loi à cause de leur solidarité, de leur nombre, de la difficulté qu'éprouve un Européen à connaître leur état civil et à découvrir les récidivistes. L'inspecteur en chef reconnaît ces difficultés. Le secrétaire et les membres du syndicat des menuisiers m'ont affirmé qu'elles dureraient tant qu'on ne prohiberait pas le travail chinois, ils m'ont dit aussi, comme tous les autres syndiqués, que les mesures contre le *Sweating System* ne serviraient de rien, tant que les ouvriers resteraient isolés au lieu de se grouper en associations dont le secrétaire centraliserait toutes les informations, empêcherait les membres de travailler au-dessous du tarif et dénoncerait les cas de *Sweating System* à l'inspection.

Les difficultés.

En somme, l'institution des Conseils de Victoria est, comme le dit justement l'inspecteur en chef, la première tentative légale faite dans le monde pour réprimer le *Sweating System* : elle est allée tout droit au moyen le plus héroïque, fixation d'un salaire minimum ; elle s'est heurtée à deux grandes difficultés :

1° Dans la journée de travail réduite par la loi, et avec le minimum de salaire fixé par jour ou par heure, peut-on empêcher le patron d'exiger un travail plus rapide et plus intense, ce qui entraîne *l'exclusion des ouvriers lents et maladroits* ? L'application de la loi victorienne a indiqué le danger, d'autant plus grand que l'industrie emploie plus de machines : aucun moyen n'a été adopté, aucune proposition faite pour y parer.

2° *Comment fixer le salaire aux pièces ?* La loi charge les Conseils de répondre à cette question. Plusieurs n'ont pu le faire : parmi ceux qui l'ont essayé, aucun ne paraît avoir réussi d'une manière satisfaisante. C'est que leurs présidents et une partie de leurs membres ont plus de bonne volonté et d'amour de leur prochain que de connaissances techniques. Pourtant l'expérience des contrats collectifs passé entre les secrétaires des syndicats et les patrons filateurs de Lancashire prouvent que les ouvriers peuvent avoir à leur tête des hommes capables de suivre les patrons dans les détails les plus ardus de la fixation des salaires, pourvu toutefois qu'ils soient groupés en syndicats nombreux, puissants et riches. Ceux qui disent à Melbourne que la loi de 1899 ne pourra profiter aux ouvriers que s'ils s'organisent, ont assurément raison.

CHAPITRE VI

LA CONCILIATION ET L'ARBITRAGE

L'idée de terminer les conflits entre patrons et ouvriers par la conciliation et l'arbitrage a été apportée en Australasie de Grande-Bretagne et des États-Unis. Comme les syndicats de ces deux derniers pays, les syndicats australasiens ont demandé d'abord des conseils privés de conciliation ; quelques-uns de ces conseils ont été essayés dans des industries particulières à la suite d'un commun accord entre patrons et salariés. C'est ainsi que l'industrie de la chaussure eut ses conseils de conciliation à peu près dans toutes les colonies. En Australasie comme en Amérique, la cordonnerie se fait à la machine dans de grands ateliers où les ouvriers apprennent à se connaître, à comparer leurs salaires, à échanger leurs griefs et à s'unir pour réclamer des concessions au patron ; celui-ci, d'autre part, est intéressé à produire régulièrement, et par conséquent à éviter les grèves. Dans ces circonstances, il n'est pas étonnant que la fabrication mécanique des chaussures ait été l'un des premiers métiers où l'on essaya la conciliation privée. A Lynn, Massachusetts, l'un des centres où les machines ont été pour la première fois appliquées à la cordonnerie, les ouvriers et les patrons formèrent, d'un commun accord, un conseil de conciliation dès le 21 juillet 1870 [1]. Des conseils analogues furent créés plus tard dans le même métier en Sud-Australie, en Nouvelle-Zélande et dans plusieurs colonies australasiennes.

C'était l'époque où les syndicats d'Australasie ne croyaient pas à l'utilité de l'action politique, présentaient directement aux patrons leurs demandes, et cessaient le travail quand ils n'obtenaient pas satisfaction. Ces moyens leur réussirent longtemps. Mais la grande grève de 1890 aboutit à une défaite pour plusieurs syndicats ; les ouvriers crurent alors que leur salut était dans l'intervention de ces pouvoirs publics qu'ils avaient si longtemps considérés avec défiance. Ils nommèrent des députés ouvriers et désormais les revendications ouvrières prirent la forme de projets de loi. Entre autres propositions, on demanda à l'état d'établir la conciliation officielle, et même l'arbitrage obligatoire. Des lois établissant la conciliation ou l'arbitrage officiel ont été adoptées successivement en Nouvelle-Galles du Sud (1892), en Sud-Australie (1894), en Nouvelle-Zélande (1894). La première repose sur la bonne volonté des parties, la seconde établit l'obligation dans certains cas qui ne sont pas toujours clairement définis, la troisième institue une obligation nette et universelle [2].

---

(1) *Bulletin of the Department of Labor* (États-Unis), janvier 1897.

(2) Voir sur ces trois lois Anton Bertram dans la *Revue d'économie politique*, 1897, p. 639 et suiv.

PREMIÈRE PARTIE. — LES ESSAIS DE NOUVELLE-GALLES ET DE SUD-AUSTRALIE

La conciliation et l'arbitrage officiels en Nouvelle-Galles du Sud.

En Nouvelle-Galles, le vote de la loi sur la conciliation a été une conséquence directe de cette grande grève de 1890 après laquelle s'ouvre la période contemporaine de l'histoire sociale australasienne. Au sujet de cette grève, le gouvernement de Sydney fit nommer une commission d'enquête qui siégea pendant six mois et publia ses procès-verbaux. Dans leur rapport, les commissaires affirment que l'on ferait un grand pas vers la paix sociale si l'on créait, dans la colonie, un instrument de conciliation établi par l'état, toujours prêt à être mis en mouvement par l'une des parties. Cette institution, revêtue de l'autorité de l'état, « paraîtrait aux yeux du public comme une force médiatrice toujours et immédiatement utilisable », et « l'opinion serait défavorable à ceux qui, hors le cas d'un bon motif avéré, refuseraient de recourir à ses bons offices [1] ». En conséquence les commissaires proposaient au gouvernement d'instituer des conciliateurs qui essayeraient d'apaiser les conflits, et au-dessus d'eux, un tribunal de trois arbitres qui donnerait sa décision, si la conciliation ne réussissait pas. L'arbitrage d'ailleurs ne devait pas être obligatoire.

Sur ces principes le gouvernement rédigea un projet qui fut adopté par les deux Chambres et devint l'acte de

[1] *Report of the Royal Commission on Strikes*, Sydney, 1891, p. 28.

conciliation et d'arbitrage. Cette loi s'applique à tous les patrons syndiqués ou non et à tous les syndicats ouvriers qui comprennent au moins dix personnes. Les patrons nomment un délégué, les ouvriers un autre, dans 8 districts, et ces 16 personnes forment le Conseil de conciliation de la colonie. Dans une circonscription qui comprend tout le territoire de la colonie, les patrons élisent un arbitre, les ouvriers un autre, et ces deux personnes avec une troisième qu'elles choisissent comme président constituent la Cour d'arbitrage [1].

Le président de la Cour est salarié par l'état et ne doit pas remplir d'autres fonctions que sa présidence. Le premier élu fut un homme politique, le Dr André Garran, rédacteur en chef d'un journal de Sydney ; il avait fait campagne en faveur de la conciliation par l'état et avait présidé la commission qui avait présenté le projet de loi à la Chambre haute. Comme le président, le secrétaire de la Cour d'arbitrage devait être et fut en effet un fonctionnaire de l'état.

On comptait beaucoup sur le prestige de la Cour d'arbitrage et sur le mouvement d'opinion que produiraient ses délibérations ; aussi ne crut-on pas nécessaire de rendre l'arbitrage obligatoire. Voici comment il fonctionne :

Quand un conflit industriel se produit, le Conseil peut faire offrir son intervention par le secrétaire : les deux parties recourent à la conciliation si elles sont toutes deux

<hr>

(1) *A Manual of the Trade Disputes, Conciliation, and Arbitration Act*, 1892, Sydney. *Report on Industrial Disputes and Claims*, 1893, Sydney (publications officielles).

d'accord pour la désirer ; aucune ne peut y contraindre l'autre malgré elle ; ainsi donc, nulle obligation au début. Les deux parties peuvent, en outre, prendre quatre des conciliateurs officiels ou quatre autres personnes à leur choix ; si la conciliation, après avoir été sollicitée, ne réussit pas, l'une des parties a le droit de réclamer l'arbitrage, même si l'autre ne le veut pas. Les décisions de la Cour d'arbitrage sont publiées dans le *Journal officiel*, mais elles ne sont obligatoires que si les deux parties s'accordent à les accepter. Ainsi, du commencement à la fin, il est toujours possible de se soustraire à la conciliation ou à l'arbitrage.

Les conciliateurs et les arbitres furent élus ; sans attendre la bonne volonté des ouvriers et des patrons, ils offrirent leurs services aux parties en conflit, mais leur rôle ne fut pas celui qu'on avait espéré.

Les syndicats ouvriers ne tenaient pas à leur demander d'intervenir, craignant qu'ils ne leur fussent pas favorables. Le secrétaire ayant prié 102 syndicats d'insérer dans leurs règlements un article portant qu'on soumettrait les conflits à la conciliation et à l'arbitrage officiels, 5 trade unions seules acceptèrent d'introduire cette règle. Au bout d'un an, l'institution nouvelle n'avait produit que deux résultats, une conciliation et un arbitrage.

Pourtant, dans un certain nombre de cas, les ouvriers avaient accepté ou demandé la conciliation. C'étaient à chaque fois les patrons qui refusaient, par système. Leur principe fut que l'état n'avait rien à voir dans leurs rapports avec leurs ouvriers et leur tactique consista à remplacer les syndiqués par des non-syndiqués pour échapper à toute demande de conciliation, celles-ci ne pouvant être faites, aux termes de la loi, que par une trade union comprenant au moins dix personnes. Il arrivait donc généralement qu'un groupe d'ouvriers demandait quelque avantage aux patrons, ne l'obtenait pas et s'adressait au secrétaire du Conseil de conciliation. Le secrétaire écrivait au patron pour l'inviter à recourir aux bons offices du Conseil. Le patron qui, dans l'intervalle, avait renvoyé les ouvriers syndiqués et les avait remplacés par des non-syndiqués, répondait : « Le conflit dont vous m'entretenez est aujourd'hui terminé; j'avais, il est vrai, des difficultés avec certains ouvriers, il y a quelque temps, mais ils ne sont plus à mon service ; mes ouvriers sont en parfait accord avec moi ».

Cette attitude des patrons est très fréquente, non seulement en Nouvelle-Galles, mais dans toute l'Australasie ; elle signifie qu'ils sont absolument opposés au développement des organisations ouvrières. Ils l'ont d'ailleurs prouvé dans leur résistance à la grande grève de 1890, où leur but avoué fut de ruiner la puissance des trade unions. Or, voici qu'après cette grève, l'état semble donner une prime au mouvement syndical, puisqu'il promulgue une loi d'après laquelle les ouvriers pourront demander la conciliation, sous la seule condition de former un groupement de dix personnes. L'état, il est vrai, ne saurait concilier ni rendre une sentence arbitrale, si les ouvriers étaient isolés et agissaient chacun pour soi ; il accepte, il encourage les syndicats parce qu'il ne peut faire autrement, mais, sans le vouloir, il suggère par là même aux ouvriers la nécessité de l'organisation. C'est ce que les patrons australasiens ne veulent à aucun prix, c'est le secret de leur mauvaise volonté contre la conciliation et l'arbitrage officiels.

Les partisans de ces dernières institutions se sont donc partout trouvés acculés à la nécessité de réclamer l'arbitrage obligatoire. Un projet de loi dans ce sens a été déposé en Nouvelle-Galles dans l'année 1895. Voté péniblement à la seconde Chambre, il a été rejeté à une très forte majorité par la première.

La Nouvelle-Galles a gardé jusqu'en 1899 sa loi de 1892 : sans efficacité, elle servait surtout d'argument aux partisans de la neutralité des pouvoirs publics et aux partisans de l'obligation pour soutenir leurs thèses opposées. Les grèves ont continué en Nouvelle-Galles comme par le passé. Une grève avait éclaté parmi les mineurs d'argent à Broken Hill, une autre parmi les tondeurs de moutons en 1891, pendant que la commission publiait le rapport qui devait conduire au vote de la loi sur la conciliation et l'arbitrage. Ces grèves ont été suivies de deux autres, l'une en 1892 à Broken Hill, l'autre en 1894 parmi les tondeurs, grèves longues et violentes : celle de Broken Hill s'est terminée par l'envoi de forces de police, l'arrestation et la condamnation des chefs de l'association ouvrière locale. D'autres grèves ont éclaté parmi les marins, les mineurs de charbon. Je ne parle que des plus importantes, celles qui ont mis en question le rôle et l'existence même des syndicats, ceux-ci voulant imposer aux patrons leurs membres et leurs conditions, tandis que les patrons persistaient à refuser de négocier avec les syndicats et se débarrassaient d'eux en remplaçant leurs membres par des ouvriers non syndiqués. Cette lutte, en Nouvelle-Galles, a tourné au désavantage des ouvriers et ses résultats ont beaucoup contribué à faire établir, en Nouvelle-Zélande, l'obligation de l'arbitrage.

Une nouvelle loi sur la conciliation et l'arbitrage officiels (*An Act to make provision for the Prevention and Settlement of Trade Disputes*) a été mise en vigueur, en Nouvelle-Galles, à partir du 1er mai 1899[1].

Cette loi autorise le gouvernement, en cas de dispute ou conflit entre patrons et ouvriers ou entre différentes classes d'ouvriers, à employer l'une des solutions suivantes :

1° Faire une enquête ordinaire ;

2° Inviter les deux parties à une tentative de conciliation sous la présidence d'une personne qu'elles désignent ou que le gouvernement nommera d'office, si les parties ne peuvent se mettre d'accord ;

3° Si la conciliation ne peut réussir, ordonner une enquête publique, confiée à un magistrat, à condition qu'une des deux parties demande l'enquête ;

4° Si les deux parties ou *une seule* le demandent, nommer un ou plusieurs *conciliateurs ;*

5° Si les *deux* parties le demandent, nommer un *arbitre.*

Les arbitres (5°) et les magistrats chargés d'une enquête publique (3°), ont le droit d'obliger les témoins à comparaître, sous peine de poursuites judiciaires ; ils peuvent aussi visiter les chantiers et ateliers, mais ils n'ont pas le droit de se faire présenter les livres de commerce. Cette concesssion a été faite aux opposants qui

[1] Rapport de M. Wise, attorney général sur la nouvelle loi de conciliation (extrait des procès-verbaux du Parlement).

avaient repoussé le projet de 1895 surtout parce qu'il accordait aux arbitres le droit de requérir la production des livres.

Les dépenses de l'arbitrage et des enquêtes, les frais de voyage des témoins sont à la charge du gouvernement.

Aucune disposition n'est prise pour rendre obligatoire l'exécution des arrêts d'arbitrage.

Les syndicats de Sydney étaient très sceptiques à l'égard des effets de cette loi. Ils la considéraient comme aussi peu pratique que celle de 1892.

Elle est appliquée depuis trop peu de temps pour qu'on puisse apprécier ses effets. Lors de mon passage à Sydney, le ministère du travail n'avait aucun renseignement à ce sujet.

La conciliation officielle en Sud-Australie.

La loi de conciliation de Sud-Australie, votée le 21 décembre 1894, appliquée le 30 janvier 1895 (*An Act to facilitate the Settlement of Industrial Disputes*, communément appelé *Conciliation Act of* 1894), est une transition entre la conciliation purement volontaire de Nouvelle-Galles et l'arbitrage obligatoire de Nouvelle-Zélande. Patrons et ouvriers sont libres au début de se placer sous la compétence de la Cour de conciliation ou de rester en dehors; mais, s'ils choisissent le premier parti, ils sont par la suite obligés de se soumettre à la conciliation officielle.

Voici la procédure. La loi s'applique aux trade unions d'ouvriers et aux unions ou associations de patrons, ainsi qu'aux patrons isolés. Mais les groupements désignés doivent, pour être sujets à la conciliation, faire une déclaration formelle, ou, suivant le texte anglais, « s'enregistrer » sous la loi de 1894. Par cet acte, l'acsociation s'oblige pour toujours à recourir au Conseil de conciliation ; mais elle est libre de s'engager ou de ne pas faire la déclaration.

Les associations de patrons et les syndicats ouvriers « enregistrés » conformément à la loi de 1894 ne sont pas seuls sous la compétence des Conseils de conciliation. La loi y place, en outre, les contrats industriels (*Industrial Agreements*) conclus entre patrons et ouvriers organisés ou non. La loi définit deux de ces contrats, savoir :

1° Les Conseils privés de conciliation, c'est-à-dire, les conseils à l'ancienne mode, celui des travailleurs en chaussures par exemple, créés dans une seule profession par accord entre syndicat et patrons ;

2° Les Conseils locaux de conciliation qui ne semblent pas avoir existé avant la loi et qui seront constitués partout où la majorité des patrons et des ouvriers les réclamera ; ces Conseils seront formés d'un nombre égal de délégués élus par les deux parties.

Il n'est pas besoin, pour être électeur et éligible, d'être membre d'une association ouvrière ou patronale : il suffit de se faire inscrire sur des listes électorales spéciales.

La conciliation s'applique donc à deux séries de groupes : 1° les syndicats ouvriers et associations patronales qui acceptent la loi de 1894 ; 2° les électeurs des Conseils privés ou locaux de conciliation.

Au-dessus des Conseils privés et locaux se trouve le Conseil central de conciliation (*State Board of Concilia-*

tion), élu par les syndicats ouvriers et les unions de patrons qui ont déclaré accepter la loi de 1894 ; en fait, il fut élu par les deux organisations les plus générales, le Comité des patrons réunis et le Comité des syndicats. Chaque partie nomme trois délégués ; ces six conseillers sont présidés par une septième personne désignée par le gouverneur pour cinq ans et révocable seulement par les Chambres. Le président fut un juge de la Cour suprême, M. Bundey, qui a donné sa démission en 1896 [1].

Quand un conflit industriel éclate, la première question est de savoir si les deux parties tombent sous l'application de la loi de 1894.

« Aucun jugement rendu conformément à cette loi ne pourra être appliqué à une personne qui ne s'est pas soumise à la juridiction du Conseil de conciliation, soit comme membre d'une organisation (ayant accepté la loi de 1894), soit en se faisant inscrire comme électeur pour un Conseil local de conciliation, soit en souscrivant à un contrat industriel [2]. »

Si les parties remplissent ces conditions, elles vont, suivant le cas, devant le Conseil privé ou le Conseil local de conciliation ; celui-ci s'efforce d'abord d'arranger l'affaire à l'amiable ; s'il n'y réussit pas, il peut, soit publier un rapport qui soumet le différend à l'opinion publique sans imposer aucune obligation civile aux patrons ni aux ouvriers, soit enfin rendre un jugement dont on peut réclamer l'exécution devant les tribunaux. La responsa-

(1) *Report of the President of the State Board of Conciliation on his Retiring from Office*, January 7 th. 1896.
(2) *Conciliation Act*, p. 3, art. 5.

bilité de ceux qui sont condamnés est limitée à 250 francs par personne et à 25 000 francs par organisation.

Par suite du consentement donné une fois pour toutes, aucune des deux parties ne peut se dérober à la conciliation. L'une ou l'autre peut faire engager la procédure même malgré sa rivale. Si toutes deux montrent de la mauvaise volonté, le président fait appel au Conseil central de conciliation qui évoque l'affaire devant lui.

Ce Conseil central de sept personnes a donc trois sortes d'attributions :

1° Il juge les conflits entre syndicats et associations de patrons quand il n'y a pas de Conseil privé ni de Conseil local, c'est-à-dire dans presque tous les cas.

2° Il possède ce que la loi appelle par un abus de mots « Droit de conciliation obligatoire » (*Compulsory Conciliation*) [1], c'est-à-dire qu'il peut intervenir de lui-même dans les conflits où les deux parties ne recherchent pas la conciliation quoiqu'elles aient pris l'engagement de le faire. Le Conseil peut, soit publier un rapport qui n'oblige personne, soit rendre un jugement exécutoire sous peine d'amende. Une amende dont le maximum est 500 francs pour les individus, 12 500 francs pour les organisations, frappe ceux qui se serviraient de la grève ou du lock out durant la procédure de conciliation.

Enfin la partie IX de la loi (*Reports on Industrials Disputes*) [2] autorise le président du Conseil central de conciliation à examiner tous les différents qui pourront s'élever entre patrons et ouvriers, à présenter à leur sujet un rap-

(1) *Conciliation Act*, p. 14-15, partie VI.
(2) *Conciliation Act*, p. 17-18.

port au gouverneur pour demander qu'ils soient soumis à l'examen du Conseil. Si le gouverneur y consent, sa décision est publiée dans la Gazette officielle, inséré deux fois dans un journal en circulation sur les lieux du conflit, et l'affaire est évoquée par le Conseil central de conciliation.

Ce n'est plus la conciliation obligatoire. En effet, selon l'article 67, dans le cas en question, le Conseil « n'a pas le droit de rendre un *jugement*, mais il tranchera le différend suivant l'équité par un *rapport* qui ne comportera aucune obligation ». Ce droit d'intervention ou plutôt d'examen sans aucune sanction est universel et s'applique à tous les conflits industriels sans aucune des exceptions et restrictions que l'on a rencontrées jusqu'ici. Mais les conditions dans lesquelles il s'exerce ne sont pas définies avec clarté par la loi et elles donnent lieu à des contestations. On va le voir dans le seul document imprimé et publié par le Conseil de conciliation. C'est un rapport (et non un jugement exécutoire par voie légale), rédigé sur un différend qui s'était élevé en 1895 entre un patron tanneur et ses ouvriers [1]. Voici les faits.

Le 23 mars 1895, un patron tanneur, M. Dowie, qui occupait 22 ouvriers, réduisit le salaire de 16 d'entre eux dans la proportion de 16 à 17 p. 100. Or les patrons tanneurs avaient conclu en 1890, après une grève, un arrangement avec le syndicat ouvrier, d'après lequel les salaires étaient fixés sans qu'on eût dit pour combien de temps. Les arbitres choisis avaient invité les parties à ne rien

---

(1) *Report of the State Board of Conciliation in the matter of the Industrial Dispute between M. Alex. Dowie and certain of his Employees pursuant to Clause 67 of the Conciliation Act of 1891.*

changer au contrat sans se prévenir 3 mois à l'avance. Enfin le syndicat s'était engagé pour l'avenir à recourir à la conciliation de préférence à la grève.

Ni la trade union ni le patron n'avaient rempli les formalités qui les eussent obligés à recourir à la conciliation officielle ordinaire. Toutefois le syndicat, se prévalant de l'article 67 cité plus haut, proposa le cas de M. Dowie à l'examen du Conseil central de conciliation. Le secrétaire du Conseil de conciliation écrivit au patron pour lui demander des renseignements. Là-dessus, M. Dowie, suivant la tactique que j'ai déjà signalée en Nouvelle-Galles, remplaça les ouvriers qui n'acceptaient pas la réduction par d'autres et répondit dans les termes suivants : « En ce qui concerne les menaces de grève de mes ouvriers, tout s'est arrangé. J'ai renvoyé, après les avoir prévenus 15 jours à l'avance, tous ceux qui ont rompu le contrat passé avec moi : la grève est ainsi évitée. Il n'y a donc pas lieu de répondre à votre demande. [1] » La trade union invita aussitôt tous les ouvriers à faire grève chez M. Dowie.

Pendant ce temps, le Conseil de conciliation avait terminé son examen préalable, avait conclu à la nécessité d'intervenir et obtenu l'autorisation de le faire, suivant la procédure indiquée plus haut. Il invita les deux parties à comparaître devant lui. Les ouvriers envoyèrent des représentants. M. Dowie, appuyé par toutes les associations de patrons, refusa ; il renouvela la réponse déjà citée pour affirmer que le conflit était clos et qu'il n'y avait pas matière à conciliation. De plus, il contesta le droit d'intervention et la compétence du Conseil et demanda à faire

____

(1) *Revue d'économie politique*, 1897, p. 357-358.

discuter cette question par un avocat, ce qui lui fut refusé conformément à l'article 78 de la loi qui interdit aux parties de présenter un homme de loi à leur place. Le Conseil de conciliation poursuivit son enquête et publia un rapport, dans lequel il admet que la convention de 1890 entre patrons et ouvriers tanneurs n'a jamais été bien observée ; néanmoins, il désapprouve le patron d'avoir diminué les salaires sans avoir donné un avis 3 mois à l'avance, la trade union d'avoir déclaré la grève quand l'affaire était soumise à l'examen du Conseil. Il émet l'opinion que les salaires avant la réduction n'étaient pas exagérés : il rend hommage « aux bons sentiments manifestés en général par les ouvriers ». Enfin il conclut ainsi : « Le Conseil estime que, si jamais il y eut un cas où la conciliation fut désirable, c'est bien le présent. Il engage instamment les parties à se réconcilier et à reprendre les relations amicales qu'elles ont entretenues pendant si longtemps. » On a vu que dans de pareilles circonstances, le Conseil de conciliation ne pouvait pas faire plus que donner de bonnes paroles. Celles-ci n'eurent aucun effet. Les ouvriers restèrent en grève et M. Dowie les remplaça par d'autres.

M. Dowie est pourtant un partisan de la conciliation libre ; il a été pendant plusieurs années, le président du Conseil de conciliation privée de l'industrie de la chaussure, et il est toujours partisan de cette institution. Mais il est opposé absolument à toute intervention de l'état. Sur ce point tous les patrons de la colonie, organisés ou non, sont du même avis que lui et du même avis que les patrons de Nouvelle-Galles. Ils ont presque toujours refusé de répondre aux demandes d'information que leur adressait le secrétaire du Conseil [1]. Aucune des associations de patrons, assez nombreuses en Sud-Australie, n'a demandé à être placée sous le régime de la loi de 1894.

Cette opposition est due à des raisons faciles à comprendre dont la principale est la répugnance de l'industriel à voir des fonctionnaires faire une enquête sur ses affaires, examiner ses livres, peser ses bénéfices pour décider s'il peut augmenter le salaire de ses ouvriers.

Beaucoup plus imprévue semble l'opposition des syndicats ouvriers dont aucun, en mai 1899, ne s'était fait enregistrer. Si l'on y réfléchit, pourtant, il n'y a rien là qui doive étonner. Les syndicats de Nouvelle-Galles, on l'a vu, craignent que les juges ne leur soient pas assez favorables. Ils espèrent obtenir plus d'avantages par la grève que par des sentences arbitrales. C'est exactement ce que pensent les syndiqués de Sud-Australie et ce qu'ils répondaient à mon enquête et à celles qui étaient faites vers la même époque [2]. Ces objections sont d'autant plus significatives que le ministère Kingston par lequel la loi a été présentée, s'appuyait sur une majorité de radicaux alliés au parti ouvrier. Malgré cette garantie, les trade unions se défiaient du cadeau qu'on leur faisait. On le vit bien, même

(1) Voici comment, — écrit M. Louis Vigouroux, — un fabricant d'Adélaïde refusait de comparaître devant le *Conseil de Conciliation* présidé par Justice W. H. Bundey, magistrat éclairé, dont personne n'a jamais contesté l'impartialité. « J'ai tué la loi de conciliation, et j'ai reçu des félicitations de tous les points de l'Australie ; j'ai refusé deux fois de comparaître devant le Conseil, résolu à subir plutôt la prison comme un martyr de la liberté. L'Union des employeurs n'a pas voulu me laisser combattre tout seul et j'ai été assisté par le meilleur avocat du pays. Résultat : Nous avons empêché cette loi tyrannique, révolutionnaire et socialiste, de fonctionner. » (*Circulaire du Musée Social*, mars 1900, p. 70.)

(2) Voir M. Bertram, dans la *Revue d'économie politique*, 1897.

avant le vote de la loi ; le projet du gouvernement devait s'appliquer à tous syndicats existant, dans la colonie : il fallut au cours de la discussion amender le texte et limiter l'obligation aux unions qui se feraient spécialement inscrire à cet effet. Aucune n'a profité de cette faculté.

Ainsi donc, en Sud-Australie comme en Nouvelle-Galles, les ouvriers se défient de la conciliation officielle. En Nouvelle-Zélande, au contraire, cette institution, toujours combattue avec acharnement par les patrons, est accueillie comme un progrès triomphal par les ouvriers. Le *Labour Party* de Sud-Australie, hostile à la loi de 1894, réclamait aux élections générales de 1899, la conciliation à la manière de Nouvelle-Zélande. Je vais examiner ce modèle.

DEUXIÈME PARTIE — L'ARBITRAGE OBLIGATOIRE EN NOUVELLE-ZÉLANDE

La loi de 1894. Plus de grève ni de lock out.

La loi sur la conciliation et l'arbitrage obligatoire en Nouvelle-Zélande a été présentée en 1892, peu de temps après la loi de Nouvelle-Galles, rejetée deux années de suite par la Chambre haute, votée enfin en août 1894 et mise en pratique en janvier 1895 [1].

Son titre complet est le suivant : Loi pour encourager la formation d'associations industrielles et faciliter la solution

---

[1] Henry Demarest Lloyd, *A Country without Strikes, A Visit to the Compulsory Arbitration Court of New-Zealand*, New-York, 1900, in-8°. M. Lloyd, qui a visité la Nouvelle-Zélande à la même époque que moi, a étudié dans l'ouvrage cité un grand nombre de décisions des Conseils de conciliation et de la Cour d'arbitrage.

La série de ces décisions est publiée par le *Journal of the Department of Labour* (officiel) Wellington.

des conflits industriels par la conciliation et l'arbitrage. »
(*An Act to encourage the formation of Industrial Unions
and to facilitate the Settlement of Industrial Disputes by
Conciliation and Arbitration*). Cette loi a été proposée
par M. Reeves, ministre du travail dans le cabinet Seddon,
très favorable aux ouvriers. Son auteur s'est inspiré des
demandes présentées par les syndicats de la colonie ; il a
fait avant de rédiger la loi, une étude consciencieuse des
différents systèmes de conciliation par l'état, dont il a
exposé les résultats dans un rapport précédant le projet.
Sa conclusion est que ces systèmes seraient excellents s'ils
ne reposaient sur la bonne volonté. Il faut donc imposer
l'obligation : or ce mot, dans l'espèce, a deux sens : au
début, recours à la conciliation ; à la fin, devoir pour les
deux parties de se conformer à la décision rendue. On a
vu que ces deux obligations sont indiquées dans la loi de
Sud-Australie, mais la première y est limitée aux organisations qui s'engagent à l'accepter : la seconde n'est pas
absolue puisque le Conseil peut publier un rapport au lieu
d'une décision obligatoire et qu'il ne doit même ne pas
faire plus dans certains cas. En Nouvelle-Zélande, les deux
obligations sont entières. La grève et le lock out sont
interdits.

Tout syndicat à partir de sept membres, toute organisation de patrons et tout patron isolé sont sujets à la loi.
Un seul patron fait exception, l'état. Or l'état néo-zélandais emploie à lui seul presque autant d'ouvriers que tous
les autres entrepreneurs de la colonie [1]. La catégorie la

(1) La seule grève qui ait eu lieu depuis 1894 a été faite par des
maçons non syndiqués au service de l'état.

plus nombreuse des salariés de l'état est celle des employés
de chemin de fer. Quand la loi fut appliquée, ils en bénéfi-
cièrent d'abord, parce que l'exploitation des voies ferrées
avait été confiée à des commissaires qui étaient des hommes
d'affaire en dehors de la politique. Mais depuis, l'état a
repris ses chemins de fer qui sont administrés par un
ministre, et les travailleurs de la voie ferrée ne sont plus
sous la compétence des Conseils de conciliation et de la
Cour d'arbitrage. Une telle situation ne pourrait durer
dans un pays comme la Nouvelle-Zélande, si le gouvernement, systématiquement favorable à la cause ouvrière,
n'accordait à ceux qu'il emploie tous les avantages que
les syndicats peuvent obtenir par la conciliation officielle.
Néanmoins les syndicats s'inquiètent de cette exception.
Leur congrès colonial de 1899 a réclamé le retour des travailleurs de la voie ferrée sous le régime commun.

Sous ce régime, les conflits sont portés d'abord devant
le Conseil local de conciliation (*Board of Conciliation*). Il
y a plusieurs de ces Conseils, composés chacun de membres
élus, moitié par les syndicats ouvriers, moitié par les associations de patrons : les patrons isolés ne sont pas
électeurs ; néanmoins, ils peuvent être assignés par le
syndicat comme ceux qui sont associés. Par suite, nul
moyen pour eux de se soustraire à l'application de la loi
en refusant d'entrer dans une organisation. D'autre part,
ils ne peuvent traduire devant le Conseil que les ouvriers
syndiqués. Les patrons essayent-ils comme en Nouvelle-
Galles et en Sud-Australie, de remplacer les syndiqués par
des non syndiqués pour arguer que le travail a repris et
que le Conseil n'a pas intervenir ? Ils ne le peuvent, d'après

la loi même, si l'affaire est déjà en conciliation ; dans le cas contraire, les ouvriers (et les patrons abandonnés par leurs ouvriers) ont six semaines pour se pourvoir devant le Conseil. Le patron n'a donc aucun avantage à renvoyer ses ouvriers.

Le Conseil local essaye d'arranger le conflit à l'amiable ; s'il n'y réussit pas, il rédige un rapport et renvoie l'affaire à la Cour centrale d'arbitrage. Il n'existe aucun moyen pour les parties de se soustraire à la juridiction de cette Cour, pas même le refus de comparaître. La Cour se compose de deux délégués élus l'un par les associations de patrons, l'autre par les syndicats ouvriers, et d'un président désigné par le gouvernement. Le président actuel est un juge de la Cour suprême.

La Cour peut ordonner la comparution de témoins, la production des papiers et livres de commerce, enfin de tous les éléments nécessaires à son enquête. Par exemple, dans un conflit entre ouvriers et manufacturiers en chaussures, les patrons d'Auckland prétendirent qu'ils devaient payer des salaires moins élevés que dans les autres villes parce qu'ils avaient plus de frais. La Cour les obligea de faire, par leurs livres, la preuve de leurs allégations, et, après examen, elle leur donna tort. Aucune autre institution d'arbitrage n'a ou n'exerce un tel pouvoir. Si le parlement de Nouvelle-Galles a repoussé la loi de 1895, c'est qu'elle donnait aux conciliateurs le droit de faire produire des livres. Le Conseil de Sud-Australie, qui semble avoir ce droit, n'a pas tenté de l'exercer.

Chaque partie peut, avec le consentement de l'autre, se faire représenter par un avocat. Cette faculté n'est pas accordée dans les lois de Nouvelle-Galles et de Sud-Australie. La Cour rend un jugement « conforme à l'équité et à la conscience ».

Ces jugements peuvent être prononcés pour deux années, ou pour une période moins longue, au gré de la Cour. A leur expiration ils peuvent être renouvelés. Ainsi une sentence rendue pour un an, dans un différend entre patrons et ouvriers cordonniers, a été renouvelée à son expiration pour deux années [1].

Le jugement peut être rendu exécutoire : c'est ce qui arrive dans la plupart des cas : la sanction est une amende qui s'élève jusqu'à 250 francs pour un particulier et 12 500 francs pour une association,

Les jugements de la Cour sont définitifs : un article de loi déclare formellement qu'ils ne sont sujets à aucun appel et à aucune confirmation ou cassation devant quelque juridiction que ce soit. On a voulu ainsi prévenir les appels qui auraient pu être introduits devant la Cour suprême de la colonie ou le Conseil privé d'Angleterre. Sans cette précaution il serait peut-être arrivé la même chose qu'en Amérique, où les patrons ont fait plusieurs fois déclarer inconstitutionnelles par les Cours suprêmes des états ou par la Cour suprême nationale, les mesures de protection ouvrière votées dans les parlements.

La Cour centrale est fort occupée : dans la majorité des cas, on fait appel des décisions locales : aussi la procédure est-elle longue. Les syndicats se plaignaient, pendant mon séjour, qu'un appel entraînât un délai d'une année.

En Nouvelle-Zélande, les frais de témoins seuls sont à

(1) Lloyd, p. 53.

la charge des parties. Les autres dépenses sont payées par le budget de la colonie : elles se sont élevées à 110 000 fr. pour les quatre premières années (1895-1899). Le recours à l'arbitrage est à peu près gratuit, ce qui est un avantage très appréciable pour les syndicats.

La conciliation et l'arbitrage fonctionnent mécaniquement avec ou contre le consentement des parties. L'obligation d'y recourir est si nettement formulée que le législateur n'a pas cru devoir donner aux Conseils ou à la Cour centrale le droit d'intervenir directement dans certains cas, comme en Sud-Australie. Cependant M. Reeves, en présentant le projet, a dit que le temps viendrait où l'état pourrait prendre une telle initiative. Il faisait probablement allusion aux cas où le patron et les ouvriers s'entendraient au détriment du public, par exemple pour faire hausser les prix : ce danger ne s'est pas encore manifesté nettement.

Jusqu'à présent, les effets de la conciliation officielle ont été d'empêcher les grèves et lock outs, et surtout de créer une jurisprudence nouvelle, interprétant les anciennes lois, ou encore innovant hardiment en faveur des syndicats ouvriers. On ne saurait trop insister sur l'importance de ce résultat. C'est, en effet, surtout depuis la publication de la loi de 1894 que Nouvelle-Zélande est devenue la terre d'élection vers laquelle se tourne l'attention des partis ouvriers et des réformateurs sociaux de l'Australie et de toutes parties du monde. Auparavant, le contrat de travail avait été amendé bien des fois et toujours en faveur des ouvriers. Depuis, les décisions sans appel de la Cour centrale ont réglé par des arrangements différents, suivant

les professions et les districts, mais dans le même esprit
favorable à la cause ouvrière, tout ce qui ne pouvait être
tranché par une mesure unique. Le programme des syndicats, contenu jusqu'alors par les barrières rigides des
lois générales a pénétré, grâce aux petites brèches des
décisions particulières, jusqu'au fond même du contrat
entre patron et ouvrier qui, sous son influence, a changé
de nature. La transformation était indiquée avant la loi,
dès l'avènement du ministère Ballance en 1891. Elle a pu
être complétée grâce à la loi, dont je vais examiner les
effets.

Encouragements à l'organisation ouvrière.

La loi a, d'après son titre, deux objets, et le premier
indiqué consiste à « encourager la formation des unions
industrielles », c'est-à-dire à organiser les patrons et les
ouvriers. Son application a eu pour effet d'augmenter le
nombre des associations de patrons et des syndicats
ouvriers. On peut considérer comme caractéristique à ce
propos une décision de la Cour centrale (janvier 1900) par
laquelle les ouvriers, dans les métiers où la préférence
doit être donnée aux syndiqués, sont invités à travailler de
préférence chez les patrons groupés en associations. Tel
est bien l'esprit de la loi.

En fait, ce sont les ouvriers qui trouvent avantage à se
grouper. La preuve en est dans un arrêt de la Cour centrale
favorable à un syndicat de ferblantiers et de tôliers. La
Cour regrette de ne pouvoir étendre le bénéfice de sa décision à certains ouvriers en poêles non organisés, mais elle
les invite à se syndiquer afin qu'ils puissent avoir les

mêmes avantages que les précédents. A vrai dire, toutes les lois sur la conciliation officielle donnent les mêmes encouragements, car elles ne sauraient être appliquées si les ouvriers restaient isolés, mais la loi néo-zélandaise est la moins exigeante de toutes sur les conditions nécessaires à l'existence d'un syndicat; elle se contente en effet d'un minimum de sept membres et de la déclaration ordinaire. Les Conseils et Cours se montrent disposés à donner aux syndiqués le droit d'être employés avant les non syndiqués, partout où ce privilège paraît être la coutume du métier; elles se contentent en général d'ajouter la restriction suivante : « pourvu que les syndiqués soient aussi bons ouvriers que les autres ». Ainsi dans une première décision rendue pour l'industrie des chaussures, la Cour avait simplement engagé les patrons à donner la préférence aux syndiqués. Dans une deuxième décision, elle a repoussé la proposition des patrons, formulée dans ces termes : « Les industriels ne feront pas de différence entre les membres du syndicat des ouvriers en chaussures de Nouvelle-Zélande et les non syndiqués. » Et la Cour a reproduit le texte même de la proposition des syndiqués, savoir :

« Les industriels emploieront (*shall employ*) les membres de la fédération des travailleurs en chaussures de Nouvelle-Zélande de préférence aux non-syndiqués »; avec la restriction générale indiquée plus haut, c'est-à-dire pourvu que les syndiqués soient aussi bons ouvriers que les autres. Cette tendance à favoriser les syndiqués est générale. On voit par exemple le Conseil local de conciliation de Christchurch accorder aux employés d'épicerie syndiqués la préférence sur les autres pour trouver du travail et enjoindre aux patrons d'avertir le bureau du syndicat vingt-quatre heures à l'avance avant d'engager un employé.

Le même Conseil reconnaît le même privilège : — aux peintres syndiqués à condition qu'ils ouvrent un bureau de placement dans un rayon d'un mille (1 610 m.), à partir de la Poste centrale ; — aux fondeurs syndiqués, à condition que leur association soit ouverte à tous les ouvriers de bonnes vie et mœurs.

Dans quelques circonstances, au contraire, les Conseils et la Cour n'ont pas admis ce droit de préférence pour les syndiqués. Par exemple, la Cour a reconnu à une compagnie de mines d'or le droit de choisir les ouvriers qui lui convenaient, après que cette compagnie eut établi que ses mineurs n'étaient pas sérieusement organisés. A plusieurs reprises la Cour a refusé de donner aux syndicats des marins le monopole d'être embarqués sur les navires des armateurs néo-zélandais, parce que ceux-ci ont prouvé que les membres des syndicats ne suffiraient pas au service ; en compensation elle accorde au bureau de la trade union le droit de visiter les navires et de s'assurer que les matelots y sont traités conformément aux lois et aux conventions. Dans tous ces cas les patrons ont dû faire la preuve que les demandes des syndicats n'étaient pas justifiées. Enfin la Cour a refusé d'accorder au syndicat des mécaniciens de Christchurch le droit de préférence pour le travail, parce qu'il comprenait seulement 17 ouvriers sur 151 de la profession et surtout parce qu'il n'était pas ouvert à tous. Les conditions restrictives sont en effet absolument contraires à l'esprit de la loi.

On peut donc dire que les Conseils et la Cour font non

seulement œuvre de conciliation et d'arbitrage, mais de plus s'inspirent de la première partie du titre de la loi, pour favoriser le développement des associations industrielles, et que ce développement est, par la force même des choses, plus favorable aux syndicats ouvriers qu'aux syndicats de patrons.

En outre les Conseils et la Cour font prévaloir la *coutume du métier*, c'est-à-dire la préférence pour les syndiqués, partout où elle s'appuie sur quelques précédents, ce qui est un nouvel encouragement à l'organisation ouvrière.

Enfin, plusieurs décisions sont une invitation directe à cette organisation. La plus générale de ces décisions a été rendue par la Cour d'arbitrage. La Cour y rappelle, en faveur des syndicats, d'abord le premier titre de la loi, puis la *coutume du métier*, et elle ajoute l'argumentation suivante : « les avantages procurés par les trade unions à leurs membres ne sont pas obtenus sans frais : par conséquent il n'est que juste — à condition que l'accès de la trade union ne soit pas fermé — de donner la préférence aux syndiqués, et si les non-syndiqués ne veulent pas payer le léger droit et les cotisations qui assurent ces avantages, ils n'ont rien à réclamer[1] ».

On peut donc dire que la loi néo-zélandaise donne comme toutes les lois sur la conciliation officielle une prime à l'organisation ouvrière, et que cette prime est plus avantageuse que dans tous les autres pays.

[1] Cité par A. D. Lloyd, p. 61.

Élévation des salaires, réduction des heures de travail.

Les Conseils et la Cour ont interprété les lois générales sur les heures de travail et les ont complétées dans chaque district et dans chaque profession en légitimant la *coutume du métier*, telle qu'elle est établie par les trade unions. Les demandes des unions peuvent se résumer ainsi :

1° La journée de huit heures ;

2° Fixation d'un salaire minimum ;

3° Diminution du nombre des apprentis.

Quel accueil les Conseils et la Cour ont-ils fait à ces demandes ?

Sur le premier point, une loi générale assure aux ouvriers la semaine de quarante-huit heures qui se répartissent ainsi : 5 journées de neuf heures, travail le samedi matin, repos le samedi après-midi et le dimanche. Les décisions ont fixé le détail des arrangements dans les professions où patrons et ouvriers n'étaient pas d'accord. Elles ont aussi donné à la question des heures supplémentaires la solution proposée par les syndicats, savoir : les heures supplémentaires sont légales[1] ; elles se payent suivant un tarif plus élevé, généralement une fois et demie le prix ordinaire dans le travail au temps et suivant un tarif proposé par le Conseil dans le travail aux pièces.

Sur la question des salaires, un *minimum* est réclamé par toutes les trade unions, mais la Nouvelle-Zélande ne s'est

---

(1) Beaucoup de syndicats anglais et la plupart des partisans de la limitation des heures de travail pensent que les heures supplémentaires ne devraient pas être autorisées. Voir leurs arguments dans S. et B. Webb, *Industrial Democracy*, London, 1808, t. I, p. 330 et suiv., et dans ce volume, p. 131.

pas aventurée à le fixer par une loi générale. Les Conseils locaux de conciliation ont essayé de l'établir, dans beaucoup de cas particuliers, en décidant que le salaire minimum est le salaire de l'ouvrier moyen. Les trade unions voudraient qu'il fût celui du bon ouvrier. La Cour centrale a refusé cet avantage aux mécaniciens de Christchurch, en déclarant que s'il était accordé, les bons ouvriers pourraient seuls trouver de l'ouvrage, et que les autres seraient refusés par les patrons et tomberaient dans la misère. Le salaire établi par les Conseils est fixé soit aux pièces, soit par semaine de tant d'heures ; les ouvriers en chaussures ont obtenu de la Cour 50 francs pour quarante-huit heures, les garçons épiciers ont obtenu du Conseil de Christchurch, 37 fr. 60, les ouvriers en confection de Dunedin ont obtenu de la Cour 32 fr. 60, pour quarante-cinq heures. Les ouvriers peuvent naturellement demander à être payés au-dessus du tarif minimum. Un salaire inférieur peut, en général, être payé, mais seulement avec l'autorisation du Conseil local : le Conseil s'est ainsi réservé le droit de ne pas fermer absolument les ateliers aux ouvriers âgés ou peu exercés.

L'intervention des Conseils en matière de salaires a été très bien accueillie par toutes les organisations ouvrières. Dans les deux plus importantes, le *Trades Hall* de Christchurch et celui de Dunedin, tous les délégués de syndicat se félicitaient de la loi, à l'exception d'un plâtrier. Celui-ci reconnaissait d'ailleurs qu'il n'était pas un adversaire de la loi, qu'il la croyait seulement inutile parce que son syndicat avait obtenu ce qu'il désirait des patrons, sans recourir à la loi. Mais tous les autres déclaraient qu'un tel résultat était dû à la certitude que les patrons avaient de perdre leur cause s'ils la portaient devant le Conseil. Tous s'accordaient à trouver qu'une décision officielle, obligatoire pendant un ou deux ans, est plus avantageuse pour l'ouvrier qu'un contrat privé sans garanties certaines. D'après les renseignements que j'ai recueillis, le salaire moyen d'un ouvrier qualifié à Christchurch ou à Dunedin s'élevait à 10 shillings (12,60 fr.) par jour en moyenne, le taux le plus élevé de toute l'Australasie; le principal avantage de la loi serait d'avoir rendu les salaires beaucoup plus uniformes. J'ajouterai que la Cour a cherché à réprimer le *Sweating System* en adoptant dans ses décisions les propositions des ouvriers en chaussures et des ouvrières en confection contre le travail à domicile.

La question des apprentis est particulièrement aiguë dans les pays anglais parce que les écoles professionnelles y sont peu nombreuses et qu'un jeune homme n'y peut guère apprendre un métier qu'en passant par l'atelier. Il en résulte que les patrons trouvent facilement des apprentis, qu'ils sont tentés de les employer à la place des ouvriers, et que les syndicats réclament, dans presque tous les cas portés devant les Conseils, la réduction du nombre des apprentis. La Cour a consenti à fixer une proportion entre le nombre des ouvriers et celui des apprentis dans le cas des ouvriers en chaussures, des ouvrières en confection. Les Conseils se sont inspirés des nécessités locales : celui de Christchurch n'a pas voulu restreindre le nombre des apprentis mécaniciens, sous prétexte que les élèves de l'école industrielle locale ne pouvaient pas recevoir d'enseignement pratique ailleurs que dans les ateliers. Il

touchait à la véritable solution de la difficulté; c'est-à-dire
la création d'écoles professionnelles, qui est réclamée par
plusieurs membres des partis ouvriers australasiens.

L'opposition des patrons.

Tous les patrons sont contre la loi de conciliation et
d'arbitrage obligatoire. Beaucoup d'entre eux ont refusé
de prendre part aux élections des Conseils locaux et le
gouvernement a dû, dans plusieurs cas, désigner d'office
les membres patrons de ces Conseils. Mais, malgré toute
la mauvaise volonté du monde, il est impossible d'échapper à la compétence des Conseils et de la Cour; on a vu en
effet que tout patron, même s'il ne fait partie d'aucune
association, peut être cité devant les Conseils et la Cour.
Ceux-ci, de plus, peuvent étendre une décision rendue
dans un cas particulier à tous les ateliers ou chantiers de
la même profession. Malgré tout, l'opposition faite par les
patrons à la loi est catégorique, et sans exception. Tous
ceux que j'ai vus m'ont dit : « La journée de huit heures,
soit! — la conciliation et l'arbitrage obligatoire, jamais! »
Les associations de patrons ont pour but principal de protester contre la loi et son interprétation. Je fus invité à une
réunion de l'association de Christchurch; j'y entendis deux
délégués des patrons boulangers qui se plaignaient d'une
récente décision suivant laquelle ils ne pouvaient avoir
qu'un apprenti par deux ouvriers. Or, sur les 69 patrons
de Christchurch, 66 travaillent avec un mitron et un apprenti; s'ils étaient obligés de remplacer l'apprenti par un
second ouvrier, ils déclaraient qu'ils fermeraient boutique.

L'association les engagea à demander au Conseil le maintien du *statu quo*, sous prétexte que, mettant eux-mêmes la main à la pâte, ils devaient être considérés comme ouvriers.

J'ai visité dans leurs ateliers plusieurs des membres importants de l'association des patrons de Christchurch, deux fabricants de meubles, deux fabricants d'instruments aratoires, un tisseur de laine. Tous se sont plaints de l'élévation et de l'uniformité des salaires qui est la principale raison de la faveur que les ouvriers témoignent à la loi ; tous se plaignent de la multiplicité des appels à la conciliation ; le mois précédent, vingt-six décisions avaient été publiées dans le Journal du ministère du travail. Tous m'ont déclaré aussi qu'ils s'adresseraient prochainement au Conseil pour demander une réduction de salaires ; « en attendant, disaient les fabricants d'instruments aratoires, nous importons un nombre toujours plus grand de pièces toutes fabriquées des États-Unis et nous nous contentons de faire le montage ».

Il est vrai que l'importation peut-être arrêtée par les droits de douane, qui sont déjà presque prohibitifs. C'est grâce à eux, sans doute, que l'industrie néo-zélandaise a continué à se développer depuis la loi. En tout cas, elle ne cesse de progresser. M. Reeves, l'auteur de la loi d'arbitrage aujourd'hui agent général de la Nouvelle-Zélande à Londres, a parfaitement établi ce point dans plusieurs lettres ou articles [1].

(1) On les trouvera reproduits dans les derniers tomes du *Journal of the Department of Labour* de Nouvelle-Zélande. Consulter encore *The New Zealand Official Year Book*, 1897. — Le *Year Book* pour 1901 (qui sera publié en 1902), contiendra de nouvelles statistiques rela-

Le fait semble prouver que la marge entre les frais de production et les profits possibles est assez large pour qu'on puisse notablement élever les salaires sans supprimer les bénéfices.

La faculté d'achat de la classe la plus nombreuse a augmenté et, en pays anglais, les ouvriers dépensent facilement ce qu'ils gagnent. L'industrie trouve donc à vendre plus de produits, elle élargit son marché, mais elle pourrait rester stationnaire, quand elle satisfera les besoins des 756000 habitants de la Nouvelle-Zélande, car les produits manufacturés de la colonie sont trop chers pour être exportés même si les pays étrangers ne répondaient point par des droits de représailles au tarif de Nouvelle-Zélande. C'est une hypothèse que les partisans de la loi acceptent parfaitement. « Nous aimons mieux, m'ont affirmé plusieurs d'entre eux, produire pour nous seuls et garder nos lois ouvrières jusqu'à ce que le monde extérieur les ait adoptées. »

Conclusion.

Les essais de conciliation tentés en Australasie donnent trois enseignements : 1° la conciliation et l'arbitrage par l'état n'ont aucune efficacité, tant qu'ils ne sont pas obligatoires ; 2° les patrons sont partout hostiles à la conciliation officielle, quoique beaucoup d'entre eux admettent la conciliation privée ; 3° les ouvriers ne sont favorables à la conciliation privée qu'en Nouvelle-Zélande. On peut même dire que, dans le monde entier, les syndicats sont plu-

tives au développement industriel du pays, d'après le dernier recensement général.

tôt opposés à la conciliation par l'état. J'insiste sur ce fait en l'éclairant par les observations suivantes. La conciliation et l'arbitrage officiels ont été proposés, en 1899, au congrès des trade unions anglaises par M. Ben Tillett, qui les avait étudiés en Nouvelle-Zélande, et la proposition a été repoussée à une grosse majorité. Ce vote était conforme au sentiment de tous les leaders syndicaux que j'ai vus aux États-Unis. Tous m'ont déclaré qu'ils n'admettraient jamais que l'état pût leur imposer une solution, parce que l'état représente les intérêts des patrons. Ils reconnaissaient que le gouvernement de Nouvelle-Zélande est favorable aux syndicats, mais ils jugeaient ceux-ci bien imprudents d'avoir accepté une intervention qui pourrait se tourner contre eux si l'opinion publique prenait le parti des patrons et se prononçait en faveur d'une réduction de salaires ; alors, en effet, la Cour, jugeant selon l'équité, obligerait les ouvriers à se résigner sans lutte. Quoiqu'un pareil avenir soit peu probable, il paraît certain que les ouvriers de Nouvelle-Zélande, en acceptant la loi avec tant de faveur, ont songé surtout à l'encouragement qu'elle donne aux unions industrielles.

Ce qu'ils ont vu dans la loi, c'est moins la conciliation et l'arbitrage obligatoires que le moyen de rendre à peu près obligatoires :

1° Le syndicat ouvrier ;

2° Le contrat collectif entre patron et syndicat au lieu du contrat individuel entre patron et ouvrier isolé ;

3° L'introduction, pour une ou deux années, dans ce contrat, de la *coutume du métier*, c'est-à-dire d'avantages réclamés avec persistance par les syndicats et accordés quelquefois par les patrons dans des circonstances exceptionnelles et passagères ;

4° Le minimum de salaires et la répression du *Sweating System.*

On a vu comment une partie de ces vœux avait été réalisée à Melbourne. Malgré la différence du point de départ, les Conseils mixtes de Melbourne et les Conseils de conciliation de Nouvelle-Zélande doivent être rapprochés. Ce sont des institutions de genre différent, mais dont l'esprit est le même ; elles tendent à des fins que la plupart des gouvernements européens ne croient pas devoir poursuivre et elles sont les deux traits les plus originaux de la législation ouvrière d'Australasie.

CHAPITRE VII

LA QUESTION DU CHOMAGE. — LES CONCESSIONS DE TERRES PUBLIQUES AUX OUVRIERS

A la suite d'une crise financière en 1892-1893, les constructions, le commerce, l'exploitation des mines et du sol
se ralentirent brusquement ; le coup fut très sensible
car il frappait l'Australasie dans une période d'activité
fébrile et factice où l'on avait eu trop de confiance dans
l'avenir, où l'on avait lancé trop d'entreprises nouvelles. Le
travail s'arrêta partout et une foule d'ouvriers se trouvèrent
sans emploi. Ces *Unemployed* firent des manifestations
dans les rues des grandes villes, cherchèrent à émou-
voir l'opinion et s'imposèrent à l'attention des pouvoirs
publics.

Que pouvaient faire les gouvernements ? Ils ont d'importants services qui occupent un grand nombre de personnes.
Mais, juste au moment de la crise, les différents ministères
se voyaient obligés de diminuer leurs dépenses, parce que
les dettes publiques étaient devenues trop lourdes et que
le déficit s'augmentait dans tous les budgets. Plus de construction de chemins de fer, de routes, de ponts, juste au
moment où il aurait fallu ouvrir de grands chantiers aux
ouvriers laissés sans travail par la ruine des particuliers.
Dans ces circonstances critiques, les gouvernements firent

preuve des meilleures dispositions. Ils reprirent, malgré la pénurie financière, des travaux publics qu'ils avaient ajournés par économie et les firent exécuter par les *Unemployed*. Ces travaux de secours (*Relief Works*) duraient encore à Melbourne, à Sydney lors de mon passage. Ils avaient l'inconvénient de coûter très cher et de n'employer qu'une petite proportion des bras vacants. Aussi les gouvernements les ont-ils envisagés comme des expédients temporaires.

Pour résoudre définitivement la question du chômage, ils ont essayé d'autres moyens. Ils ont développé le système du placement gratuit par l'état ; la Nouvelle-Zélande a institué dans les chantiers de l'état un système de « coopération » ou plutôt de commandite ; ces méthodes feront l'objet de la première partie de ce chapitre. Dans une seconde partie j'étudierai des procédés applicables seulement dans les pays neufs qui ont beaucoup de terres à concéder ; ce sont les divers essais pour établir les sans-travail dans la campagne, solution la plus originale et la plus intéressante. Enfin je terminerai par une étude des concessions de petits lots de terrains aux ouvriers. Cette question est, au fond, celle des logements ouvriers, mais on verra qu'elle n'est pas sans rapports avec la question du chômage.

PREMIÈRE PARTIE. — LE DROIT AU TRAVAIL

Le placement gratuit par l'État (Labour Bureau).

Plusieurs gouvernements ont eu l'idée d'adjoindre à leur *Labour Department* (direction ou ministère du travail) un service de placement gratuit appelé Bureau du travail (*Labour Bureau*).

Sur ce point comme sur beaucoup d'autres, l'exemple a été donné par la Nouvelle-Zélande.

En 1891, le travail n'allait pas dans cette colonie ; les ouvriers sans emploi s'agitaient et demandaient au gouvernement de s'occuper d'eux. Or les élections générales venaient de porter au pouvoir la coalition libérale ouvrière ; le cabinet devait par conséquent faire quelque chose pour les *Unemployed*. Il imagina d'inviter les fonctionnaires de police à recueillir chacun dans son district toutes les informations concernant les salaires, les demandes et offres d'emploi, et à les transmettre chaque mois à un bureau central établi dans la capitale, Wellington. Ce bureau fut le noyau autour duquel se groupèrent bientôt le service de l'inspection ouvrière, celui de la conciliation et de l'arbitrage, enfin tous ceux qui sont aujourd'hui réunis sous une direction particulière et constituent le ministère du travail.

Les informations relatives au placement des ouvriers sont toujours recueillies dans les campagnes par le fonctionnaire de police ; dans les grands centres, elles ont été confiées aux inspecteurs du travail créés après 1892. Il paraît que les ouvriers préfèrent avoir affaire à ces derniers, et qu'ils n'aiment pas être vus en compagnie du *policeman* ; en outre, les inspecteurs sont, par leurs fonctions, mieux préparés à trouver et à exposer les renseignements qu'on leur demande.

Le service paraît fonctionner d'une manière satisfaisante. Les demandes affluent au bureau central de Wellington et aux succursales établies par les inspecteurs provinciaux. Il faut croire que ces derniers sont parfois débordés, car je me rappelle avoir lu, dans le bureau de Dunedin, l'avertissement suivant :

QUAND VOUS AVEZ EXPOSÉ VOTRE AFFAIRE,

FILEZ S. V. P.

NOUS SAVONS QUEL TEMPS IL FAIT, NOUS AVONS

LU LES JOURNAUX

ET NOUS AVONS BEAUCOUP DE BESOGNE SUR LES BRAS.

(*When you have disposed off your business, please troll. We know all about the weather, we have read the newspapers and we have plenty of work to go through.*)

Si les bureaux sont assaillis de demandes c'est qu'ils trouvent réellement du travail aux ouvriers qui n'en ont point ; il est vrai que, dans la plupart des cas, ils les adressent aux chantiers et entreprises de l'état, le grand patron de Nouvelle-Zélande[1].

Depuis sa fondation en 1891 jusqu'en mars 1900, le *Labour Bureau* a fourni du travail à 23 754 personnes desquelles dépendaient 56 717 femmes et enfants. Il a donc assisté en moyenne plus de 2 000 *unemployed* chaque année[2].

Le gouvernement de Nouvelle-Galles a procédé à peu près comme celui de Nouvelle-Zélande. Il a organisé sous la direction du ministère du travail un *Labour Bureau* qui fonctionne depuis 1892. L'objet de ce bureau est de placer

(1) Voir le chapitre suivant.

(2) *The New Zealand Official Year Book*, 1900, p. 321. Voir *New Zealand. Report of the Department of Labour* (Annuel).

les sans-travail et de les aider à gagner l'endroit où on les demande.

Le système de placement gratuit s'étend à toute la colonie. Le bureau central se trouve à Sydney ; sous son contrôle et en communication directe avec lui fonctionnent 42 agences provinciales ; elles envoient chaque mois des renseignements relatifs à la situation des ouvriers et de l'industrie.

Ces rapports et un rapport annuel sont soumis au ministre du travail et de l'industrie, lequel est le chef suprême du service de l'inspection ouvrière, de celui de la conciliation[1] et de quelques autres moins importants, tels que les *Relief Works*. Son département (*Department of Labour and Industry*) a été constitué en 1895 ; il a toujours été adjoint jusqu'à présent au ministère de l'instruction publique.

Le bureau de placement fonctionnait déjà avant la constitution du ministère ; il date réellement de 1891-1892. Au cours de son existence, il a inscrit, dans ses divers offices environ 75 800 *unemployed* et il a fourni du travail dans 83 000 cas. La différence entre ces deux chiffres s'explique par le fait qu'une même personne est inscrite une fois pour toutes, mais qu'elle peut revenir à plusieurs reprises demander du travail. Le chiffre de 75 000 indique donc exactement le nombre des individus qui se sont adressés au *Labour Bureau*, le chiffre de 83 000 le nombre des cas où il les a placés.

Le bureau ne se contente pas d'indiquer à l'ouvrier l'endroit où il sera employé ; il lui fait l'avance de son trans-

(1) Voir pages 125-127 et 149-155.

port en chemin de fer (les réseaux appartiennent à l'état), par mer ou par toute autre voie ; il peut encore lui procurer à crédit une licence de mineur (*Miners' Right*). En échange l'assisté doit signer une reconnaissance par laquelle il s'engage à rembourser les avances faites par le bureau. Les remboursements effectués en 1899 s'élevaient à £ 1 800, représentant une assez forte proportion de sommes avancées. Il faut noter du reste que les passes de chemin de fer et les *Miners' Right* ne coûtent en réalité rien au bureau : l'état les donnait d'abord gratuitement dans certains cas ; s'il borne maintenant sa générosité à faire crédit, c'est pour être sûr de ne pas accorder de faveurs imméritées et de rendre service simplement à des ouvriers qui ont l'intention sincère de travailler. Cette précaution prise, l'état est un créancier patient et accommodant.

Le *Labour Bureau* emploie dans les provinces des fonctionnaires chargés d'autres services ; au centre il a un personnel composé d'un surintendant et de 7 employés, dont les appointements s'élèvent à 32 675 francs par un an[1].

Queensland a institué un *Labour Bureau* organisé à peu près comme les précédents, mais qui paraît destiné à assister surtout les immigrants. On a vu, en effet[2], que le gouvernement de Queensland n'avait pas cessé de subventionner l'immigration ; il offre des passages gratuits ou réduits, il loge et nourrit les immigrants dans des bâtiments spéciaux

______

(1) Les renseignements ci-dessus sont extraits d'une note manuscrite sur les services du ministère du travail de Sydney, note qui m'a été remise par ce ministère.

Voir *New South Wales. Report of the Government Labour Bureau* (Annuel depuis 1892-1893).

(2) Voir chapitre III, p. 102.

en attendant qu'ils aient trouvé à s'employer ; il cherche enfin à les placer le plus rapidement possible, et c'est là le principal objet du *Labour Bureau*. Ce service se compose d'agences réparties sur tout le territoire, en relations régulières avec un office central, installé à Brisbane dans les mêmes bâtiments que les services d'immigration et le logement des immigrants. Voici comment une circulaire officielle de 1899 définit les devoirs des agences :

1° Envoyer par le télégraphe (dont l'usage est gratuit pour les agents) au *Labour Bureau* de Brisbane, des rapports hebdomadaires sur la situation du marché du travail dans la localité ;

2° Être constamment prêtes à répondre à toute demande relative au marché du travail ; le faire au besoin par télégraphe ;

3° Inviter fréquemment les patrons de la localité à faire connaître leurs besoins, la nature du travail, les salaires qu'ils offrent, le genre d'ouvriers dont ils ont besoin.

Le bureau peut accorder aux ouvriers qui se rendent à un emploi très éloigné des passes de chemin de fer gratuites ou remboursables [1].

Sud-Australie a fondé récemment un *Government Labour Bureau*, sur le modèle de la Nouvelle-Zélande.

Toutes ces institutions ont rendu de réels services ; elles n'ont pas été très coûteuses, parce que le travail qu'elles nécessitent a été presque toujours réparti entre des fonc-

---

(1) *Queensland, Report of the Officer in Charge, Government Labour Bureau and Relief* (Annuel). Voir en outre, attaché à ce document le modèle servant à établir les rapports hebdomadaires et la collection des pièces à remplir par ceux qui cherchent du travail (Archives de la Direction du Travail, au Ministère du commerce).

tionnaires qui existaient déjà. Elles ont servi à placer un grand nombre d'ouvriers, mais l'emploi qu'elles fournissent n'est sûr que s'il s'agit de travaux publics. Pour les entreprises particulières, elles ne peuvent que concentrer les renseignements, donner une indication utile, faire prévoir une probabilité de travail. Même dans ce cas, elles rendent service aux ouvriers en leur procurant des passes sur les chemins de fer qui appartiennent presque tous à l'état. Si l'état n'employait pas une proportion d'ouvriers relativement considérable (supérieure dans certain cas à celle de l'industrie privée), si les chemins de fer n'appartenaient pas aux gouvernements, les *Labour Bureaus* ne pourraient être que des offices de statistique, comme il en existe en Europe et aux États-Unis. Le rôle actif qu'ils jouent en Australasie entraîne une importante conséquence ; les ouvriers, qui se considéraient depuis longtemps en droit de réclamer à l'état de l'ouvrage quand ils n'en avaient point, ont vu les gouvernements leur céder sur ce point. On peut dire que le *droit au travail*, comme on l'entendait en 1848, existe en Australie, quoiqu'il n'ait été nulle part formellement proclamé ni établi par la loi.

L'emploi d'ouvriers en commandite dans les travaux publics.
(« Cooperative Public Works » de Nouvelle-Zélande)

La Nouvelle-Zélande n'a pas cru faire assez en donnant des renseignements et des passes de chemin de fer aux sans-travail. Elle a imaginé pour ses travaux publics un contrat qu'on appelle assez improprement *Cooperative Sys-*

tem[1]. Voici dans quelles circonstances ce système a été imaginé. Des entrepreneurs qui s'étaient chargés de construire pour l'état une petite ligne de chemin de fer, trouvèrent le travail trop peu rémunérateur et l'abandonnèrent en laissant leurs ouvriers sans emploi. Ceux-ci s'adressèrent naturellement à l'état, qui leur offrit l'entreprise de la construction ; on leur demanda de s'organiser en groupes de cinquante à soixante ; chaque groupe traita directement avec l'état pour une certaine partie du travail ; les salaires et le profit devaient être partagés également entre les ouvriers. La voie ferrée fut terminée dans ces conditions et l'application du système fut ensuite généralisée.

On l'a essayé d'abord dans les travaux de terrassement, puis dans les ouvrages plus délicats, les ponts par exemple en commençant par les plus simples, les édifices publics en commençant par les gares rurales et en allant jusqu'à la construction de Ministères et l'agrandissement du Parlement. Aujourd'hui presque tous les travaux publics sont faits par le *Cooperative System*. Depuis 1891, le service des terres et du cadastre et celui des travaux publics ont employé suivant ce système, l'un 10 598, l'autre 8 291 personnes : le nombre des ouvriers employés chaque année s'élève de 1891-1892 à 1899-1900 par une progression constante et régulière de 261 à 1 825 dans le premier service, et de 527 à 1 243 dans le second.

Les demandes d'emploi sont adressées au *Labour Bureau*. Si elles sont trop nombreuses, le bureau donne la

<hr>

(1) H. J. Blow, *The Cooperative System of Constructing Public Works* (Extrait de *The New Zealand Official Year Book*, 1894). L'auteur est sous-secrétaire des Travaux publics en Nouvelle-Zélande.

préférence : 1° à ceux qui n'ont pas encore fait l'expérience du système ; 2° à ceux qui résident dans le voisinage des travaux ; 3° à ceux qui sont mariés ; 4° à ceux qui ayant travaillé pour l'état suivant le *Cooperative System,* sont restés le plus longtemps employés. Tous les postulants doivent être sans travail depuis une semaine, dans les cas ordinaires, depuis quinze jours, s'ils étaient employés par l'état suivant le *Cooperative System.* On tient compte aussi du genre de travail et des antécédents du postulant. Enfin si les demandes sont trop nombreuses, on recourt à la voie du sort.

Quand le gouvernement a décidé de faire exécuter un travail par le *Cooperative System,* il demande à l'ingénieur local un devis qui indique les différentes catégories d'ouvrage, défrichement, terrassement, maçonnerie, etc., et la somme qui doit être payée en salaires pour chacun ; ces chiffres sont établis d'après le tarif local des salaires, légèrement majoré de manière à laisser aux ouvriers une partie du bénéfice qu'aurait pris l'entrepreneur, le surplus revenant à l'état. Les devis une fois établis sont soumis à l'examen de l'ingénieur en chef ; après approbation, ils sont retournés à l'ingénieur local qui s'occupe de traiter directement avec de petites équipes d'ouvriers, prenant suivant leurs aptitudes tout ou partie d'une des sortes d'ouvrages indiquées plus haut. Chaque équipe se forme volontairement et désigne un délégué chargé des rapports avec l'administration. Les ouvriers apportent leurs pelles, pics et outils portatifs, et se procurent les chevaux et les bêtes de somme. Le gouvernement fournit les tentes et baraques nécessaires dans les solitudes où le travail s'accomplit le plus souvent ; il fournit encore le gros matériel, rails, wagons, grues, etc., en faisant sur les salaires une déduction correspondant à la valeur de ses avances ; enfin il vend les explosifs et fournit les matériaux nécessaires, si les ouvriers le désirent.

Chaque mois l'ouvrage fait est estimé d'un commun accord entre les délégués et les ingénieurs ; la valeur du travail accompli est versée ensuite à chaque équipe et partagée entre les membres.

Ce système est très favorable aux ouvriers ; il doit en effet leur assurer un salaire plus élevé qu'à l'ordinaire, puisque l'état veut qu'on leur attribue une partie du profit qu'aurait fait l'entrepreneur.

Mais l'avantage principal du système, d'après ses partisans, serait d'augmenter les chances d'emploi pour les ouvriers âgés ou maladroits ; la situation de ces derniers est en effet particulièrement inquiétante dans les pays où les salaires sont élevés et la journée de travail plus courte, car les patrons ne veulent plus employer que des travailleurs vigoureux et expéditifs [1]. Que deviennent les autres ? Leur sort est assuré par le *Cooperative System*, affirme-t-on. En effet, les équipes se formeraient par sympathie ; les ouvriers se feraient un cas de conscience d'exclure un maladroit ou un vieillard sans faute grave de sa part. Ils peuvent d'ailleurs ne pas manquer à la solidarité sans mettre en péril leurs intérêts, car ils exercent l'un sur l'autre un contrôle mutuel ; dans le travail en commun, chacun se rend exactement compte de ce que fait le voisin et peut sans hésiter, évaluer sa part de rémunération.

(1) Voir chapitre v, notamment p. 142, 144 et 146[1]

Telle est l'argumentation des optimistes; on a tout fait pour qu'elle fût justifiée. Ainsi les équipes ne sont plus que de six à douze hommes, afin que leurs membres se connaissent bien et que la solidarité puisse naître entre eux. La distribution du salaire et des profits communs est laissée à l'appréciation de l'équipe. Il paraît qu'on est arrivé par ces moyens à de bons résultats. On m'a montré, dans un chantier pour la construction d'une voie ferrée, des équipes d'ouvriers vigoureux qui avaient accepté, recherché même la collaboration de travailleurs plus faibles ou plus âgés qu'eux, mais aussi plus expérimentés dans le défrichement, le maniement des explosifs, la pose des rails.

Toutefois les cas de ce genre sont trop peu nombreux pour qu'on puisse affirmer que la situation de l'ouvrier inférieur, si menacée par l'application des nouvelles lois, sera partout assurée grâce à l'application du *Cooperative System*.

Avoir amélioré la situation des ouvriers serait pour l'état néo-zélandais un juste sujet d'orgueil, s'il y réussissait sans demander trop de sacrifices aux contribuables. Or les auteurs du système prétendent que, loin d'être plus coûteux, il est plus économique.

En effet disent-ils, les ouvriers ont plus de cœur à l'ouvrage et travaillent mieux. Ils ne fournissent pas les matériaux comme les entrepreneurs, mais les reçoivent de l'état, qui s'assure de leur qualité lorsqu'il les achète. Le contrôle de l'état sur le chantier est aussi plus direct, car il a le droit de suspendre les travaux après un avertissement de huit jours, de dimi-

nuer ou d'augmenter le nombre d'ouvriers. Enfin l'état a
le droit de réduire la somme à payer si le travail est plus
facile que le devis ne le prévoyait. Mais dans un pareil
cas, les ouvriers réclameront-ils à leur détriment, et l'état
osera-t-il leur imposer une réduction ? Pour établir que le
Cooperative System peut être plus économique, le rapport
officiel cite un exemple unique, et ce n'est pas une réduction de prix ; il s'agit seulement d'une fourniture de ballast que l'état devait faire venir à grands frais ; on découvrit
par hasard sur la ligne en construction un gisement de
roches volcaniques qui furent utilisées comme ballast à
un prix moindre que ceux du devis. Le cas est exception-
nel. Beaucoup plus souvent il arrivera que les équipes
trouveront le travail trop mal payé, réclameront un supplément, et que l'état cédera.

Le travail « coopératif » pourrait donc bien coûter un
peu plus cher à l'état que l'autre. C'est du moins l'opinion
de toutes les personnes à qui j'ai demandé leur avis, sauf
les fonctionnaires et les ouvriers. On se plaint surtout que
la crainte de perdre des électeurs entraîne le gouvernement
à trop de sacrifices. « Il y a, me disait-on, un argument
irrésistible. Quand une équipe est accusée de paresse et
menacée par l'ingénieur, le chef dit : « C'est bien, je vais
« écrire à Seddon, et cela met fin aux reproches. » Je ne
saurais bien entendu, donner cette boutade pour une raison, trouvant assez naturel que dans un pays démocratique
les ouvriers de l'état demandent que celui-ci soit un patron
modèle. J'ai voulu seulement exposer les arguments de
part et d'autre ; je ne me hasarderai pas à tirer une conclusion de cette expérience intéressante, mais trop récente

et faite sur une échelle trop petite encore pour qu'on puisse l'apprécier justement.

Ce système appelé trop ambitieusement « coopératif », est à peu près la commandite ; il est connu un peu partout et a été appliqué par d'autres gouvernements australasiens, par exemple en Victoria, sous le nom de *bully gang*. La nouveauté est moins dans le système que dans les dispositions du gouvernement de la Nouvelle-Zélande, exceptionnellement favorable aux ouvriers.

DEUXIÈME PARTIE. — LES COLONIES OUVRIÈRES

Le meilleur remède contre le chômage ne consisterait-il pas à établir comme petits propriétaires dans la campagne les sans-travail qui désirent vraiment travailler ? Voilà ce qu'ont pensé plusieurs ministres justement inquiets devant la proportion anormale de l'élément urbain. La trace de leurs préoccupations apparaît dans toute une série de lois nouvelles qui ont institué des colonies ouvrières de différents types.

Les villages coopératifs de Sud-Australie.

La plus intéressante de ces expériences est celle des *Village Settlements* ou *Village Communities* de Sud-Australie [1]. Elle a été tentée (1894) en pleine crise de chômage,

(1) *South Australia. Report of the Select Committee on Village Settlements and Reduction of Rents Amendment Bill*, Adélaïde, 1895, in-4°. C'est le rapport de la première commission d'enquête ; il est défavorable à l'expérience. M. Pierre Leroy-Beaulieu s'en est inspiré dans son livre *les Nouvelles Sociétés anglo-saxonnes*, hostile à l'intervention de l'état.
Une nouvelle commission a été formée et a rédigé un rapport qui

pour établir dans un district désert une partie des ouvriers sans travail. Les *unemployed* étaient nombreux à Adélaïde et Port-Adélaïde; ils tenaient des meetings, manifestaient dans les rues, envoyaient des délégations aux pouvoirs publics. Or l'état venait de dépenser près de 550 000 francs en travaux peu utiles destinés à venir en aide aux ouvriers. Il ne pouvait continuer dans cette voie. Aussi fit-il bon accueil à la proposition du *Trades Hall* qui lui demandait d'aider les ouvriers à s'établir dans les districts vierges de la colonie. Voici en quoi consistait le projet :

Le ministère des terres avait fait adopter, en 1893, une loi pour favoriser les groupes de petits cultivateurs[1]. Cette loi mettait des terres à la disposition de toute association comprenant au moins 20 personnes, âgées de 18 ans et plus, qui voudrait fonder un village. Les concessions étaient de 160 acres par tête au maximum. Les colons devaient avoir chacun 1 250 francs de capital au moins. Le ministère pouvait leur faire des avances jusqu'à ce même chiffre, mais sans jamais dépasser la moitié de la valeur des améliorations faites au sol.

Les améliorations devaient s'élever à 3 fr. 50 par acre et par an pendant dix années consécutives. Les villageois devaient payer de plus un fermage annuel de 0 fr. 25 par

a dû paraître, mais qui ne m'était point parvenu au moment de mettre sous presse,

M. Louis Vigouroux, qui a visité les villages en même temps que la deuxième commission d'enquête, a traité le sujet à fond dans le *Bulletin du Musée social*, mars 1900. J'y renvoie ceux qui désireraient plus de détails. Michaël Davitt, *Life and Progress in Australasia*, pages 73 et suivantes, a donné un intéressant récit de sa visite aux villages entre les époques des deux commissions,

(1) On a vu plus haut (ch. II) quels encouragements ont été donnés récemment, dans plusieurs colonies, à la petite culture.

acre. Enfin les avances faites par le ministère étaient remboursables dans le délai de dix ans, avec intérêt de 5 p. 100, à partir de la troisième année.

Les habitants d'un village formaient une association autonome, faisant ses propres statuts : mais ils étaient responsables solidairement du remboursement des avances ; tant qu'ils n'étaient pas libérés, ils devaient constituer une sorte de société coopérative indissoluble. Les dettes payées, la société pouvait être dissoute, le terrain partagé entre ses membres, dont chacun recevrait de l'état un titre de bail pour 999 ans.

Un seul village s'est fondé exactement dans les conditions imposées par la loi. C'est celui de Murtho, organisé le 19 juillet 1894, par 27 personnes qui voulaient appliquer les principes de Henry George.

Plusieurs autres ont été créés, de février 1894 à janvier 1895, par des groupes d'ouvriers sans travail, auxquels le gouvernement avait accordé certaines faveurs spéciales, le transport gratuit par voie ferrée et une première avance de 5 000 francs au total. Dans le nombre, six villages ont été peuplés par des ouvriers choisis par le gouvernement sur la liste des volontaires qui s'étaient présentés en assez grand nombre ; trois l'ont été par des groupes d'ouvriers de Port-Adélaïde qui s'étaient entendus avant de partir et auxquels le *Trades Hall* avait fait quelques avances.

Murtho et les neufs autres villages [1] ont été fondés sur les bords du Murray moyen, et en plein *bush*, parmi les

____

(1) Deux villages ont été fondés dans d'autres régions ; je me borne à les citer, car leur existence a été très courte.

ronces et les eucalyptus. Ce district, voisin d'une des parties les moins peuplées de Nouvelle-Galles, est couvert d'une brousse où personne n'avait pénétré, sauf les indigènes et les éleveurs de moutons. La terre n'était pas impropre à la culture, mais elle manquait d'eau, car les pluies sont rares et irrégulières dans ces régions intérieures le Murray n'est jamais à sec, mais il coule au fond d'une rigole étroite et profonde ; si on veut se servir de ses eaux pour irriguer, il faut d'abord les élever à l'aide de pompes à vapeur.

L'acquisition de pompes fut la première dépense importante qui s'imposa aux villageois, mais elle ne fut pas la seule ; il fallut en effet tout acheter, semences, arbres, animaux de ferme. Avant d'obtenir un résultat, il fallait aussi travailler beaucoup pour défricher, couper la brousse, arracher les racines profondes des arbres, labourer et ameublir la terre. Aussi les commencements furent-ils très durs. Bien des colons se découragèrent ; d'autres se louèrent chez les rares habitants voisins, se firent pêcheurs, chasseurs, ou encore bûcherons pour approvisionner les bateaux à vapeur qui transportent la laine sur le Murray. Au bout d'une année, les colonies semblaient bien compromises au jugement d'une commission parlementaire nommée pour faire une enquête à leur égard. Le gouvernement prit pitié des colons : il éleva, en 1895, la limite des avances à 2 500 francs par personne (le double de la limite légale) et recula de la troisième à la cinquième année le premier remboursement et le point de départ des intérêts. Mais en même temps il empêchait toute fondation de nouveaux villages, et il nommait un délégué chargé de surveiller la gestion de ceux qui existaient.

Aux difficultés imposées par le manque de capitaux et par la nature se joignaient celles qui venaient de conflits entre les personnes. On a vu que les villages devaient être des sociétés coopératives autonomes; leurs membres nommèrent donc un conseil chargé d'administrer et responsable devant l'assemblée générale. Ces conseils établirent partout un magasin commun où les provisions étaient réunies : on fixait les rations ou les distributions suivant l'état des ressources : on donnait ensuite à chacun suivant ses besoins, c'est-à-dire qu'un homme chargé de famille touchait plus qu'un garçon ou un veuf.

De même que les provisions, le travail était mis en commun : le conseil désignait à chacun sa part du travail défrichement, irrigation, construction d'abris. Ceux qui voulaient se louer au dehors devaient en demander l'autorisation et promettre de verser leurs gains à la caisse commune; cela n'était pas injuste, car ils touchaient leur part des provisions et devaient bénéficier plus tard du travail accompli par ceux qui restaient sur la concession.

Toutefois, ces arrangements déplaisaient à ceux qui n'y trouvaient pas leur avantage. Les célibataires se plaignirent de travailler pour les femmes et les enfants des autres ; plusieurs d'entre eux firent une scission et allèrent fonder un nouveau village.

Enfin l'obligation du travail commun paraissait inique à tous les colons ou peu s'en faut. Tous en avaient accepté le principe, presque tous protestèrent contre l'application ; ils réclamaient le partage du sol en petites propriétés individuelles ; mais cet allotissement ne peut se faire, d'après la loi même, qu'après le remboursement de toutes les avances faites par l'état, et les villages sont loin de là !

Une fois de plus l'état s'est montré conciliant. Il a consenti à introduire à titre d'essai, dans deux villages, un mode de travail mixte dont voici les grandes lignes : chacun doit payer sa part des dépenses communes ; chacun doit fournir sa tâche dans le travail commun (défrichement, irrigation par exemple) ou la remplacer par une redevance en argent fixée suivant un tarif. D'autre part, chacun a une petite concession qui lui appartient et à laquelle il peut consacrer tout le temps et toutes les ressources qu'il ne doit pas à la communauté.

Enfin plusieurs membres de quelques villages dissous ont été admis à rester sur place dans les mêmes conditions que les *blockers* (voir la troisième partie de ce chapitre).

Cinq villages ont été liquidés, en comptant les deux qui avaient été créés hors de la région de Murray. Il en reste aujourd'hui huit, en comptant Murtho, qui n'a pas été fondé par des sans-travail et Ramco, le village des célibataires dissidents.

Les villages comptaient 592 habitants en 1894, 440 en 1895, 773 en 1897, 787 en 1898, 675 seulement en 1899.

La superficie défrichée et mise en culture par eux s'était élevée de 1604 acres au 31 octobre 1895 à 4 829 au 30 juin 1899, la dernière date pour laquelle j'aie des renseignements précis.

Les habitants cultivaient surtout les fruits et la vigne ; ils avaient été guidés par l'exemple de deux grandes entreprises américaines faites sur les bords du Murray pour cultiver les fruits par irrigation, ainsi que cela se pratique en Californie. Ces deux entreprises, fondées avant les villages, ont échoué, et pourtant leurs auteurs MM. Chaffey frères, disposaient de capitaux énormes et avaient obtenu leurs concessions à des conditions très favorables. Si l'expérience américaine servie par le capital a échoué dans ce pays désolé, ne faut-il pas avoir, en dépit de la maigreur des résultats, une opinion favorable de ces villageois qui ont tenu malgré tout, à force de persévérance ? Leur sort d'ailleurs est toujours précaire, car ils ne peuvent vendre leurs fruits frais, étant très éloignés des marchés ; ils sont obligés de les sécher, ce qui en diminue beaucoup la valeur. Les villageois ont essayé d'autres cultures : les céréales n'ont rien donné ; mais les légumes viennent assez bien ; les fourrages artificiels réussissent également et permettent d'élever quelques vaches.

Les habitants avaient remboursé au gouvernement £ 5,253.19.9, le 30 avril 1899. A cette date, les dépenses totales du gouvernement s'était élevées à £ 79,680.10.3.

Il est probable que le gouvernement ne rentrera jamais dans ses avances ; mais il n'en est pas moins certain que le district de Murray aura reçu, pour la première fois, un petit noyau de population sédentaire.

L'expérience des villages a montré une fois de plus qu'il était difficile de peupler la campagne en y jetant tout d'un coup une masse d'ouvriers urbains. Séparés les uns des autres, mélangés à des cultivateurs, les gens des villes peuvent s'attacher à la terre, surtout dans les pays neufs où la culture est relativement facile comme en Australie. Là, en effet, on produit pour l'exportation, et l'on ne fait guère dans un district qu'une seule culture ou une seule espèce d'élevage ; avec de la bonne volonté, un homme sans expérience n'a besoin, pour devenir cultivateur, que d'avoir quelques bons exemples et de tomber sur un sol et sous un climat qui ne le découragent pas trop à ses premiers essais. Tel n'était pas le cas des colons du Murray : dans les conditions où ils se trouvaient placés, on s'étonne qu'ils n'aient pas absolument échoué.

Des essais de colonies analogues à celle du Sud-Australie et tentés vers la même époque pour occuper les sans-travail en Nouvelle-Galles (*Labour Settlement Act*, 1893, amendé 1894) et au Queensland (*Cooperative Communities*, 1893) n'ont abouti à rien.

Les expériences de Victoria. La colonie ouvrière de Leongatha.

En Victoria, on a adopté trois séries de mesures pour occuper les sans-travail des villes dans la campagne (*Settlement on Lands Act*, 1893). La loi prévoit l'établissement de communautés de village (*Village Communities*), d'associations de famille (*Homestead Associations*), enfin de colonies ouvrières (*Labour Colonies*).

Les communautés de village sont établies sur des emplacements à défricher ; leurs membres reçoivent en location chacun de 1 à 20 acres. Les trois premières années sont un essai pendant lequel le loyer est nominal (0,60 fr. souvent réduit à 0,30 fr. par acre). Pour ceux qui persévèrent, le bail définitif est de vingt ans avec un loyer annuel de 1/20 au moins du prix de la terre, ce prix ne pouvant être évalué au-dessous de £ 1 l'acre ; enfin le locataire peut acheter son lot par annuités. Ses obligations consistent : 1° à résider sur son lot, sauf dispense ; 2° à en cultiver au moins 1/10 au bout de deux ans, 1/5 au bout de quatre, et à y faire des améliorations valant 25 francs par acre au moins en six années. L'état prêtait d'abord jusqu'à £ 15 (375 fr.) à chaque *villager*. Depuis quelques années le ministre des terres accorde moins d'avances qu'autrefois ; encore déclare-t-il qu'il eût réduit davantage ses libéralités si les colons n'avaient souffert beaucoup de la sécheresse et des incendies de forêts[1]. On voit qu'en dépit de son nom un peu ambitieux, l'institution des *Village Communities* a fort peu d'analogie avec ce qu'on appelle communautés de village en Sud-Australie. Elle rappelle plutôt les *blocks* sud-australiens, dont il sera question plus loin, mais avec une différence ; c'est que le gouvernement victorien ne donne point ou presque point d'avances en argent.

Les villages ont été installés un peu partout, dans les parties en friches, forêts, marécages, brousse et de préférence près des centres agricoles où les *villagers* pouvaient aller se placer comme ouvriers de ferme. Leurs habitants ont essayé de vivre en élevant quelques vaches et en vendant leur lait aux beurreries et fromageries qui se fondent partout en Victoria.

Le nombre des colons établis en 1898 était de 2 259 titulaires, et le nombre total comprenant les femmes et les enfants était de 9 089 personnes. Depuis 1894 l'augmentation a été à peu près continue quoique très lente ; le

(1) *Report on the Settlements on Land Acts,* 1898, p. 4.

gouvernement ne s'en plaint pas, car il désire ne pas aller vite, trier soigneusement les demandes et n'accorder de concessions qu'à ceux qui semblent avoir chance de réussir [1].

Les *Homestead Associations* prévues par la même loi que les établissements précédents, avaient quelque analogie avec ce que Sud-Australie appelle *Village Communities*. Elles devaient se composer de six membres au moins, occupant chacun 50 acres au moins de culture ou pâturages et 1 acre de terrain à bâtir sur l'emplacement du village : chaque établissement pouvait s'étendre sur 2 000 acres au maximum. Ainsi les concessions étaient plus grandes que pour les communautés de Sud-Australie ; en outre les communautés victoriennes étaient maitresses de leurs règlements intérieurs et ne les recevaient pas tout faits du gouvernement. Les membres avaient droit d'acheter aux mêmes conditions et de demander au gouvernement les mêmes avances que les *villagers* dont on a parlé plus haut.

Aucune *Homestead Association* ne s'est fondée en Victoria : une société de capitalistes a essayé de se former sous ce titre pour acheter de la terre à bon compte et par payements différés. Tel a été tout l'effet de ce chapitre de la loi.

Les colonies ouvrières prévues par le dernier chapitre de la loi de 1893 devaient être une imitation des colonies fondées en Allemagne. Leur principe était d'instituer une sorte d'épreuve pour démêler, parmi les sans-travail, les chômeurs professionnels, et les véritables ouvriers qui

<hr>

(1) *Report on the Settlements on Land Acts*, 1893, p. 4.

cherchaient l'occasion de gagner leur vie. On offrait en
conséquence aux ouvriers inoccupés un travail dur, peu
rémunérateur, leur donnant juste le nécessaire, tant qu'ils
restaient dans la colonie, mais devant leur rapporter un
salaire honnête, dès qu'ils trouveraient une occasion de
se placer au dehors. Enfin ce labeur était exclusivement
agricole, et avait pour objet de rejeter dans la campagne,
qui n'est pas assez peuplée, les manœuvres et ouvriers
non qualifiés qui affluent en trop grand nombre dans les
villes.

Les colonies ouvrières d'Europe sont des entreprises
particulières : celles de Victoria devaient être formées par
souscriptions privées et dirigées par un comité nommé
par les actionnaires. L'état venait à leur aide en fournis-
sant le terrain, et en s'engageant à avancer jusqu'à 50 francs
par 25 francs souscrits. Comme garantie, il désignait cinq
administrateurs adjoints au comité.

Sur ces bases une société se forma et reçut 800 acres de
terrain à Leongatha, sur le versant sud du Gippsland,
pays accidenté qui descend des hautes montagnes vers la
mer. La contrée, couverte d'une épaisse forêt vierge d'eucalyptus et de fougères arborescentes, a été depuis peu de
temps ouverte au défrichement et à la colonisation. La
société échoua, mais l'expérience ne fut point abandonnée.
Le gouvernement la prit à son compte le 2 février 1894
et en confia la direction à M. Goldstein ci-devant lieutenant-
colonel de volontaires coloniaux. C'est grâce à l'obligeance
de M. Goldstein que j'ai pu visiter en détail la colonie.

Suivant les idées du directeur, l'établissement doit être :
1° une colonie ouvrière suivant les principes indiqués

plus haut ; 2° une ferme expérimentale pour le Gippsland méridional, destinée à montrer aux nouveaux colons le parti qu'on peut tirer du sol ; 3° un établissement se suffisant à lui-même par la vente de ses produits. C'est au premier point de vue surtout que j'ai étudié la colonie.

On y arrive de Melbourne après avoir parcouru 80 milles sur une voie ferrée destinée à faciliter l'établissement des colons et l'exploitation d'un bassin houiller récemment découvert. A peu de distance de Melbourne commencent les collines et les forêts. Un grand incendie a détruit les arbres sur plusieurs dizaines de kilomètres le long de la voie ; il ne reste plus que des troncs noircis et des fragments rougeâtres de fougères. Sur plusieurs points, ce sont les colons qui ont, suivant l'usage australien, tué les eucalyptus en tranchant leur écorce en rond. Les feuilles sont tombées, les branches se dressent nues et la forêt dépouillée évoque l'idée triste d'un hiver perpétuel.

Quelques maisons de bois autour d'une gare, un débit-hôtel, un bazar-épicerie (*general store*), un maréchal ferrant, une chapelle, une beurrerie indiquent le centre de Leongatha : les fermiers habitent plus loin dans les clairières taillées en pleine forêt ; là ils élèvent des vaches dont ils apportent le lait à la beurrerie. Tout le long de la voie, on remarque quelques pauvres *Village Communities* dont les concessionnaires sont destinés à se placer chez les fermiers comme laboureurs, valets de ferme, laitiers. La main-d'œuvre inférieure, pour les travaux tout à fait pénibles et grossiers tels que le défrichement, devait être fournie par les manœuvres que forme la colonie, située tout près de la gare. Nous y allons et nous trouvons les pensionnaires occupés aux travaux qu'on veut leur enseigner : les uns coupent en rond l'écorce des arbres pour les faire périr ; les autres arrachent les troncs déjà morts avec un levier (*forest devil*) imaginé par M. Goldstein ; d'autres défrichent les taillis ; on trouve, paraît-il, dans le *bush* (la forêt), quantité d'énormes serpents dont la morsure est très venimeuse, mais aucun accident mortel ne s'est produit.

La marche des travaux est celle que le ministre de l'agriculture recommande aux colons, c'est-à-dire : d'abord tuer les arbres, mais laisser les troncs debout, détruire seulement les taillis et les fougères, semer du gazon, y mettre des vaches à lait ; puis quand cette exploitation a produit des bénéfices suffisants, arracher les troncs, ce qui nécessite une assez forte dépense, défoncer le sol, labourer et semer du fourrage, des légumes ou des céréales. 386 acres de terrain ont été transformés en pâturage, sous les arbres morts, mais restés debout ; 155 ont été complètement débarrassés et mis en culture. Tous les travaux proprement agricoles sont confiés à des ouvriers indépendants payés au tarif ordinaire. C'est le domaine de la ferme expérimentale, ce n'est plus l'affaire de la colonie ouvrière. La besogne des simples colons s'arrête au défonçage. Quand le terrain qu'ils ont préparé est propre à la culture, ils le livrent au personnel de la ferme expérimentale et retournent aux parties couvertes de *bush*, à la forêt. On les emploie encore à faire des canaux de drainage, car le sol est imperméable, le climat pluvieux, les ruisseaux nombreux, à construire des routes, à élever et à entretenir des palissades, à mouler des briques, et aux travaux de charpente et de bâtisse les plus élémentaires.

L'ouvrage ne manque pas, car l'établissement possède des bureaux, des étables à vaches, une crémerie et beurrerie, une étable à porcs nourris avec le petit lait et les résidus, des greniers, des dortoirs. Ici encore, les travaux qui demandent du soin, tels que la charpente, la menuiserie, les manipulations de la laiterie, etc., sont donnés à des ouvriers ordinaires et non aux colons. Ceux-ci en somme ne font que les besognes préparatoires et servent un peu partout d'auxiliaires ou de manœuvres.

Ces colons viennent presque tous de la capitale ; pour être admis, ils s'adressent au bureau de la *Labour Colony* à Melbourne ; le bureau leur fait avoir une passe sur le chemin de fer qui appartient à l'état. Deux sont arrivés ainsi pendant ma visite. Dans la colonie, ils doivent accepter le règlement et faire ce qu'on leur ordonne, mais avec le droit de s'en aller s'ils le jugent à propos. Nul ne peut être retenu malgré sa volonté. La valeur du travail produit par chacun d'eux doit s'élever au moins à 3 shillings 10 pences 1/2 (un peu moins de 5 francs) par semaine. S'ils n'arrivent pas à ce minimum, ils sont avertis trois semaines de suite, puis renvoyés. S'ils produisent davanvantage, le surplus est porté à leur compte et forme une masse qui leur sera remise à leur départ : durant leur séjour à la colonie ils ne touchent jamais d'argent, mais ils peuvent se procurer jusqu'à concurrence de la somme portée à leur actif, les objets que renferme un magasin appartenant à la colonie (vêtements, chaussures, tabac, approvisionnements). L'administration ne vend aucune boisson alcoolique et ne tolère pas qu'on en vende.

En échange d'un minimum de travail, la colonie donne

à l'ouvrier le strict nécessaire. L'abri se compose de dortoirs en planches recouverts de tôle ondulée où les couchettes sont des cadres de bois superposés comme dans les postes de matelots : elle fournit des couvertures ; les ouvriers peuvent acheter le reste si leur crédit le leur permet. La colonie fournit encore trois repas composés de pain et soupe ou plat d'orge le matin, pain, légumes bouillis et viande à 1 heure, pain, légumes et hachis le soir. La ration de viande est au moins le double de celle du soldat français ; il est vrai que la viande est quatre fois moins chère en Australie qu'en France ; la colonie fournit également du thé, la boisson australienne par excellence. J'ai pris part à l'un des repas du midi et j'ai constaté que les portions y étaient larges.

Pendant ma visite j'ai causé avec quelques-uns des pensionnaires. Presque tous sont d'origine anglaise et viennent de Melbourne ou de quelques autres villes : ce sont des travailleurs urbains qui se résignent au défrichement comme pis-aller ; tous semblent avoir été longtemps éprouvés par une misère profonde et semblent disposés à travailler pour vivre, bien qu'ils soient évidemment découragés par le malheur. Quelques-uns sont mariés, fort peu cependant, car le règlement de la colonie n'admet sous aucun prétexte les femmes ni les enfants ; il faut donc qu'un homme marié abandonne sa famille à la charité publique s'il veut entrer dans la colonie. Peu de jeunes gens parmi eux ; personne ne commence par la colonie ouvrière. Pas de vieillards non plus, car il faut avoir gardé quelque vigueur pour accepter cette forme d'assistance par le travail.

Le nombre des colons semble augmenter légèrement d'année en année. De 1897 à 1898 on a compté 110 présences en moyenne; il y eut en tout, dans le cours de la même période, 611 admissions, 200 colons placés chez les fermiers, 315 partis pour chercher de l'ouvrage, 50 renvoyés.

Des trois buts que s'est proposé M. Goldstein, deux semblent avoir été atteints : 1° on a transformé un certain nombre d'ouvriers non qualifiés en défricheurs. Ce résultat conforme aux vues des fondateurs, ne satisfait pas tous les victoriens. Des *villagers,* de petits fermiers s'en sont même plaints vivement devant moi : « Que ferons-nous, que feront nos enfants, disaient-ils, si la colonie augmente le nombre de travailleurs des champs et fait baisser les salaires ? »

2° On a fait une belle ferme expérimentale pour un district mi-pastoral, mi-agricole ; mais ce point touche à peine mon sujet.

Quant au troisième point, savoir si l'établissement peut faire ses frais, il n'est pas encore acquis. Lors de mon passage, les colons coûtaient en moyenne 7 shillings 6 pences (plus de 10 fr. 50) par semaine, c'est-à-dire le double de prix prévu ; ce mécompte était dû à l'augmentation du prix de la farine et de la viande : en outre la ferme expérimentale avait perdu plusieurs animaux et avait fait une mauvaise récolte de racines fourragères. Enfin le sous-directeur était brouillé avec le directeur. Dans ces conditions Leongatha se trouvait en déficit. Mais le colonel Goldstein ne perdait pas l'espoir. D'après lui le territoire serait bientôt défriché et mis en valeur ; alors on le vendrait à bénéfice, on paierait l'arriéré, et on irait faire une nouvelle entreprise dans un pays vierge.

L'entreprise serait donc une institution mobile destinée à occuper les sans-travail des villes et à faire d'eux les pionniers de la colonisation rurale. Ce projet est fort intéressant, mais il se heurte à une grave objection : le manque de fonds. Or si la colonie ne peut faire ses frais, le gouvernement victorien n'est guère en état de l'aider, car il a un budget fort chargé : on a vu plus haut qu'il avait presque supprimé les avances accordées par la loi de 1893 aux concessionnaires des villages : et pourtant ses membres ont le plus sincère désir de résoudre le problème du chômage, et de contribuer à l'accroissement de la population rurale.

Une entreprise qui a certains rapports avec la colonie de Leongatha a été fondée, près de Melbourne, par l'Armée du Salut. Il faut savoir que, dans plusieurs colonies, notamment en Victoria, l'Armée du Salut a pour ainsi dire l'entreprise de l'assistance publique, et se fait accorder à ce titre une subvention de l'état.

Entre autres institutions, l'Armée du Salut a fondé une ferme expérimentale; elle n'y reçoit que les enfants abandonnés ; elle forme non seulement des manœuvres, comme Leongatha, mais de véritables cultivateurs. Cette ferme, que j'ai visitée, est digne d'être comparée aux belles fermes-écoles qu'ont fondées plusieurs états d'Australasie. Je me borne à indiquer l'existence de cette fondation charitable, car elle sort de mon sujet.

Fermes ouvrières de Nouvelle-Zélande
et de Nouvelle-Galles.

La Nouvelle-Zélande, où toute expérience nouvelle trouve un terrain favorable, a organisé en 1894, une ferme d'état (*State Farm*), à Levin au nord de Wellington. L'établissement est destiné à recevoir des ouvriers sans travail. Le terrain choisi (800 acres) était, comme à Leongatha, couvert de forêts ; comme à Leongatha, il s'agissait de défricher, puis de commencer par l'élevage avant de passer à la culture. Mais le système était fondé sur des principes beaucoup plus libéraux que ceux de la colonie victorienne. A Levin, en effet, on devait apprendre aux colons tout l'art de la culture pour les mettre à même de devenir petits fermiers ; de plus, on pouvait les accepter avec femmes et enfants. Enfin ils travaillaient au même prix que les ouvriers ordinaires, suivant le système de la coopération ou de la commandite qui a été expliqué dans la première partie de ce chapitre. Dans ces conditions, la ferme aurait pu coûter très cher ; mais le ministère du travail, de qui dépend cette institution, ne lui a pas donné une extension considérable. La ferme, en effet, n'emploie guère qu'une vingtaine de personnes à la fois sous la direction d'un agriculteur expert. D'avril 1899 à mars 1900, elle avait occupé un nombre de travailleurs variant de 14 à 24 dont 9 à 10 en moyenne étaient accompagnés de leurs familles.

La Nouvelle-Galles a créé récemment une ferme ouvrière (*Casual Labour Farm*) qui n'est pas sans ressemblance avec celle de Nouvelle-Zélande. Cet établissement situé à 30 milles de Sydney est la suite d'une colonie coopérative qui s'est dissoute après avoir élevé quelques bâtiments et commencé la plantation d'un verger. Le terrain resté en grande partie sous la forêt primitive, a été confié vers la fin de 1896 au ministère du travail qui a essayé d'en faire une ferme ouvrière.

On se proposait de « donner aux sans-travail un refuge qui n'aurait pas les inconvénients d'un dépôt de mendicité, qui permettrait à ceux qui ont conservé leur vigueur de se remettre et de former par le travail et l'économie un capital qui leur donnerait le moyen de faire face aux difficultés de la vie. On leur offrait des conditions favorables à la santé, mais trop peu attractives pour les détourner du travail [1] ».

Les ouvriers envoyés à la ferme doivent être choisis par le ministère du travail ; ils ne peuvent prolonger leur résidence au delà d'un certain temps ; ils sont logés, nourris avec interdiction de se procurer des boissons alcooliques ; leurs salaires sont portés à leur actif, et lorsque leur compte dépasse un maximum, ils doivent quitter la ferme.

Les travaux ne consistent pas seulement en défrichement comme à Leongatha, mais les pensionnaires doivent apprendre l'agriculture sous la direction d'une personne compétente. La première expérience commençait lors de mon séjour. Une vingtaine d'hommes avaient été envoyés à la ferme vers la fin de 1898.

Je crois que cette ferme et celle de Nouvelle-Zélande resteront modestes ; du reste les ministères du travail des

(1) Note manuscrite du Ministère du travail, Sydney.

deux colonies considèrent ces entreprises comme des essais qui pourraient n'être pas continués.

TROISIEME PARTIE. — MAISONS ET JARDINS OUVRIERS

L'état, possesseur de terres, a pu essayer de résoudre lui-même la question des logements ouvriers en louant ou vendant des places à bâtir autour des villes. Ce que désire l'ouvrier anglais c'est une maisonnette à lui, un *home* séparé et non point un logement dans une immense bâtisse. En Australasie où la place ne manque pas, l'habitude de vivre chacun chez soi est plus générale encore qu'en Angleterre. Il fallait donc, pour satisfaire les désirs des ouvriers, donner à tous ceux qui le désireraient une petite place dans un endroit assez rapproché de leur travail. C'est ce qu'ont fait Sud-Australie et Nouvelle-Zélande.

« Homestead Blocks » de Sud-Australie.

Sud-Australie a offert aux ouvriers dans le grand *Consolidated Land Act* de 1888 des *blocks* ou parcelles à bâtir, et le système a été perfectionné par la loi sur les avances aux détenteurs de *blocks* (*Blockers Loan Act*) de 1891.

Les *blocks* sont de petits lots : le maximum était d'abord de 20 acres : il a été fixé aujourd'hui d'après la valeur du sol et ne doit pas dépasser £ 100 (2.500 fr.). Ont le droit de prendre un *block* toutes les personnes de plus de 18 ans qui vivent de leur travail : cette dernière condition est interprétée très largement et s'applique aux employés et même aux petits commerçants comme aux ouvriers. Le *blocker* loue pour 21 ans avec droit de renouveler son bail : le loyer est de 5 p. 100 de la valeur du terrain au moment de la concession. Le *blocker* peut acheter à partir de la 5° année et s'acquitter par versements successifs en payant les intérêts de l'arriéré à 5 p. 100. Depuis la loi de 1891, il peut emprunter à l'état une somme équivalente à la moitié des améliorations qu'il a faites sur son lot, mais qui, dans tous les cas, ne doit pas dépasser £ 50 (1250 fr.). L'intérêt est de 5 p. 100. Je fais remarquer, une fois de plus, que l'intérêt de l'argent est beaucoup plus élevé en Australie qu'en France.

L'entreprise de Sud-Australie est faite sur une très large base : les *blocks* sont de taille très différente et répondent à différentes aspirations que l'un des premiers rapports officiels classe ainsi :

1° Dans le voisinage des grandes villes, lots pour donner un *home* aux ouvriers qui ont un ouvrage assuré. (Ce sont les plus petits ; leur taille est d'un acre environ comme en Nouvelle-Zélande.)

2° Lots qui sont destinés à la résidence des familles dont le chef a un emploi incertain, intermittent, souvent très éloigné et sans emplacement fixe. Tels sont les mineurs d'or, les tondeurs, etc., qui s'en vont seuls « chercher leur chance » dans l'intérieur [1].

3° *Blocks* propres au jardinage et à la culture d'arbres fruitiers sans irrigation.

4° *Blocks* propres au pâturage et à l'élevage des bêtes à lait.

5° *Blocks* d'ouvriers agricoles employés dans les fermes

(1) Voir chapitre III, p. 61.

voisines et qui désirent produire le pain de leur famille,
nourrir des porcs ou de la volaille, élever une vache ou
deux. C'est presque la formule de ceux qui veulent recons-
tituer la petite propriété en Angleterre : « 3 acres et une
vache ». Dans ce cas l'institution des *blocks* est nettement
envisagée comme un moyen de donner la main-d'œuvre
aux *farmers*. L'auteur du rapport que je cite insiste dans
sa conclusion sur l'avantage que l'institution donne aux
farmers [1].

6° *Blocks* auxquels on donnera l'irrigation. (Ce sont
ceux qui se trouvent dans le *bush* sur les bords du Murray,
à la place ou à côté des *Village Settlements* étudiés plus
haut.)

L'état sud-australien s'est donc préoccupé de faire servir le système des *blocks* à l'établissement de la petite propriété et de la petite culture en pleine campagne. Voilà
pourquoi il a concédé des *blocks* relativement importants
(13 acres 1/2 en moyenne au début, 14 1/2 en 1898). Mais
il avait fort peu de bonnes terres à sa disposition ; il ne
lui restait plus guère à distribuer que de larges bandes
réservées autrefois pour servir de voies aux troupeaux
entre l'intérieur et la côte ; ces terrains, inutilisés, se
prêtaient à la division en *blocks*. En 1898 une partie
d'entre eux avait été détaillée en 649 lots sur lesquels
vivaient 1 926 personnes.

Ce n'était pas assez pour les demandes ; aussi le gouvernement a-t-il mis en *blocks* une partie des propriétés
qu'une loi de 1890 l'a autorisé à acquérir pour les allotir.

(1) South Australia. *Report of Inspector of Homestead Blocks*, 1895,
.4.

En 1898 il avait dépensé à cet effet £ 27,864.11.6, pour
acheter 4,549 acres dont 3,333 étaient divisés en 377 lots
avec 1696 personnes. Les loyers rapportaient £ 1,328.0.11
soit 4,07 p. 100 du capital engagé. Les *blockers* avaient
fait des améliorations évaluées à £ 34,319.19.

Le système des *blocks* a été essayé sur tous les points
de la surface de la colonie, autour d'Adélaïde et des villes,
dans les montagnes, dans la brousse des bords du Murray
et des steppes intérieures, dans les solitudes du fond du
golfe, de la côte occidentale, de l'île des Kangurous.

D'après le rapport de l'inspecteur en 1898, l'expérience
semblait réussir. J'ai visité deux séries de *blocks*, une
suburbaine de petits lots à bâtir, l'autre dans la campagne
avec des terrains pour jardins et vergers divisés en morceaux plus larges.

La première est en vue d'Adélaïde : son emplacement
est formé par une ancienne réserve d'indigènes maintenant inutile et par un morceau de terrain acheté ça et là,
on voit encore l'herbe maigre et les tristes eucalyptus du
bush primitif ; mais presque partout les *blockers* sont
venus et ont commencé à construire des maisonnettes de
bois blanc recouvertes de toits gris en tôle ondulée. Les
concessionnaires ont de 2 à 3 acres : la plupart se pro-
posent d'acheter leurs lots. Plusieurs sont des ouvriers,
tous à leur travail au moment où je visite les *blocks*. Parmi
ceux qui se trouvent présents, certains s'essaient au jardinage ; l'un fabrique des instruments d'irrigation ; un
autre est un épicier qui s'est retiré avec sa femme.

A côté, un propriétaire a vendu son terrain en petits
lots analogues à ceux de l'état ; sur un morceau de ce

domaine, je visite un jardinier fleuriste qui a de l'eau en abondance, des papyrus, des lotus, des fougères arborescentes, des orchidées, des orangers ; le terrain est ici meilleur et mieux arrosé, mais il a coûté 4 et 5 fois plus cher que sur l'état, c'est-à-dire plus que la différence ne valait.

L'autre série (*blocks* ruraux) comprend trois hameaux, Mylor, Aldgate, Scotts Creek, établis en plein *bush* sur les collines qui séparent Adélaïde du désert. Le sol est pauvre et maigre, le taillis épais, les racines profondes et le bois mauvais. Il a fallu travailler avec acharnement pour défricher le sol : le feu a pris plusieurs fois et a failli tout détruire ; mais grâce à la solidarité des *blockers*, on l'a éteint à temps. Aujourd'hui, 300 blocks de 20 acres en moyenne sont occupés dans le pays et forment les trois hameaux ci-dessus : plus de 1 000 personnes y vivent ; le terrain est propre à la culture des arbres fruitiers ; c'est à produire des pommes et des poires, des légumes pour la ville que la plupart des *blockers* sont occupés. L'un me montre avec orgueil la plus grosse pomme récoltée dans le district ; un autre est tout fier d'avoir découvert un champignon comestible. Quelques-uns possèdent un cheval et conduisent soit à la station voisine, soit au marché d'Adélaïde les produits du jardinage ou le bois de la forêt. D'autres combinent leur ancien métier avec le jardinage : c'est ce que fait entre autres un cordonnier. On trouve parmi eux des gens de toute espèce : ouvriers âgés qui se retirent à la campagne, mineurs malheureux et découragés, fermiers ruinés ; certains ont cherché le repos après quelques expériences malheureuses. Deux étrangères, jadis à la tête d'un pensionnat fort en vogue de Melbourne, se sont retirées ici après une faillite. Elles vont à la ville donner des leçons de dessin et de musique, et, entre temps, cultivent leur jardin (14 acres). Les premières dépenses faites, il ne leur restait que £ 30, trop peu pour bâtir une maison ; aussi ont-elles fait élever une charpente en bois recouverte de toile ; à mesure que les ressources arrivent on remplace dans les cloisons la toile par du bois. La fille d'un *blocker* voisin les aide à faire leur ménage et leur demande en échange des leçons de dessin. Ces dames me font le plus grand éloge de la population au milieu de laquelle se passe leur existence. Elles me citent, à ce propos, plusieurs traits dignes des troglodytes de Montesquieu. Un voisin leur a offert sa voiture pour une course qu'elles devaient faire un jour de pluie. Un autre a renoncé pour elles à abattre un arbre qui leur donnait un point de vue. Je dois dire que ces récits idylliques s'accordaient assez bien avec ce que j'ai vu au cours de la journée que j'ai passée dans l'un des hameaux fondés par les *blockers*.

On comptait en 1898 dans toute la colonie 2 539 blocks avec droit d'achat, et 683 avec bail perpétuel, en tout 3 222 soit 272 de moins qu'en 1896. Cette diminution s'expliquait par suite de trois années de sécheresse, et parce qu'on avait repris les *blocks* à ceux qui n'y résidaient pas et n'y faisaient pas d'améliorations.

Sous tous les autres rapports, on constatait des progrès. Le total des loyers payés à l'état s'élevait à £ 4,408.17.5, soit £ 82.18.2 de plus qu'en 1896. Le loyer est en moyenne de £ 1.10 (37 fr. qui feraient à peu près 44 fr. l'hectare)

par acre et par an ; tous les *blockers* que j'ai vus trouvaient leur loyer moins coûteux que celui qu'ils auraient
payé à un particulier dans les mêmes conditions. Les
blocks étaient peuplés de plus de 8 144 personnes, en
majorité des gens mariés (2 126 en augmentation de 473
sur 1896). On comptait sur les *blocks* 5 200 enfants, soit
356 de moins qu'en 1896. Le fait n'a rien d'étonnant, car
la diminution du nombre des naissances s'accuse depuis
quelques années en Australasie.

Sur le chapitre des améliorations, on constatait un
immense progrès (£ 35,452.13.9 au lieu de £ 18,009.13.9 en
1896). Néanmoins la situation financière des *blockers* vis-
à-vis de leur créancier l'état, semblait moins bonne qu'auparavant. Sur les loyers, l'arriéré était de 12 p. 100 au
lieu de 10 p. 100. En 1896 les avances faites en application
de la loi de 1891 atteignaient en tout £ 27,050 soit, en
moyenne par emprunteur £ 24.6.6 (un peu plus de 600 fr.)
Le payement des intérêts se faisait dans la proportion de
81,7 p. 100 : la proportion des intérêts non payés s'était
élevée en deux ans de 12,5 à 18,3 p. 100 [1].

D'après le rapport que je viens d'analyser et d'après les
renseignements que j'ai recueillis sur place, il paraît évident que le gouvernement, avec les *blocks* (urbains ou
ruraux) comme avec les *Village Settlements*, ne rentrera
pas complètement dans ses dépenses ; d'autre part, il est
incontestable que ces deux expériences — les *blocks* ruraux surtout, — pour peupler les terres désertes, ont partiellement réussi. Le gouvernement eût préféré sans doute
des résultats plus considérables. Dans tous les cas, il se
déclare satisfait de ceux qu'il a obtenus. D'après ses par-

tisans, la population agricole payerait plus tard et au delà
ce que son établissement coûte aujourd'hui à la colonie.

« Workmen's Homes » de Nouvelle-Zélande.

En Nouvelle-Zélande, une loi sur les logements ouvriers
(*Workmen's Homes*) permet de concéder aux ouvriers
des villes de petits lots d'un acre en moyenne. Les conditions de résidence, d'amélioration, les loyers, le droit
aux avances sont à peu près les mêmes qu'en Sud-Australie. Mais il n'y a pas de *blocks* ruraux d'une certaine
étendue pouvant servir à établir une petite exploitation
comme en Sud-Australie. Le *Home* néo-zélandais est fait
simplement pour améliorer la condition de l'ouvrier des
villes (c'était d'ailleurs, au début, l'unique objet du *block*
sud-australien).

Le *Home* est généralement dans un faubourg ; d'après
un amendement récent à la loi sur l'expropriation, une
certaine portion des domaines repris doit être divisée
en petits lots pour les ouvriers.

J'ai visité, dans les environs de Christchurch, les différents emplacements de *Workmen's Homes*. Le premier
où j'arrive (Opawa) est un domaine de 47 acres que le
gouvernement a acheté en 1895 pour l'allotir. Chacun des
petits lots est enclos d'une barrière ; partout les maisonnettes coloniales, seront élevées, avec leurs murs de
planches, leurs toits de bardeaux peints en rouge, leurs
vérandas. Sauf les dimensions, il y a peu de différence
entre ces habitations et celles des *farmers :* en Australasie, les conditions sociales ne s'accusent point par des

différences extérieures, au contraire, c'est un des traits de la démocratie australasienne que l'ouvrier veuille être logé et vêtu comme le bourgeois. S'il sait construire, il fera sa maison avec tout le soin et le fini possible. Sinon, il emploiera son petit capital ou les avances du gouvernement à payer un ou deux charpentiers et il achètera ses meubles à la ville. Rien de maladroit, de mesquin dans cette cité peuplée d'ouvriers. La première où j'entre possède une table de cèdre et ses murs sont décorés de moulures dorées ; elle a quatre chambres spacieuses. Le propriétaire est actuellement joaillier ; autrefois il a été marin.

Son voisin est un peintre qui travaille de son métier et gagne 7 shillings par jour. Il boite, car une vache qu'il vient d'acheter lui a luxé la jambe ; il semble aimer les travaux de ferme ; il a une basse-cour avec des poules dont il vend les œufs à la ville de 6 pence à 1/2 couronne la douzaine, suivant la saison : devant la maison il cultive un carré de fleurs destinées aussi à être vendues.

A Pawaho [1], dans un joli vallon, je visite un ensemble de lots (50 acres en tout) destinés aux ouvriers qui travaillent à Lyttleton, le port de Christchurch. A la première barrière, l'inspecteur qui m'accompagne trouve une figure nouvelle. Le concessionnaire qu'il connaissait vient, en effet, de transférer son droit et est retourné à Lyttleton ; le terrain (un acre 1/2 : loyer, 100 francs par an) n'était pas assez grand pour lui, me dit-on. Le nouveau déten-

(1) *The Pawaho Hamlet, Canterbury.* Wellington, 1898 (brochure publiée par le ministère des terres). Les plus importants des *Workmen's Homes* ont été ou seront l'objet de publications officielles du même genre.

-teur est un ouvrier peintre qui prend chaque jour le train pour aller travailler à Christchurch.

A côté une maison assez considérable avec quatre grandes pièces, plus une cuisine et un débarras : sa construction a coûté   200 (5 000 fr.) Elle est habitée par le père et le fils, tous deux ouvriers selliers à Christchurch. Le fils va se marier. Le père, jadis fermier, veut se consacrer au jardinage et faire valoir son petit terrain.

Plus loin, deux lots de 2 acres et de 2 acres 3/4 dont les possesseurs, célibataires et ouvriers du port, sont à leur travail. L'un a semé de l'avoine, l'autre des pommes de terre dont ils comptent tirer quelque argent.

La seule personne qui m'exprime ouvertement une déception est la femme d'un ouvrier tanneur de Lyttleton. « Le sol est trop humide, dit-elle, les pommes de terre que nous avons semées ont pourri. Le loyer ($\mathcal{L}$ 2,13, pour 2 acres environ) est trop cher. » « Transmettez vos droits, » conseille l'inspecteur. La dame avoue que son mari n'y consentira pas ; il se plaît dans la vallée de Pawaho ; elle regrette Lyttleton et ne s'en cache pas.

Les autres personnes dont je visite les concessions sont un vannier et des ouvriers du port. Tous les lots sont occupés et presque partout les premiers preneurs sont demeurés.

A Tomaï, [1] sur 31 acres allotis en juin 1899, deux mois avant ma visite, seuls deux lots sur 40 n'ont pas trouvé preneur.

A Braco, en pleine campagne mais toujours à portée de

(1) *The Tamaï Hamlet*, Canterbury (brochure). Voir la note précédente.

Christchurch, les lots que je visite sont de taille différente. Plusieurs, d'un acre environ, sont occupés par des familles ouvrières dont le chef travaille en ville ; elles ont cherché là un logement sain avec un carré de pommes de terres et quelques fleurs. D'autres lots de 4 acres à peu près appartiennent à de vieux ouvriers qui élèvent de la volaille, cultivent des groseilliers, des framboisiers, comptant abandonner le travail d'autrefois, devenu trop pénible, et vivre de la vente de leurs produits.

Autour de chaque ville le gouvernement a alloti des terrains pour donner aux ouvriers l'emplacement d'une maison et un petit jardin. A Dunedin, j'ai passé une après-midi chez un vieux tailleur, homme très influent dans le mouvement syndical : lui et ses voisins habitent sur des parcelles d'un acre environ, concédées en vertu de la loi, et leurs maisonnettes de bois s'étagent sur une colline en face de la mer. Le tailleur est un chaud partisan des *Workmen's Homes*. Il se plaint seulement qu'il n'y en ait pas assez pour répondre à la demande. Beaucoup de ses amis qui voulaient avoir un *home* confortable hors de la ville ont dû louer le terrain à des particuliers. La plupart des petites maisons où l'ouvrier et l'employé vont retrouver leur famille le soir après leur besogne dans la cité, appartiennent à des particuliers : ceux-ci font à leurs locataires des conditions moins bonnes que l'état. Le tailleur, sur ses trois quarts d'acre, vante la législation foncière de la colonie, demande qu'on taxe à mort tous les *landlords*, déclare la guerre à la grande propriété et me fait l'apologie la plus sincère et la plus touchante de la petite qu'il croit indispensable à la moralité et au confort de l'ouvrier.

CHAPITRE VIII

LES FONCTIONS DE L'ÉTAT. — LES RETRAITES
POUR LA VIEILLESSE

Les fonctions de l'état.

Sauf le monopole du tabac et des allumettes, les gouvernements australasiens exercent toutes les fonctions de l'état français : ils ont, en outre, un ministère des *Crown Lands* (ventes des terres publiques) si important dans les pays neufs, l'administration des chemins de fer, déjà pratiquée par plusieurs états d'Europe, et une foule d'autres fonctions parfois inédites. Les colonies australasiennes ont créé plus de services publics que les états européens, et l'on aurait plutôt fait d'indiquer ceux qui leur manquent que d'énumérer ceux qu'elles possèdent.

L'Australasie n'a rejeté qu'une seule des charges qui grèvent nos finances publiques, le budget des cultes. Les églises et les états sont, en effet, séparés dans toutes les colonies.

L'assistance publique est peut-être moins nationalisée qu'en France ou en Allemagne; plusieurs colonies ont peu d'asiles et d'hôpitaux à elles et préfèrent donner des subventions aux établissements fondés par le clergé ou par des sociétés particulières. De ce fait, l'Armée du Salut[1] reçoit d'importantes annuités et joue un rôle considérable, particulièrement en Victoria.

Le budget de la guerre, comparé aux nôtres, est insignifiant. L'Australasie, en effet, n'entretient qu'une demi-douzaine de croiseurs et canonnières, quelques dizaines de canonniers coloniaux, un seul corps de cavalerie à cadres permanents, les lanciers de la Nouvelle-Galles du Sud. Sa défense est assurée par des volontaires organisés en corps d'infanterie montée, et astreints, pour tout service, à de courtes manœuvres.

D'autre part, aucun pays ne dépense davantage — toutes proportions gardées — pour l'instruction, pour les travaux d'utilité publique et ne prend plus d'initiatives que les principales colonies australasiennes.

Partout on a abandonné l'ancien système anglais qui faisait de l'enseignement une entreprise particulière et bornait le rôle de l'état à encourager par des subventions l'initiative privée. On est allé plus loin que l'Angleterre contemporaine où l'instruction publique est confiée, dans chaque district, aux *School boards* élus par les contribuables. Les colonies australasiennes ont, comme dans la plupart des États-Unis, un ministère de l'instruction primaire, sous la direction duquel sont les écoles publiques, gratuites, obligatoires et laïques. L'enseignement confessionnel est libre, mais ne reçoit aucune sub-

(1) L'Armée du Salut publie chaque année sous un titre différent et avec le sous-titre : *Social Works of Salvation Army in Australasia*, une brochure sur ses œuvres australasiennes. Voir à la Bibliothèque du Ministère du commerce : *Uplifted* (1896-97), *Social Triumphs* (1898-99). Comparez : *Victoria Charitable Institutions. Report of Inspector* (Rapport officiel annuel).

vention ; du reste, aucune église, sauf la catholique, ne fait une concurrence systématique aux écoles de l'état, et comme les catholiques sont en minorité, le plus grand nombre des enfants dans chaque colonie reçoit l'enseignement primaire à l'école publique. Les colonies australasiennes consacrent à l'instruction près d'un dixième de leurs revenus. Dans la période d'organisation, la proportion s'est élevée, pour Victoria et Nouvelle-Galles, à près d'un tiers.

L'enseignement secondaire et supérieur est resté partout entre les mains des particuliers ; il n'est pas national et gratuit comme '' l'est presque partout aux États-Unis. L'Australasie donne donc un excellent enseignement primaire, elle accorde des subventions considérables aux universités, corporations privées, mais elle n'assure pas encore au peuple le chemin de l'enseignement supérieur. Comme, en effet, l'enseignement secondaire qui conduit à l'université est payant, les collèges et les universités sont fréquentés presque exclusivement par la classe bourgeoise : l'esprit qui y règne n'est pas très démocratique ni favorable aux nouvelles lois, bien au contraire. Il est vrai qu'il n'est pas nécessaire d'avoir passé par l'enseignement supérieur pour faire son chemin dans les fonctions publiques, et qu'on va chercher à l'université plutôt un développement intellectuel et un certain air de bonne éducation. Il serait pourtant fâcheux qu'il se fît dans la société une distinction permanente entre les « primaires », comme nous dirions, et les *university men*. Les gouvernements y ont partiellement remédié en instituant des bourses d'enseignement secondaire et supérieur.

L'intervention de l'état contre l'alcoolisme va plus loin que chez nous.

Des mesures ont été prises dans plusieurs colonies pour ne pas augmenter le nombre des débits, pour les fermer de bonne heure en semaine et toute la journée du dimanche. Pourtant les adversaires de l'alcool, les *prohibitionists* ne sont pas satisfaits ; ils ont fondé un parti politique (*Temperance Party*) qui réclame l'interdiction complète de la fabrication et de la vente de tout alcool. Ce parti est fort surtout en Nouvelle-Zélande ; dans cette colonie, il a obtenu que les administrations locales pourraient, sur l'avis de la majorité des électeurs, instituer dans leur conscription la prohibition totale ; les électeurs se prononcent, à ce sujet, tous les trois ans, en même temps qu'ils votent pour le renouvellement des députés. Jusqu'ici la prohibition a été établie dans un comté de l'île sud.

Nulle part l'état n'a entrepris autant de travaux qu'en Australasie. La plupart des chemins de fer ont été construits ou achetés par les états. Victoria, Queensland possèdent aujourd'hui tout leur réseau ; dans les autres colonies, les lignes particulières représentent une longueur infime, par rapport aux lignes nationales. On est stupéfait quand on pense aux sommes énormes dépensées en voies ferrées, routes, irrigations, ponts, édifices coloniaux. C'est là qu'ont passé la plus grande partie des emprunts colossaux faits par les colonies, c'est par là que s'explique le chiffre considérable de la dette publique. Le tableau suivant montre à quelle proportion s'élève la dette par tête d'habitant dans chaque colonie :

COLONIES	DATES	TOTAL de la dette.	DETTE par tête d'habitant.
		liv. st.	l. st. s. d.
Queensland	31 décembre 1898	33,598,414	66 2 9
Nouvelle-Galles . .	30 juin 1899	63,761,666	46 19 8
Victoria	Idem.	50,379,277	42 16 1
Sud-Australie . . .	31 décembre 1898	24,916,310	67 9 8
Ouest-Australie . .	30 juin 1899	10,488,363	62 5 1
Tasmanie.	31 décembre 1898	8,412,904	47 8 7
Nouvelle-Zélande .	31 mars 1899	46,938,006	62 17 3

Le chiffre par tête d'habitant est partout plus élevé qu'en
France. Mais peut-être ne suffit-il pas de comparer les
nombres et faut-il mettre en parallèle les résultats. Les
colonies australasiennes ont, en effet, fort peu dépensé en
armements et frais de guerre, sauf la Nouvelle-Zélande
pendant les guerres avec les Maoris, et sauf les envois de
contingents au Transvaal. Elles peuvent, pour l'argent
déboursé, montrer ce qu'elles appellent avec orgueil des
Reproductive Works, des travaux qui rapporteront. Sans
doute ils ont coûté cher, sans doute plusieurs sont aujour-
d'hui sans utilité, comme certaines voies ferrées victoriennes que le gouvernement juge inutile d'exploiter
après les avoir construites ; mais on espère bien qu'elles
serviront un jour, et l'on affirme que toute la dépense
fait de la réclame à la colonie, la rend plus habitable,
plus facile à exploiter, plus attrayante, et contribue ainsi
à lui donner ce dont elle a le plus besoin, de nouveaux
colons.

Pour faire connaître la multiplicité des fonctions de
l'état en Australasie, il suffira d'énumérer celles de la

Nouvelle-Zélande, l'état le plus avancé et le plus entre-
prenant[1].

Il est le plus grand propriétaire foncier de la colonie. Il
possède les trois quarts des écoles primaires et instruit les
neuf dixièmes des enfants ; il est le plus grand propriétaire et le seul entrepreneur de voies ferrées (2 022 milles
contre 167 à des particuliers) ; il est le plus grand patron
et occupe près de la moitié des ouvriers ; il a créé une
banque nationale qui prête à un taux plus bas que les
banques particulières, une assurance d'état sur la vie,
une caisse nationale des dépôts et consignations, un système de pensions pour la vieillesse.

Quand on considère ce développement des services
publics on est tenté de croire à une évolution nouvelle qui
aboutirait au socialisme d'état ; cette vue semble être con-
firmée par la profession de foi que faisait, le 25 mars 1895,
à New-Plymouth, M. W. P. Reeves, alors ministre du travail et aujourd'hui agent général de Nouvelle-Zélande à
Londres. « Plus l'état fait pour les citoyens, déclarait
M. Reeves, plus il remplit sa fonction... Les attributions
de l'état doivent être étendues le plus possible... La vraie
démocratie consiste dans l'extension des attributions de
l'état. »

Ce langage peut plaire dans une colonie radicale ; mais
il ne traduirait pas du tout le sentiment des ministres qui
gouvernent à Melbourne ou à Sydney.

Dans la plupart des colonies, en effet, ce n'est pas au
nom d'un principe ni en application d'un système, c'est

(1) *The State and Its Functions in New-Zealand*, brochure n° 74 de
la *Fabian Society*, Londres.

pour répondre à des nécessités que l'état est intervenu dans un domaine partout ailleurs réservé à l'initiative particulière. Si Victoria a donné l'exemple des chemins de fer nationaux, c'est que la compagnie à qui elle avait confié sa première ligne ne la construisait pas. La Nouvelle-Zélande elle-même s'est longtemps engagée dans le socialisme d'état sans le savoir. Depuis quelques années seulement des hommes politiques jeunes et instruits ont aperçu le but où leur pays marchait, ils l'ont accepté, ils l'ont justifié, en important chez eux les doctrines européennes. Telle est le cas de la Nouvelle-Zélande, et peut-être de Sud-Australie. Mais cette évolution est récente et n'est pas générale. Pour la faire comprendre, j'examinerai rapidement certaines fonctions de l'état qui ne sont pas des innovations socialistes quoiqu'elles en aient toute l'apparence. J'étudierai ensuite l'institution des pensions pour la vieillesse (Nouvelle-Zélande) où se manifeste nettement un esprit nouveau de démocratie sociale.

L'État et l'exportation des produits agricoles.
(Sud-Australie et Victoria.)

Quand on arrive à Adélaïde, on trouve sur la ligne de chemin de fer une bifurcation qui conduit à un grand magasin de bois et de tôle ondulée construit sur le quai maritime de Port-Adélaïde. Le jour, cette petite ligne de chemin de fer est sans animation. La nuit, les wagons grillés à deux étages, remplis de moutons comme une bibliothèque de livres, commencent à arriver. Les moutons sont débarqués, poussés vers l'abattoir sur un plan incliné entre deux barrières, tués et dépouillés par seize bouchers et rangés dans les chambres de la glacière en attendant d'être expédiés en Angleterre. Les lapins, naguère peste de l'Australie, aujourd'hui articles d'une exportation profitable, arrivent fraîchement tués et rangés par douzaines dans des caisses plates à claire-voie; de même pour les volailles. Toutes ces *carcasses*, suivant le mot consacré, sont examinées par des inspecteurs. Si elles sont acceptées, on les envoie à la glacière après avoir imprimé un timbre officiel sur l'une des planches de la caisse.

Cette entreprise appartient à l'état de Sud-Australie [1], elle est faite pour épargner les tracas et les dépenses au producteur de la campagne. Le gouvernement vend à ce dernier la congélation, l'emmagasinage, le transport au plus juste prix. Tous les agents qui manipulent les produits, tous les employés de la maison, depuis les garçons bouchers, jusqu'aux mécaniciens et chauffeurs des deux machines qui produisent la glace, sont des fonctionnaires de la colonie de Sud-Australie.

La sollicitude de l'état est plus paternelle encore pour le vin. Les tonneaux arrivent dans l'une des annexes du magasin; là, le vin est goûté par le professeur de viticulture du collège agricole du gouvernement; si le vin est approuvé, le récipient reçoit la marque officielle, est envoyé à Londres et emmagasiné dans un local loué par la colonie. Des échantillons de vin sont prélevés pour être exposés et offerts au consommateur dans les bureaux de

(1) *South Australia. Report of the Minister of Agriculture* (annuel).

l'agent général, c'est-à-dire du représentant de Sud-Australie à Londres. C'est ainsi que l'on conçoit dans toute l'Australasie, le rôle de l'agent général : « Il nous faut dans ces postes, m'a t-on dit, des sortes de voyageurs de commerce, capables de créer un débouché à nos produits. »

Si le succès de ces innovations répond aux désirs des Australiens, c'est une question difficile à trancher. Au point de vue financier, l'exportation par l'état a coûté jusqu'ici plus d'argent qu'elle n'en a rapporté. Les entrepreneurs particuliers cherchent des bénéfices. L'état — disent ses adversaires — se contente d'être payé en popularité et en suffrages. Aux dernières élections, le journal satirique d'Adélaïde, organe conservateur, représentait le dépôt d'exportation sous la forme d'un squelette de mouton et d'un tonneau devant lesquels le ministre des finances s'agitait en criant : « Entrez ! entrez ! Vous verrez bien d'autres phénomènes à l'intérieur ! » Telle est l'opinion de ceux qui payent la plus forte part des impôts.

Ceux qui se déclarent satisfaits de l'initiative prise par le gouvernement sont les petits agriculteurs, qui payent peu dans un pays d'impôts progressifs et qui gagnent beaucoup à trouver un intermédiaire généreux et patient. Les vignerons surtout sont, pour la plupart, enchantés. « Notre vin, disent-ils, a beaucoup de mal à supplanter les marques françaises en Angleterre ; mais l'estampille du gouvernement lui donne un cachet qui le relèvera dans l'estime du consommateur anglais. » Au contraire, les grands propriétaires sont opposés à l'intervention de l'état, et ils se disposent à élever en face de son dépôt d'exportation des entreprises rivales.

C'est ce qui arrive en Victoria. Cette colonie a été la première à établir un service officiel de congélation qui est, aujourd'hui encore, beaucoup plus important que celui de Sud-Australie, mais qui, cependant, fait moins d'affaires que les établissements privés. Les petits producteurs préfèrent ces derniers et disent que leurs envois y sont traités avec beaucoup plus de soin et pour le même prix que dans les glacières officielles.

L'état de Victoria a imaginé d'autres procédés pour encourager l'exportation. Ce qu'il vient de faire pour créer l'industrie du beurre et du fromage est très intéressant. Il a envoyé dans les campagnes des professeurs d'agriculture et des conférenciers avec un outillage modèle, des écrémeuses suédoises, des appareils à pasteuriser, des projets imprimés de sociétés coopératives, afin d'enseigner aux fermiers les procédés modernes et en même temps de leur démontrer les avantages qu'ils avaient à s'associer pour la fabrication du beurre et du fromage.

Aujourd'hui, chaque ferme ou chaque petit groupe de fermes possède, dans un abri de bois ou de tôle, une écrémeuse suédoise avec laquelle on extrait mécaniquement la crème du lait. La crème est ensuite portée à la beurrerie coopérative, construite, elle aussi, en bois ou en tôle et pourvue d'un petit laboratoire pour éprouver et stériliser la crème, d'une baratte mécanique, d'une presse à faire les mottes, le tout sous la direction d'un expert payé par les fermiers. La beurrerie et la fromagerie se sont ajoutées presque partout, à l'église, à l'auberge-épicerie et à l'atelier du maréchal ferrant, qui forment le centre des communes rurales. Les locaux et les machines appartiennent aux fermiers de la commune qui forment une société par actions. L'état vient à leur aide par des prêts dont le matériel et les constructions forment le gage. Les avances du gouvernement sont consenties généralement avec sagesse et les résultats obtenus ont été de tous points satisfaisants.

Dans les autres colonies, l'intervention de l'état se borne à l'inspection des produits destinés à être exportés et à l'enseignement de l'agriculture dans des collèges et des fermes-modèles. La Nouvelle-Zélande elle-même, l'état interventionniste par excellence, a laissé à des compagnies particulières les soins de la congélation et de l'exportation.

En cette matière, les différentes colonies n'ont pas de principes, chacune fait ce qu'elle croit le plus utile à la catégorie des producteurs qui l'intéresse le plus.

L'assurance d'État sur la vie et l'office national des dépôts en Nouvelle-Zélande.

Parmi les nombreuses fonctions de l'état néo-zélandais, l'une de celles qui frappent le plus le voyageur européen, c'est l'entreprise nationale d'assurance sur la vie (*Government Life Insurance Department*). Le gouvernement possède depuis trente ans cette entreprise qui a placé 37 848 polices sur 75 692 existant dans toute la colonie et qui a fait souscrire des assurances pour une somme de £ 9 304 741, tandis que toutes les sociétés particulières réunies en ont fait souscrire un total de £ 10 421 231[1].

L'étranger qui débarque à Wellington trouve devant lui un immense bâtiment en briques, partagé en nombreux bureaux; c'est l'office de l'assurance nationale sur la vie. Cette institution est placée sous l'administration d'un commissaire nommé par le gouvernement. Elle ressemble à une entreprise particulière avec ses actuaires, son système de polices, ses inspecteurs. Elle est complètement en dehors de la politique et n'a point d'autre but que de faire des bénéfices. C'est pour cela qu'elle a été organisée, longtemps avant que le socialisme eût fait son apparition dans le programme du gouvernement néozélandais. On dit même que l'idée de cette source de revenus publics a été fort ingénieuse, parce que l'assurance sur la vie est fort lucrative en Nouvelle-Zélande. Le climat est très sain et les habitants prolongent bien des années leur vie avec des maladies qui les tueraient vite sous les brumes et dans la fumée des villes anglaises. Une entreprise d'assurance contre les maladies eût été une mauvaise spéculation en Nouvelle-Zélande; l'assurance sur la vie, au contraire procure là-bas de beaux bénéfices. L'entreprise de l'état a construit son local avec une partie de ses excédents. Comme elle a trop de place pour ses services, elle loue une partie de ses bureaux et augmente ainsi ses revenus.

Depuis 1899, l'*Insurance Department* possède une section nouvelle destinée à assurer les patrons en cas d'acci-

---

(1) *The New Zealand Official Year Book*, 1900, p. 303. Les rapports et publications officielles relatives à cette institution se trouvent aux archives de la Direction du Travail (Ministère du commerce).

dents arrivés aux ouvriers. L'état accorde à cette section
une subvention qui peut s'élever jusqu'à £ 2 500. Par
cette nouvelle institution on a voulu assurer aux ouvriers
le payement plus rapide des indemnités qui sont dues par
les patrons en cas d'accident. La responsabilité du patron
a été établie en Nouvelle-Zélande par la loi de 1882
(*Employers Liability Act*), amendée en 1892. Cette loi
s'applique à tous les ouvriers excepté les domestiques
attachés à la personne. Elle établit le droit à une indemnité dans tous les cas où l'accident n'est pas le résultat
d'une faute grave de la part de l'ouvrier, elle oblige les
patrons à faire la preuve que la faute vient de l'ouvrier,
enfin elle interdit le *Contracting out*, c'est-à-dire déclare
nulle toute stipulation qui aurait pour effet de dégager le
patron d'une part de sa responsabilité légale.

La responsabilité pécuniaire du patron n'a pas été établie aussi nettement dans les autres colonies, mais on
remarque partout depuis 1898 une tendance à adopter la
nouvelle loi anglaise qui établit le droit à une indemnité
en faveur de l'ouvrier blessé dans son travail (*Workmens
Compensation Act*).

Une partie du grand édifice de l'*Insurance Department*
a été louée à une autre institution de l'état, l'Office national de tutelle (*Public Trust office*) [1]. Il n'a du reste
avec l'assurance pas d'autre rapport que celui de locataire
à propriétaire. Sa fondation, qui remonte à 1872, est bien
antérieure à l'avènement de la politique sociale.

---

(1) *The New Zealand Official Year Book*, 1897, pages 397-405, con-
tient un article sur le fonctionnement de cet Office. Le Ministère du
commerce (Paris), possède à ce sujet plusieurs documents.

Le *Public Trust office* administrait, en 1890, 1618 domaines valant £ 1 240 197, — en 1900, 2 697 domaines valant £ 2 192 894. Il administrait, en 1900, des capitaux s'élevant à £ 1 028 897, placés surtout en hypothèques (£ 871 770) et en valeurs d'état (£ 187 778) [1].

Quand on visite les bureaux de cette administration, on est frappé d'y rencontrer un grand nombre d'indigènes vêtus en paysans et sans autre reste de la sauvagerie primitive qu'un goût des foulards rouges et une plume à leur casquette ou à leur chapeau de feutre. On comprend alors une des raisons qui ont amené la création de cet Office de tutelle : les Maoris, en effet, possèdent les terres en commun par groupes analogues à la *gens* romaine. Si l'Européen veut louer ou acheter un morceau de la terre familiale, il doit obtenir le consentement de tous les membres de la famille. Aussi l'état de Nouvelle-Zélande est-il intervenu pour prévenir les fraudes et les discussions. Tout achat ou location de terres indigènes doit se faire par son intermédiaire. De même le payement du prix ou du loyer est réparti par lui entre tous les indigènes propriétaires et cet office délicat est confié au service de la tutelle. Cette administration est également fort utile aux Européens, dans ces pays des antipodes où un colon peut mourir sans parents, sans amis, et où l'état est le tuteur le plus sûr pour les héritiers éloignés.

Il en est donc de cette institution comme de beaucoup d'autres fonctions de l'état en Australasie. De loin, c'est du socialisme; de près, c'est tout simplement un expédient colonial.

(1) *The New Zealand Official Year Book*, 1900, p. 305.

Les pensions pour la vieillesse en Nouvelle-Zélande.

On sort des expédients et l'on entre vraiment dans la période des mesures à tendances socialistes avec les pensions pour la vieillesse proposées depuis 5 ou 6 ans dans toutes les colonies et adoptées dans une seule.

La Nouvelle-Zélande a, la première dans le monde, accordé à tous les vieillards une pension par la loi de 1898 (*Old Age Pensions Act*).

Cette loi prescrit que les pensions seront fournies par l'état, sans que les bénéficiaires aient rien à verser. Les crédits nécessaires seront pris provisoirement sur le budget général. La loi en effet a été votée très vite, un an avant les élections générales, sans que le ministère ait pris le temps d'affecter des ressources particulières à cette nouvelle dépense.

Ont droit à la pension toutes les personnes âgées de 65 ans au moins, pourvu qu'elles remplissent les conditions suivantes :

1° Résider actuellement dans la colonie;

2° Y avoir résidé continuellement pendant les 25 années avant celle où elles demandent la pension — Ne s'être pas absenté au cours de ces 25 années pendant plus de deux ans, toutes absences comprises. Si le postulant est un marin, on admet que son service hors de la colonie ne compte pas comme absence, à condition qu'il ait maintenu son domicile légal et celui de sa famille en Nouvelle-Zélande;

3° N'avoir pas, au cours des 12 dernières années, passé plus de 4 mois en prison; n'avoir pas été arrêté plus de 4 fois, ni pour des délits infamants et pouvant entraîner une condamnation à un an de prison et au-dessus ;

4° N'avoir pas été, au cours des 25 dernières années, condamné à 5 ans et plus pour des crimes infamants :

5° N'avoir pas abandonné pendant plus de 6 mois son conjoint et n'avoir jamais cessé de lui prêter fidélité, secours, assistance ; avoir toujours rempli ses devoirs vis-à-vis de ses enfants ;

6° Être de bonne vie et mœurs, et avoir mené une existence correcte depuis 5 années.

7° Ne pas posséder un revenu supérieur à £ 52 par an (1 300 fr.) ;

8° Ne pas posséder un capital de plus de £ 270 (6 750 fr.) ;

9° Ne s'être pas dépouillé d'un revenu ou d'un capital dans l'espoir d'obtenir une pension ;

10° Enfin présenter un certificat (*pension certificate*) attestant qu'on remplit les conditions ci-dessus.

N'ont pas droit à la pension :

1° Ceux des Maoris (indigènes de Nouvelle-Zélande) qui reçoivent pour quelque motif que ce soit une allocation de l'état (les autres ont droit à la pension s'ils remplissent les conditions énumérées plus haut) ;

2° Les étrangers ;

3° Les naturalisés depuis moins de cinq ans ;

4° Les Chinois et autres asiatiques dans aucun cas.

La pension complète est de £ 18 (450 francs) par an. Mais elle ne peut être payée intégralement si le postulant possède un revenu personnel supérieur à £ 34 (850 francs) ou un capital valant plus de £ 50 (1 250 francs). Chaque livre de revenu, chaque £ 50 de capital font retrancher £ 1 (25 francs) de la pension.

La pension est payable chaque mois par douzièmes : le premier est délivré deux mois au plus après l'obtention du certificat.

Pour le service des pensions, la colonie est divisée en 72 districts dans chacun desquels se trouve un employé (presque toujours chargé simultanément d'une autre fonction). Le postulant commence par aller chercher au bureau de poste une formule imprimée qu'il remplit et qu'il fait parvenir à l'employé de son district. Celui-ci copie la demande dans un registre spécial et la transmet à un magistrat qui fait une enquête sur le cas du postulant. Si la demande est justifiée, le magistrat le fait savoir à l'employé qui inscrit le postulant sur le registre des pensions à fournir et qui lui fait tenir un certificat à l'aide duquel il touchera son premier douzième. Les payements ont lieu aux bureaux de poste et le certificat indique au pensionné le bureau auquel il doit se présenter.

Toutes les semaines les employés de district envoient à la direction centrale (Wellington) les renseignements prescrits par la loi sur chaque nouveau pensionnaire ; ces renseignements sont transcrits sur des fiches mobiles classées dans des casiers. Si un retraité change de district, il en informe le bureau de sa première résidence, lequel en donne avis à la direction centrale, qui change la fiche de place. Enfin, l'état civil fait connaître au service le décès de toutes les personnes au-dessus de 65 ans; les fiches des morts sont immédiatement annulées. Pour les payements, la direction centrale tient registre de tous les ordres qu'elle envoie aux bureaux de poste et leur demande chaque mois un état des payements effectués. Ainsi, grâce au simple jeu des fiches, on sait exactement, à Wellington, combien de pensions on doit servir, de quel employé et de quel bureau de poste relève chacune, enfin combien ont été payées [1].

Tout retraité qui ne vient pas chercher son douzième dans un délai de 21 jours à partir de la date qui lui a été indiquée, est exposé à le perdre ; il peut pourtant le réclamer suivant certaines formes, dans un nouveau délai de 14 jours qui est rigoureusement le dernier.

Un infirme ou un malade peuvent naturellement faire toucher leur mensualité par une personne dûment autorisée.

Le service de retraites a commencé presque immédiatement après le vote de la loi, dès le 1er novembre 1898; beaucoup de bureaux locaux n'étaient pas encore organisés et ne le furent que l'année suivante. Les frais s'élevèrent, jusqu'au 31 mars 1896, à £ 510.8. [1]. Pour l'année suivante, ils atteignirent £ 2,360.8.0. (plus de 59 000 fr.). L'augmentation des frais correspond à celle du nombre des employés ; mais elle semble devoir s'arrêter, le service étant aujourd'hui suffisamment organisé.

Le nombre des retraités s'élevait le 31 mars 1889, à 7 487, recevant £ 128 082, soit en moyenne de £ 17,2 par individu.

Le 31 mars 1900, il s'élevait à 11 285, recevant £ 193.718, soit une moyenne de £ 17.3.4 par individu. L'immense

---

(1) Le ministère du Commerce (Paris) possède la collection des imprimés, fiches, pièces à remplir, le texte de la loi (*An Act to Provide for Old Age Pensions* 1898) et les rapports annuels de la direction centrale (*Old Age Pensions Statement*).

majorité des pensions (9 650 absorbant un total de £ 173 808) étaient des pensions complètes de £ 18 par an.

Sur 6 178 demandes présentées de 1899 à 1900, 37 seulement avaient été rejetées. Tous les vieillards au-dessus de 65 ans et remplissant les conditions légales ne réclament pas la retraite ; s'ils le faisaient, l'état devrait payer 24 800 pensions. Parmi les gens d'origine européenne ayant des droits à la retraite, 40 p. 100 seulement les ont fait valoir.

Les demandes de pensions sont nombreuses dans les régions ouvrières, particulièrement les districts miniers ; le fait n'a rien d'étonnant, car il n'existe, aux antipodes, rien qui ressemble à l'assurance obligatoire d'Allemagne, ni à nos caisses des mineurs et des invalides de la marine ; de plus, parmi les fonctionnaires de l'état, très peu ont droit à une retraite à la fin de leur temps de service. Il faut tenir compte de ces considérations quand on examine l'institution des *Old Age Pensions* ; mais on doit s'élever au-dessus d'elles, si l'on veut comprendre sous quel aspect le droit à la retraite apparaît à ses partisans d'Australie,

Projets de caisses de retraites en Nouvelle-Galles et en Victoria.

Au sujet des retraites pour la vieillesse, je trouve deux points de vue différents dans les rapports des deux commissions formées, l'une en Nouvelle-Galles, l'autre en Victoria, pour étudier un projet de pensions.

Le rapport de Nouvelle-Galles déclare formellement que « la retraite doit être accordée comme un droit, non comme une aumône, et ne saurait, en aucune manière, devenir un secours humiliant pour ceux qui la reçoivent ». Il affirme que « ce serait justice d'admettre tous les contribuables au bénéfice de la retraite ».

En conséquence, la commission propose d'accorder un maximum de 10 shillings (12 fr. 50) par semaine à toutes les personnes au-dessus de 60 ans, sans exiger d'elles aucun versement, à quelque moment que ce soit. Dans ce cas, les frais s'élèveraient à £ 1 400 000. Or une telle dépense serait trop onéreuse pour la colonie. Aussi la commission, tout en reconnaissant le droit de tous les vieillards à la retraite, propose-t-elle, en s'excusant sur l'insuffisance du budget, de faire les restrictions suivantes : les revenus des vieillards seront déduits du chiffre de la pension ; deux conjoints âgés l'un et l'autre de plus de 60 ans toucheront seulement une pension et demie ; enfin, seuls, ont droit à la retraite ceux qui ont résidé quinze ans dans la colonie (déduction faite du temps qui aura été passé en prison).

Dans les détails du projet, comme dans le plan général, la commission s'inspire de motifs généreux. Elle estime, par exemple, qu'il vaut mieux payer aux vieillards une pension que de les garder dans un asile ; elle pense qu'avec leurs 10 shillings par semaine, ils ne seront pas à charge à leurs parents, mais au contraire, les aideront à payer les impôts et leur rendront des services appréciables, surtout à la campagne, en gardant les enfants et la maison.

Assurés de ce concours, leurs fils ou petit-fils se décideront sans doute plus facilement à prendre une petite ferme ; la colonisation sera encouragée et la Nouvelle-Galles sera rémunérée par là du supplément de dépenses occasionné par l'institution des retraites.

Enfin la commission propose d'accorder, aux frais de l'état, 10 shillings par semaine à toute personne qui devient incapable de travail à la suite d'un accident. Mais dans ce cas, le pensionnaire devrait avoir fait preuve de prévoyance en versant, pendant cinq années au moins, 1 shilling par semaine à n'importe quelle société ou caisse de secours.

Pour faire face aux dépenses préposées, la commission demande des ressources à des impôts nouveaux sur les courses, les distractions sportives, les billards, et à l'élévation des amendes qui punissent l'ivrognerie.

Elle conclut que pour une cause si humaine et si juste tout accroissement d'impôts, toute nouvelle taxe serait équitable.

Le projet de la commission parlementaire de Nouvelle-Galles, déposé en 1896[1], n'a pas été réalisé.

Victoria est sur le point d'adopter un projet beaucoup plus étroit, préparé par une commission royale qui a siégé en 1898[2]. Le rapport de cette commission constate que les retraites pour la vieillesse sont le complément naturel des lois ouvrières et notamment de celle qui établit le mi-

---

(1) *Legislative Assembly, New South Wales. Report from the Select Committee on Old Age Pensions*, Sydney, 1896, in-4°.

Le gouvernement de Nouvelle-Galles a publié en outre une enquête de M. J.-C. Neild, intitulée : *Report on Old Age Pensions, Charitable Relief and State Insurance in England and on the Continent of Europe*, Sydney, 1898, in-4°. Ces rapports se trouvent au Ministère du Commerce (Paris).

(2) *Victoria. Report of the Royal Commission on Old Age Pensions*, Melbourne, 1898, in-4°. (Au Ministère du Commerce, Paris.) Le projet vient d'être voté. Je n'avais pas reçu, au moment de mettre sous presse (janvier 1901), le texte définitivement adopté.

nimum de salaire[1]. Mais elle considère les retraites comme une sorte de charité qui doit être réservée aux pauvres ; parmi ceux-ci, il y aurait lieu de distinguer les méritants, qui seraient seuls retraités, et les indignes, qui seraient recueillis dans les dépôts. Enfin, pour diminuer le nombre de ceux qui s'adressent à lui, l'état devrait obliger toutes les sociétés de secours mutuels à créer un service de retraites. Les conditions à remplir pour être admis à la retraite seraient à peu près les mêmes qu'en Nouvelle-Galles : 60 ans d'âge, 10 ans de résidence (au lieu de 15) ; le maximum de la pension est fixé à 10 shillings par semaine, et 15 seulement pour deux pensionnaires mariés. Enfin on ferait des conditions particulières aux mineurs et aux ouvriers exerçant des professions dangereuses ou insalubres.

Avec les restrictions qui précèdent, la dépense probable était évaluée à £ 89 700 par an, alors qu'il aurait fallu £ 2 169 024 pour pensionner toutes les personnes au-dessus de 60 ans.

Les commissaires n'avaient pu s'entendre sur les moyens de trouver les ressources nécessaires ; les uns les demandaient à une taxe sur les jeux, au monopole du tabac ; les autres à une taxe sur les loyers et à une autre sur la valeur de la propriété foncière, déduction faite des améliorations (*Unimproved Value of Land*).

D'autre part, le premier ministre, sir George Turner, tout en promettant d'établir les retraites pour la vieillesse, a formellement déclaré qu'il ne les prendrait pas comme M. Seddon sur le budget général, mais qu'il attendrait, pour les instituer, d'avoir trouvé des recettes nouvelles

[1] Chapitre v.

expressément créées pour fournir les fonds nécessaires.

On voit la différence. En Nouvelle-Zélande, les retraites ont été considérées comme un droit que le gouvernement ne saurait discuter, dont il ne saurait différer l'exercice, même pour des raisons budgétaires. En Victoria, elles sont simplement une mesure d'assistance, que le gouvernement juge à propos d'appliquer, mais avec des restrictions et une sage temporisation destinée à ménager l'équilibre des finances. Dans le premier cas, c'est déjà le socialisme d'état; dans le second, c'est encore la politique pratique qui a si longtemps dominé en Australasie.

L'audace du ministère néo-zélandais a, d'ailleurs, le succès qu'on devait attendre dans un pays démocratique; elle a rendu le gouvernement radical très populaire et a beaucoup contribué à lui assurer sa quatrième victoire aux élections générales de 1899.

Les fonctionnaires.

On pourrait penser que le nombre des fonctionnaires australasiens doit être très considérable. En réalité, si l'on compare la proportion des personnes employées et salariées par l'état, en Europe et en Australasie, on ne trouve pas une différence très considérable. On s'aperçoit, en effet, qu'aux antipodes, plusieurs fonctions sont très souvent réunies sur la même tête. On trouve encore que si l'Australasie a des services publics que nous ne possédons point, elle n'entretient, pour ainsi dire, ni armée, ni flotte; nos soldats et nos marins, toute proportion gardée, sont beaucoup plus nombreux et coûtent beaucoup plus cher que ses ouvriers de chemins de fer, ses employés des travaux publics, de l'arpentage, du département des terres.

On remarque, de plus, dans presque toutes les colonies, une tendance à diminuer le nombre des fonctionnaires pour équilibrer les budgets. Depuis l'apparition du déficit, Victoria, Nouvelle-Galles et d'autres ont supprimé beaucoup d'emplois. Ainsi, en 1894-95, lorsque les recettes commençaient à ne plus couvrir les dépenses, la Nouvelle-Galles forma une commission qui fit retrancher beaucoup d'allocations ou de traitements. Elle avait, il est vrai, constaté des abus; tel, le cas d'un huissier qui touchait plus que le directeur du service cadastral. A Melbourne, je me rappelle qu'on avait poussé l'économie au point de licencier l'école normale d'instituteurs. Aujourd'hui, la Nouvelle-Zélande seule paraît disposée à augmenter le nombre des employés et ouvriers de l'état.

L'expression que je viens d'employer n'est pas toujours exacte, car beaucoup de services, entre autres les chemins de fer ne dépendent point directement de l'état. La Nouvelle-Galles a, depuis plusieurs années, supprimé le ministère des voies ferrées et a confié ses attributions à trois commissaires. Ils ne font point partie du cabinet, ils sont choisis hors du personnel politique (le principal a été longtemps l'administrateur d'une compagnie anglaise de chemins de fer); c'est le gouvernement qui les nomme, mais il ne peut ni les révoquer, ni modifier leurs appointements; il faut pour cela un vote du parlement. Ces commissaires ressemblent aux directeurs d'une société de commerce : ils choisissent et renvoient leurs employés et ouvriers comme bon leur semble, accordent ou refusent les passes de chemins de fer, les abonnements; devant les inspecteurs du travail et la cour d'arbitrage, ils sont des chefs d'industrie comme les autres, n'ayant ni obligations ni privilèges spéciaux. Ils ne sont point institués pour donner l'exemple du patron-modèle et pour traiter les ouvriers mieux que les autres patrons, mais simplement pour bien administrer la propriété de l'état. Du reste ils ont, sur ce point, rempli leurs devoirs ; les chemins de fer néo-gallois sont les plus confortables et les moins lents ; ils sont les seuls aussi qui rapportent assez pour payer l'intérêt des capitaux empruntés pour leur construction.

Les autres colonies ont imité l'exemple de la Nouvelle-Galles ; mais elles n'ont établi ou maintenu qu'un seul commissaire ; elles conservent au-dessus de lui un ministère des chemins de fer. La Nouvelle-Zélande n'a plus de commissaire depuis quelques années, elle a rendu toute l'administration des voies ferrées à un membre du cabinet ; les ouvriers préfèrent ce système, ils se trouvent plus à l'aise sous l'autorité d'un homme politique sujet à réélection que sous celle d'un commissaire irrévocable.

Au reste, la Nouvelle-Zélande a, comme on l'a vu, conservé le système du commissariat pour l'administration de son assurance sur la vie.

Parmi les employés de l'état, ceux de l'administration (*Civil Service*) forment une petite catégorie que nous ne saurions appeler privilégiée, puisqu'elle est sujette aux mêmes obligations que nos fonctionnaires et n'a pas beaucoup plus d'avantages. Les *civils servants* sont recrutés par concours. On se plaint, comme partout, que ces exa-

mens soient peu sérieux et que le succès y soit dû, parfois,
aux protections politiques. La Nouvelle-Galles a essayé de
les réformer sur les propositions de la commission de 1895
que j'ai citée plus haut; elle les a fait présider par une
commission du *Civil Service* [1] dont les membres ont à peu
près la même indépendance que les commissaires des chemins de fer et sont nommés pour une période de sept années. Il est assez curieux de voir ces colonies anglaises, à
la recherche du meilleur mode de recrutement pour leurs
employés, s'arrêter aux perfectionnements des examens;
c'est, du reste, le remède que réclament depuis longtemps
aux États-Unis, les partisans d'une réforme administrative.
Les Français ne sont pas les seuls à penser qu'un examen à
l'entrée de toute carrière est peut-être le procédé de sélection le moins fâcheux.

Les employés qui ne sont pas du *Civil Service* passent
pour la plupart des examens. Mais l'état ne leur accorde ni
autant de considération, ni autant d'avantages qu'aux
autres. Par exemple, ils n'ont pas droit à une retraite ; en
Sud-Australie, lors des élections générales de 1899, le ministre démocrate, M. Kingston, promettait à toutes les personnes au service de l'état, et notamment aux instituteurs,
le droit à la retraite qu'ils n'avaient pas encore. En somme,
les avantages du fonctionnaire ne sont pas très tentants
dans un pays d'affaires où chacun est attiré par les profits possibles de la culture, du commerce, des mines. Aussi
les hommes laissent-ils de plus en plus aux femmes les

(1) *The Public Service Act*, 1895. — *New South Wales Public Service Examination.* — *Report of the Public Service Board* (annuel)
1896, 1897, 1898, Sydney (Au Ministère du commerce, Paris).

places de rédacteur, de scribe et d'instituteur ; il n'y a pas encore dans les bureaux et à la tête des écoles autant de dames qu'aux États-Unis, mais le nombre des employées a augmenté.

En somme, les états australiens ne semblent pas jusqu'ici traiter leurs employés et ouvriers avec une bienveillance particulière, sauf, toutefois, la Nouvelle-Zélande qui a supprimé le commissaire des voies ferrées, établi le système coopératif [1], les *Village Settlements* perfectionnés [2], etc. C'est là encore un des traits qui caractérisent la Nouvelle-Zélande et la montrent plus avant que les autres sur la route du socialisme d'état démocratique.

On affirme en revanche, que les fonctionnaires sont moins indépendants en Nouvelle-Zélande que partout ailleurs. Dans les autres colonies, en effet, l'état ne doit pas être tyrannique, puisqu'il est commun d'entendre des chefs de service critiquer librement les lois démocratiques ouvrières. En Nouvelle-Zélande, au contraire, tous les fonctionnaires sont gouvernementaux et optimistes : c'est par intérêt, disent les conservateurs, parce que le ministère les surveille, révoque ses ennemis et remplit systématiquement les postes de ses créatures. Ont-ils raison ? Un étranger ne peut trancher cette question et décider si le gouvernement néo-zélandais est allé au delà de la nécessité qui s'impose à toute démocratie réformatrice : faire appliquer ses lois par des partisans des réformes et de la démocratie.

(1) Chapitre vii, p. 188-191.
(2) Chapitre ii, p. 52.

CHAPITRE IX

LA SITUATION MATÉRIELLE ET MORALE DES OUVRIERS

Le paradis des ouvriers.

En Australie et en Nouvelle-Zélande, la législation ouvrière est d'origine récente, au moins sous sa forme radicale. Avant 1890, en effet, les lois de protection ouvrière adoptées dans ces pays sont l'écho des lois anglaises sur la même matière (personnalité civile accordée aux trade unions, limitation de la journée de travail des femmes et des enfants, inspection des manufactures). Depuis 1890, les lois de protection ouvrière deviennent plus nombreuses, plus radicales et, sur beaucoup de points, devancent les projets les plus avancés des parlements européens ; on institue, par exemple, dans toutes les colonies, les journées courtes en faveur des employés de magasin, en Nouvelle-Zélande, l'arbitrage obligatoire, en Victoria, le minimum de salaire. Dès lors l'Australasie et plus particulièrement la Nouvelle-Zélande et Melbourne commencent à être surnommés, non sans quelque ironie, « le paradis des ouvriers ».

C'est le terme d'une évolution qui commence vers le milieu du siècle, lors de la formidable immigration qui suivit la découverte de l'or. Les ouvriers arrivent alors en foule, importent d'Angleterre l'habitude de la coalition et s'en servent contre les patrons. Dès 1856, la trade union du bâtiment à Melbourne gagne la journée de huit heures et pendant longtemps les syndicats obtiennent tout ce qu'ils veulent par une série de marchandages et de contrats particuliers avec les patrons ; ils négligent alors la politique et ne croient qu'à l'action corporative ; mais, contre les unions ouvrières, les patrons s'unissent à leur tour, et les associations capitalistes remportent en 1890 une victoire significative après l'échec d'une grève presque générale. Alors les leaders ouvriers changent de tactique, forment des partis politiques, sont élus facilement, grâce au suffrage universel et arrivent à faire, dans presque tous les parlements, la balance entre les deux partis qui s'étaient jusque-là disputé le pouvoir. Nulle part ils ne gouvernent, rarement leurs membres acceptent un portefeuille ; ainsi l'on considère comme un événement l'entrée récente du leader ouvrier dans le ministère victorien. Mais, sans tenir le pouvoir, les partis ouvriers empêchent qu'on l'exerce contre eux ou sans eux, sauf dans la colonie toute neuve et à peine peuplée d'Ouest-Australie, dans la petite Tasmanie et dans une seule colonie importante, Queensland.

Les gouvernements dépendent donc dans une certaine mesure du parti ouvrier, mais ils ne sont pas le parti ouvrier. Quand ils présentent une loi sur la journée de travail, sur l'inspection des manufactures, ils cèdent presque toujours à leur majorité. Dans les pays où le ministère n'a pas opposé un résistance systématique au *Labour Party*, les lois ouvrières ont fini par former un code bien ordonné et complet, mais elles ont été présentées par morceaux, suivant les circonstances.

La politique australienne est une politique d'affaires ;
elle peut être socialiste dans ses résultats, elle ne l'est pas
toujours d'inspiration. Je l'ai montré plus haut à propos
de certaines institutions [1]. Il serait donc exagéré de croire
que l'Australasie s'achemine vers l'extension systématique
des services publics. On pourrait sans doute voir une
évolution dans ce sens s'indiquer par la reconnaisance au
moins tacite du droit au travail, par les restrictions au
droit de propriété, par l'institution des retraites pour les
vieillards et plusieurs des mesures tout à fait contempo-
raines ; encore ne faudrait-il pas trop sortir de la Nouvelle-
Zélande qui semble presque seule et depuis peu de temps
s'engager délibérément dans le socialisme d'état.

La Nouvelle-Zélande, d'ailleurs, et à plus forte raison les
autres gouvernements ne donnent pas toute leur attention
au programme ouvrier. Le principal but de leurs efforts
est de développer l'agriculture, et d'encourager le peuplement de la campagne. Sans doute, dans les colonies progressistes, les mesures agraires sont inspirées d'un esprit
démocratique ; elles favorisent les petits et moyens cultivateurs aux dépens des grands propriétaires ; elles ont
donné lors de la crise financière (1892-93) des chances particulièrement favorables aux sans travail qui voulaient
tenter fortune aux champs. Mais enfin, le résultat de ces
lois, si elles réussissent, sera de créer une classe nombreuse de ruraux qui pourraient bien faire échec aux
ouvriers urbains.

L'influence actuelle des ouvriers dérive en partie de
causes exceptionnelles. Normalement, les mines et la ma-

(1) Chapitre VIII.

nipulation des produits agricoles sont les seules industries importantes d'Australasie. Le pays n'est pas, ne semble pas devenir une contrée manufacturière comme l'Est des Etats-Unis; les usines y sont relativement peu nombreuses et petites. Ces conditions paraissent peu favorables au triomphe de la cause ouvrière. Mais il s'est trouvé que la fièvre de l'or et l'immigration subventionnée ont jeté brusquement un grand nombre de salariés sur le sol australasien. Il s'est trouvé aussi que les capitalistes anglais ont accéléré la mise en valeur du pays, qu'ils y ont fait des travaux importants, trop importants même puisque les *booms* ont été suivis de crises. Les entrepreneurs se disputaient les ouvriers et leur offraient des conditions inouïes. Assez nombreux pour s'organiser et former des syndicats durables, les travailleurs manuels ne l'étaient pas assez cependant pour se faire une concurrence ruineuse. Les salaires de la période de l'or sont restés légendaires : dès 1856, la corporation du bâtiment obtenait des patrons, à Melbourne, la journée de huit heures.

Sans doute les salaires ont un peu baissé par la suite, en même temps que le prix de la vie; ils ne restent tout à fait exceptionnels qu'en Ouest-Australie, le pays des nouveaux champs d'or. Toutefois la condition des ouvriers est encore aujourd'hui dans les colonies meilleure qu'en Europe; en effet la population a fort peu augmenté, car les émigrants européens vont plutôt en Amérique où les frais de passage sont moindres : du reste, les ouvriers australasiens pour se garder contre la concurrence ont fait supprimer les crédits destinés à encourager l'immigration européenne et à peu près interdire l'immigration jaune ou polynésienne. Les avantages qu'ils défendent leur sont assurés par le nombre relativement restreint des bras vacants dans une colonie neuve à développement rapide ; ils sont le produit de conditions économiques datant d'un demi-siècle, prolongées non sans quelque artifice, et qui, sans être incompatibles avec l'évolution présente de la propriété australasienne, n'en sont plus un effet direct.

On peut dire, un peu brutalement, que la lutte entre partisans et adversaires de la législation ouvrière s'est engagée presque toujours sur des questions matérielles. De part et d'autres, la pauvreté des théories étonne ceux qui sont habitués aux polémiques d'Europe. Si l'on écoute les patrons, ils affirment une opposition intransigeante fondée sur la défense de leurs profits ; ce ne sont point des arguments, mais une déclaration de guerre. Les publicistes qui prennent en main la cause des capitalistes restent sur le terrain des affaires, ou s'ils s'aventurent dans celui des doctrines, montrent qu'ils y sont novices. Ainsi, pendant mon séjour à Melbourne, le journal conservateur critiquait vivement les nouvelles lois ouvrières, surtout le minimum de salaire, récemment institué ; invoquant les résultats de l'économie politique, il reproduisait la théorie du *Wages' Fund*, d'après laquelle les entrepreneurs consacreraient un certain fonds aux salaires et n'entreprendraient rien si le paiement des ouvriers devait dépasser la somme fixée. Or la théorie du *Wages' Fund*, condamnée par l'expérience des trade unions d'Angleterre, est aujourd'hui abandonnée.

De l'autre côté, les arguments théoriques ne sont pas meilleurs, ou plutôt, ils n'existent pas ; on les ignore, on les fuit. Le mot de socialisme qui plaît à beaucoup de réformateurs européens par son caractère philosophique et général, déplaît aux ouvriers australasiens et les inquiète par sa largeur même. L'un d'entre eux, que je priais de me résumer son programme, répliqua : « Mon programme ! *Ten Bob a Day !* » (10 shillings par jour). Je n'ose pas dire que cette réponse est caractéristique, mais elle traduit un état d'esprit très fréquent chez les ouvriers des antipodes ; ils voient si nettement leur intérêt, ils le poursuivent avec tant de constance qu'ils craignent même ce qui pourrait le faire paraître moins étroit. Ici, comme dans le monde ouvrier anglais, on désire avant tout être pratique. Ce qu'on demande au gouvernement, ce sont de réelles concessions, plutôt que des satisfactions de principe. L'Europe occidentale est plus riche en doctrines, l'Australasie en réalités. C'est en Angleterre que les plus instruits et les plus conscients des réformateurs des antipodes vont chercher les principes sur lesquels ils appuient leurs lois quand ils se soucient de les faire précéder de considérations générales. C'est par contre en Australasie que nous devons étudier l'application des mesures hardies qui chez nous ont été proposées bien des fois, mais n'ont pu passer dans la pratique. L'Australasie n'a pas fait beaucoup de philosophie sociale, mais elle est allée infiniment plus loin que n'importe quel autre pays dans la voie des expériences.

Courtes journées : Hauts salaires.

Le terme de journée de huit heures employé pour caractériser la diminution des journées de travail en Australasic n'est pas absolument exact. Voici les faits : la semaine de travail est aujourd'hui presque universellement de quarante-huit à cinquante-deux heures, avec repos le samedi après midi et le dimanche ; les employés de magasin ont à peu près les mêmes avantages avec l'après-midi de repos un autre jour que le samedi (le mercredi en général). Dans les journées ouvrables, le travail commence plus tard que chez nous, vers sept heures et demie du matin, en moyenne et se termine pour le repas du soir entre cinq et six heures. Sous ce rapport les ouvriers et employés australasiens sont les plus favorisés du monde. La diminution des heures de travail est-elle un bien pour l'individu et pour la nation ? Tous les réformateurs s'accordent si parfaitement à répondre par l'affirmative que toute discussion sur ce point me paraît inutile.

L'élévation des salaires ne peut être évaluée en chiffres aussi facilement que la diminution des heures de travail. C'est que les salaires diffèrent d'une colonie à l'autre et d'un point à un autre de la même colonie ; de plus, ils sont payés soit au temps, soit à la tâche ; enfin, à la campagne, la rémunération est en partie donnée sous forme de nourriture et de logement. Aussi est-il impossible de tracer un tableau général des salaires. Cependant, les statistiques annuelles de chaque état donnent à ce sujet des renseignements intéressants et sûrs, puisés généralement dans les rapports des *Labour Bureaus* (Bureaux de placement officiels et gratuits). En Nouvelle-Zélande les salaires varient de 4 à 12 shillings par jour (5 à 15 fr.) en ville et de 15 à 30 shillings par semaine (18 fr. 75 à 37 fr. 50) avec nourriture à la campagne. On a vu plus haut[1] que depuis l'arbitrage obligatoire, les salaires moyens des ouvriers qualifiés, à Christchurch et à Dunedin étaient de 10 shillings (12 fr. 50) par jour.

Dans les autres colonies, les salaires sont moins élevés. En Sud-Australie, le premier ministre ayant déclaré dans un discours public qu'il voulait assurer un salaire suffisant aux ouvriers, a été prié de donner un chiffre et a dit que 6 shillings (7 fr. 50) par jour, lui paraissait un taux raisonnable. C'était aussi l'avis du *Trades Hall*. A Brisbane, le *Trades Hall* se plaignait que les salaires des ouvriers qualifiés ne fussent que de 5 à 6 shillings par jour, d'après les publications officielles du *Labour Bureau*. A Sydney, à Melbourne, le salaire de l'ouvrier qualifié est de 8 à 9 shillings (10 fr. à 11 fr. 25). Depuis les dernières lois, il augmente à Melbourne[2].

En somme, le salaire, pour une journée plus courte, est à peu près celui d'Angleterre en Sud-Australie et Queensland, pays agricoles, un peu plus élevé à Sydney et Melbourne, enfin atteint en Nouvelle-Zélande (depuis l'arbitrage obligatoire), le taux des États-Unis[3].

Les hauts salaires et le développement de l'industrie.

On affirme souvent que le bénéfice des hauts salaires est illusoire parce que les patrons, trouvant le travail trop cher, iront produire ailleurs. Ainsi, les ouvriers, en demandant une rémunération trop élevée tueraient la poule aux œufs d'or.

(1) Chapitre VI, p. 175.
(2) Voir p. 140-145.
(3) Tasmanie a des salaires plus faibles ; Ouest-Australie, des salaires plus élevés surtout dans les champs d'or.

C'est la théorie du fonds des salaires, déjà citée, qu'on invoque dans le cas présent ; si elle était exacte, la somme que le patron entend consacrer aux salaires serait fixée une fois pour toutes et on ne saurait la dépasser sans mettre en péril le profit. Or, l'expérience a souvent prouvé le contraire.

Les salaires les plus hauts du monde empêchent-ils l'industrie américaine de se développer ? Bien au contraire, elle lutte victorieusement contre celle des pays à salaires plus bas et produit à meilleur compte les tissus de coton, les machines-outils, le matériel de chemin de fer, les bicyclettes, etc. C'est que les patrons, ne pouvant compter sur les longues journées et les bas salaires, demandent leurs profits au perfectionnement des machines qui permet une production plus intense et plus rapide. D'autre part, l'amélioration des conditions du travail maintient à l'usine des gens actifs et intelligents qui, sous l'ancien régime, cherchaient à la quitter ; le chef d'industrie peut donc choisir d'excellents mécaniciens et des ouvriers adroits pour faire produire les machines perfectionnées.

Au contraire, dans les pays où les salaires sont très bas, l'Inde par exemple, l'Égypte, le Mexique, les ouvriers sont irréguliers, maladroits ; les machines sont démodées, mal entretenues, car le fabricant ne croit pas avoir besoin de perfectionner sa fabrication. Dans ces pays, il m'est arrivé plusieurs fois de voir une usine arrêtée par suite d'une avarie, le travail suspendu parce qu'un trop grand nombre d'ouvriers manquaient à l'appel. Si je disais que les capitalistes souhaitent l'élévation des salaires, je manquerais à la vérité, mais j'ai entendu des ingénieurs regretter, au Mexique, que la rémunération fut trop faible. « Au prix que nous offrons, disaient-ils, nous ne pouvons avoir de main-d'œuvre européenne, et il nous en faudrait, dussions-nous la payer très cher, pour donner un élan sérieux à notre production. » Mes interlocuteurs reconnaissaient que l'élévation des salaires n'est pas avantageuse seulement à l'ouvrier, mais aussi à l'ingénieur, au constructeur, enfin à tous les travailleurs intellectuels qu'elle force à perfectionner l'outillage et les moyens mécaniques de la production. C'est ce que prouve l'exemple des Etats-Unis, où l'on trouve côte à côte les hauts salaires, les profits considérables et le bon marché des objets manufacturés.

L'industrie australasienne est bien loin de pouvoir être comparée à celle des Etats-Unis. Dans les pays que j'ai étudiés, les usines sont relativement peu nombreuses et peu importantes ; aussi les adversaires des lois ouvrières font-ils état de ce faible développement pour dire que les lois ouvrières empêchent les entreprises. L'argumentation est fausse, car la production d'Australie et de Nouvelle-Zélande ne cesse d'augmenter ; mais elle est surtout agricole et minière. Si l'on constate que le beurre et le fromage de ces pays font sur le marché anglais une concurrence victorieuse à ceux de Bretagne et de Normandie, malgré l'éloignement, le prix du transport, le passage des tropiques, la différence des salaires, on sera convaincu que maintenir les salaires bas n'est pas l'unique moyen d'encourager la production industrielle et agricole d'un pays.

Les hauts salaires et le prix de la vie.

Bien des gens s'imaginent que l'élévation des salaires n'a pas d'effets utiles pour les ouvriers, car le prix des objets nécessaires s'élèverait d'une façon correspondante. On assure même que tel serait le cas des Etats-Unis. Ni les observations des statisticiens[1], ni l'expérience que j'ai faite du prix de la vie aux États-Unis ne confirment cette manière de voir.

En Australasie, elle est tout à fait erronée. Si l'on prend, en effet, la colonie où les salaires sont le plus élevés, Nouvelle-Zélande, on constate que les prix des denrées n'y sont pas très hauts et qu'ils ont baissé d'une manière continue depuis une vingtaine d'années. On peut s'en convaincre par le tableau suivant[2] :

DENRÉES	UNITÉS	1878	1888	1898	1899
		fr. c.	fr. c.	fr. c.	fr. c.
Pain.	Livre.	0 20	0 175	0 15	0 125
Bœuf	Idem.	0 55	0 375	0 375	0 20
Mouton	Idem.	0 375	0 325	0 30	0 325
Sucre	Idem.	0 50	0 325	0 275	0 275
Thé	Idem.	3 40	2 85	2 25	2 35
Beurre frais	Idem.	1 65	0 925	0 975	1 00
Fromage.	Idem.	1 00	0 60	0 55	0 55
Lait.	Quart.	0 45	0 525	0 30	0 30

On voit que les prix des denrées nécessaires a baissé continuellement de 1878 à 1898. De 1898 à 1899 il s'est

(1) Levasseur, *l'Ouvrier américain*.
(2) *The New Zealand Official Year Book*, 1900, p. 310. La livre anglaise est de 454 grammes. Le quart est à peu près 1 litre.

produit une augmentation légère sur le thé, denrée d'importation dont le prix est très variable, et deux autres également légères, sur la viande de mouton et le beurre, qui tiennent à ce que l'exportation de ces produits en Angleterre s'est développée.

Dans les autres colonies les prix seraient plutôt inférieurs à ceux de Nouvelle-Zélande, mais la différence n'est pas grande. On remarquera l'extraordinaire bon marché de la viande que l'Australasie produit en grande abondance. Dans les « stations », on donne facilement un mouton aux tondeurs et autres ouvriers ambulants qui demandent en passant le logement et la nourriture. Enfin voici un exemple, pour lequel entrent en compte, avec le prix de la nourriture, le loyer, le service domestique et divers autres frais. Dans les centres réputés plus chers — par exemple les mines du désert intérieur, ou les grandes villes comme Melbourne et Sydney, les restaurants ouvriers donnent un repas complet, plat de viande avec légumes, plat doux, pain et thé, pour 0 fr. 60. Le repas — j'en ai fait plusieurs fois l'expérience — est copieux, et de qualité convenable.

Le bon marché de la vie est attesté par la proportion entre la dépense de la nourriture et le montant du salaire. Elle est en Australie de 34, 4 p. 100 au lieu de 42, 2 p. 100 en Angleterre et de 44 p. 100 en France. Et pourtant la dépense annuelle, par tête d'habitant, est plus considérable en Australie que dans ces pays, £ 33. 19.5 (849 fr. 50), au lieu de £ 29. 14.6 dans le Royaume-Uni et de £ 23. 10.4 en France. Elle est plus élevée même que celle des États-Unis (£ 32. 16.2). Un statisticien australien, M. Coghlan, donnait en 1894, pour la dépense annuelle par tête d'australasien, le chiffre de £ 43. 12.10 (1 091 fr.).

L'australasien est l'homme qui consomme le plus de viande (254 livres anglaises par an et par habitant, au lieu de 109 en Grande-Bretagne et de 77 en France), le plus de sucre (95 livres, au lieu de 75 en Grande-Bretagne et de 20 en France), le plus de thé et de café après la Hollande, les Etats-Unis, les Pays Scandinaves, la Belgique. Les Australasiens usent assez peu du café, mais le thé est leur boisson nationale ; ils en sont les plus forts consommateurs dans le monde entier. Ils boivent relativement peu d'alcool.

Toutes ces statistiques sont prises au *Dictionnary of Statistics* de Mulhall, sauf pour l'Australasie, dont les chiffres sont dus à M. Coghlan l'éminent statisticien du gouvernement à Sydney[1]. On trouvera peut-être dans ces comparaisons, l'Australasie très favorablement partagée. D'après mon expérience de la vie australienne, je ne crois pas que ces estimations soient fort exagérées.

Pour compléter le tableau de la situation matérielle de l'ouvrier australasien, il faut dire que les articles de luxe, surtout quand ils sont importés, atteignent des prix très élevés; de même, tous les objets qui exigent un travail qualifié, par exemple, les vêtements faits sur mesure, les beaux meubles; de même, encore, les services des domestiques. C'est pour le superflu que l'augmentation du prix de la vie est tout à fait sensible. Le cas est d'ailleurs exactement le même aux Etats-Unis. L'hôtel *first class*, le

(1) *The Seven Colonies of Australasia*, 1891-98, p. 332 à 360.

magasin de nouveautés, le chapelier à la mode sont plus chers qu'en France : c'est ce qui fait dire aux observateurs superficiels que la vie est plus coûteuse ; affirmation précisément contraire à la vérité si l'on parle des objets de première nécessité, notamment de la nourriture.

Il faut prendre garde aussi, dans les colonies comme en Angleterre, que les impôts indirects ne sont pas sur les mêmes objets qu'en France. Ainsi la bière, fortement taxée comme article de luxe est chère, mais le sucre considéré comme objet de première nécessité est indemne de droits et coûte trois fois moins qu'en France.

Au reste, l'ouvrier australasien, comme l'anglais ou l'américain, est dépensier; il ne regarde pas au prix d'un objet ou d'un plaisir qui lui fait envie, il ne marchande aucune satisfaction à sa famille; aussi la différence entre le prix de la vie et le salaire passe-t-elle souvent en dépenses d'agrément ou de luxe. Voilà pourquoi on a constaté tout à l'heure que la dépense moyenne, par tête d'habitant, était plus forte en Australasie qu'ailleurs.

Cette inclination à la dépense a bien ses avantages. L'anglais, l'américain, l'australasien regardent moins que le français à payer une cotisation, à s'abonner à un périodique, à prendre un ou plusieurs journaux. L'organisation ouvrière dans les pays de langue anglaise a été certainement facilitée par le fait que les ouvriers n'épargnent guère. En tous pays, d'ailleurs, elle ne peut se développer tant que les travailleurs manuels sont obligés à l'économie la plus stricte par la faiblesse de leur salaire. Partout les ouvriers qualifiés sont mieux organisés que les manœuvres ; et c'est là encore un argument que les défenseurs de la cause ouvrière font valoir en faveur des hauts salaires.

Diminution du nombre des naissances.

D'après certains critiques, la protection des lois aurait rendu l'ouvrier imprévoyant ; depuis qu'il peut compter sur l'état, il se dispenserait de songer à l'avenir et l'intervention de l'état le réduirait au rôle de bébé (*making a baby of him, fathering him*) ; ce sont là des griefs qu'on trouve dans tous les milieux conservateurs australasiens, ou plutôt, ce sont les formules traditionnelles de l'ancien « laissez-faire » qu'on répète par habitude. Aucun fait ne donne lieu de les croire justifiées ; bien au contraire, le montant des dépôts dans les caisses d'épargne, les versements aux sociétés de secours mutuels s'élèvent chaque année d'une manière continue.

En réalité, les pensions de retraite et les institutions d'état ont délivré le salarié de certains soucis matériels qui l'absorbaient et lui ont permis d'appliquer sa prévoyance à d'autres objets, à son éducation par exemple. La question est de savoir si ce déplacement de la prévoyance n'est pas un avantage pour la nation.

Il est un point où les australasiens ne pèchent point par insouciance ; le nombre des naissances depuis vingt ans, baisse chaque année et partout d'une manière continue. Voici le tableau de la proportion des naissances par 1000 habitants en 1890 et 1899 [1].

Le chiffre le plus bas 25,12 se rapproche des der-

(1) *The New Zealand Official Year Book*, 1900, p. 115.

niers chiffres donnés pour la France, 21,4 à 23 naissances sur 1000 habitants.

COLONIES	1890	1899
Queensland	37,15	27,31
Nouvelle-Galles	35,36	27,10
Victoria	33,60	26,71
Sud-Australie	33,25	25,51
Ouest-Australie	34,85	30,50
Tasmanie	33,49	25,00
Nouvelle-Zélande	29,44	25,12

Le mouvement descendant d'Australasie rappelle celui qui se manifeste dans les plus anciens des États-Unis où la proportion est tombée au-dessous de 30 p. 1000. En Australasie la chute est plus rapide, elle a été régulière et constante pendant toute la période de 1890 à 1899.

Pour la Nouvelle-Zélande où le chiffre est le plus bas, la diminution du nombre des naissances est d'autant plus significative que le nombre des mariages augmente ; l'âge auquel les femmes se marient s'élève, il est vrai, de plus en plus, chose bien naturelle dans un pays où les femmes peuvent s'assurer par leurs propres moyens une vie indépendante. La Nouvelle-Zélande n'a aujourd'hui qu'une mère de famille par quatre femmes mariées ; en 1878, elle en avait une sur trois.

Aux antipodes, la diminution des naissances est loin d'être considérée comme une calamité, car beaucoup de personnes, en effet, sont, ainsi qu'en Angleterre, attachées aux théories de Malthus, et considèrent la limitation du nombre des enfants comme un acte louable de prévoyance sociale. Il n'est pas rare d'entendre des dames s'exprimer sur ce sujet sans ambages et sans s'attirer la moindre mauvaise plaisanterie. La Nouvelle-Zélande et l'Australie, ainsi que les plus anciens des États Unis, sont vraisemblablement destinés à avoir de moins en moins d'enfants, et leur cas semble devoir être celui des pays où le bien-être se répand dans toutes les classes.

La conscience ouvrière.

Le bien-être est plus général en Australasie qu'en Angleterre, mais ce serait une exagération de l'attribuer uniquement à l'action des lois ouvrières. Ces lois, en effet, n'ont pu jusqu'ici supprimer ni le chômage, ni la misère, ni la prostitution dans les grandes villes où les conditions sont les mêmes qu'en Europe; les régions où ces calamités sont moindres que chez nous se trouvent dans les districts agricoles, où les habitants vivent en petit nombre, où il est par conséquent facile de se procurer de l'ouvrage ou de la terre. Mais le maintien et le développement de ces conditions favorables sont précisément le but de toutes les lois récentes sur la propriété foncière et sur le contrat de travail. Dans les colonies les plus avancées, sinon dans toutes, on semble se proposer d'assurer à chaque habitant le droit au travail et le droit à la terre, dût-on pour cela limiter le nombre des émigrants.

Le développement du bien-être est-il accompagné d'un progrès moral et intellectuel? Oui, sans aucun doute, et si la marche en avant, pour la classe ouvrière, consiste à se mettre exactement au niveau de la bourgeoisie, le travailleur manuel d'Australasie s'est élevé aussi haut que possible; il s'est, en effet, placé dans la catégorie des personnes convenables, du *respectable people*, et s'est assuré le prestige de la tenue, si utile partout, mais plus puissant dans les pays anglais que dans le reste de l'univers.

L'ouvrier australasien est devenu un *gentleman*, un monsieur. Il s'habille après son travail, il se loge, il se conduit comme une personne de la bonne société; s'il doit aller à une réunion, il y viendra propre, rasé de frais, surveillera son attitude, ne parlera qu'à son tour et respectera l'autorité du président; s'il est membre du parlement, délégué à un congrès, il tiendra son rang pendant le voyage, prenant une place au wagon-lit, logeant à l'hôtel le plus convenable, et ses mandants approuveront tous les frais qu'occasionnent à leur représentant le souci de soi-même et de sa dignité. De plus en plus on voit s'atténuer la différence extérieure entre l'ouvrier et le bourgeois, sauf pendant les heures de travail.

Avec les manières, l'ouvrier adopte les opinions de la moyenne anglaise sur tous les points, sauf sur les *Factory Acts* et le suffrage universel. Il ne voudrait pas d'un parlement censitaire, comme celui de Grande-Bretagne, mais il manifeste l'attachement le moins équivoque à la monarchie, et la révérence la plus profonde pour le souverain et la famille royale. Dans les banquets de trade unions, on porte la santé de la Reine ou du Roi avant toutes les autres; à ce propos un socialiste anglais s'était fait honnir, peu de temps avant mon passage, pour avoir déclaré qu'il respectait la Reine comme femme, mais qu'il ne pouvait découvrir en quoi les ouvriers lui étaient obligés.

La religion et ses formes sont l'objet d'une vénération encore plus grande s'il est possible. Beaucoup des partisans de la *Labour Policy* font la prière avant chaque repas, vont à l'église le dimanche et observent rigoureusement le repos dominical ; ils ne souffriraient pas qu'on mit en question les principes du christianisme ; ils se croient obligés dans leurs conversations à une réserve puritaine qui évite certains sujets et remplace certains mots par des périphrases.

La morale religieuse est, avec la fiction, ce que le public cherche de préférence dans les ouvrages, exclusivement anglais, qui circulent en Australasie. Tout le monde sait lire, et les bibliothèques sont très répandues. On aime aussi à parcourir les journaux, plus nombreux qu'en Europe, aussi compacts que dans la métropole et tous uniformément pourvus de nouvelles étrangères et diplomatiques par une ou deux agences de Londres. La partie locale est abondante, positive, pleine de renseignements pratiques sur l'agriculture, la colonisation, le commerce. On y trouve toujours une colonne mondaine et un chapitre de sport. La littérature et la lecture en général, ne forment point l'unique passe-temps.

Les autres distractions sont celles de la bourgeoisie anglaise qui les a prises elle-même de l'aristocratie. Crickett, foot ball, sports de tout genre en ont les frais. Il faut avoir vu un grand match de crickett dans une capitale pour se douter de l'enthousiasme qu'excite ce jeu devenu le jeu national. Chaque année une équipe australienne va lutter contre les équipes des comtés d'Angleterre ; tous les soirs les résultats sont câblés et l'on voit des foules énormes attendre qu'on les affiche à la porte des journaux. J'étais à Melbourne et Sydney à l'époque du match et la foule s'en occupait à peu près autant que de la Fédération dont le sort se décidait au même moment.

Les courses sont fréquentes et recherchées ; à deux reprises je me suis trouvé dans de petites villes néo-zélandaises au moment des courses ; j'ai rarement vu presse pareille : on ne pouvait trouver un lit, les trains étaient bondés et pourtant on avait augmenté leur nombre. Dans ces foules il y a beaucoup d'ouvriers. Les vacances du samedi ou du mercredi leur permettent de voyager, les hauts salaires leur donnent de l'argent de poche et ils parient volontiers.

Par contre certaines distractions qui nous paraissent plus amusantes que les courses et les sports ne manquent pas de choquer quelques personnes. Ainsi dans un *Trades Hall* néo-zélandais, j'ai froissé les sentiments de quelques syndiqués, en disant que les conseils municipaux socialistes de deux cités françaises envoyaient gratuitement des travailleurs manuels au théâtre.

Beaucoup d'ouvriers australasiens sont partisans de la tempérance à la manière anglaise, c'est-à-dire qu'ils voudraient interdire la vente et la fabrication de toutes les boissons fermentées. Ceci est vrai surtout de la Nouvelle-Zélande, qui ne produit pas de vin. Dans les colonies viticoles la prohibition est moins en faveur.

Les australasiens sont pour la plupart d'enthousiastes partisans de la *Greater Britain*, de l'expansion coloniale, des conquêtes même. Je citerai à ce propos un détail caractéristique. Dans la grande ville ouvrière de Melbourne se dressent devant le Parlement deux statues, l'une à la gloire de Gordon, l'autre en souvenir de la journée de huit heures. La première, m'a-t-on dit, est surtout dirigée contre Gladstone, le ministre pacifique, qui hésita trop longtemps à secourir Khartoum. Gladstone dont le programme « *Peace, Retrenchment, Reform !* » semble fait pour ces colonies démocratiques et sans armée, n'est point populaire aux antipodes. Par contre l'impérialisme y est assez en faveur. Il est vrai que plusieurs groupes ouvriers ont protesté récemment contre l'expansion coloniale ou plutôt contre un de ses résultats ; ils se plaignaient en effet que les financiers partisans des conquêtes fussent en même temps les plus grands exploiteurs du *Black Labour* (travail des noirs) et ils les considéraient comme les ennemis de l'ouvrier européen. Même sous cette forme, les protestations ont passé difficilement et n'ont point été unanimes. On ne trouvait point, lors de mon passage, parmi les ouvriers australasiens, des sentiments pacifiques aussi généralement répandus et progressant aussi vite que parmi ceux d'Europe.

L'idée de la solidarité ouvrière internationale ne semblait pas non plus aussi forte que dans l'Europe occidentale ; les australasiens sont trop loin des autres nations, ils tiennent de trop près au monde anglais par où leur viennent exclusivement les livres, les dépêches, les informations de tout genre. Voilà pourquoi ils se sont mis tout naturellement à réaliser l'idéal de vertu que s'est formé l'opinion moyenne anglaise. Ils n'avaient pas d'autres modèles sous les yeux. Ceux-là même qui avaient fui l'Angleterre pour trouver une vie plus libre dans les mines d'or ou dans le *bush* (la brousse) ne se révoltaient point contre la société où ils n'avaient pu vivre, mais la rétablissaient à peu près sous la même forme dans leur nouvelle patrie.

C'est donc la société anglaise qu'on retrouve aux antipodes, mais avec deux nouveautés très importantes : les institutions démocratiques et les lois ouvrières qui sont en germe dans la métropole, mais n'ont leur plein développement qu'en Australasie [1]. Les premières donnent des habitudes d'indépendance et l'instinct de l'égalité, les autres procurent les loisirs et les ressources, conditions indispensables à l'évolution intellectuelle et morale. Mais, dans l'univers entier, l'esprit et les mœurs progressent moins vite que le bien-être.

---

(1) Sir Henry Wrixon, *Socialism, being notes on a political tour*, London, 1896, donne l'opinion d'un membre de la Haute Chambre de Melbourne (libéral) sur le socialisme anglais et américain.

INDEX ALPHABÉTIQUE

A

B

Australasie

CHAPITRE VII

LA QUESTION DU CHOMAGE. — LES CONCESSIONS
DE TERRES PUBLIQUES AUX OUVRIERS

CHAPITRE VIII

LES FONCTIONS DE L'ÉTAT
LES RETRAITES POUR LA VIEILLESSE

CHAPITRE IX

LA SITUATION MATÉRIELLE ET MORALE
DES OUVRIERS

BIBLIOTHÈQUE GÉNÉRALE

DES

ʻSCIENCES SOCIALES

SECRÉTAIRE DE LA RÉDACTION
DICK MAY
Secrétaire général de l'École des Hautes-Études sociales.

VOLUMES PUBLIÉS :

L'individualisation de la peine, par R. Saleilles, professeur à la Faculté de droit de l'Université de Paris.

L'idéalisme social, par Eugène Fournière, député.

Ouvriers du temps passé (XVᵉ et XVIᵉ siècles), par H. Hauser, professeur à l'Université de Clermont-Ferrand.

Les transformations du pouvoir, par G. Tarde, professeur au Collège de France.

Morale sociale. Leçons professées au Collège libre des sciences sociales, par MM. G. Belot, Marcel, Bernès, Brunschvicg, F. Buisson, Darlu, Dauriac, Delbet, Ch. Gide, M. Kovalevski, Malapert, le R. P. Maumus, de Roberty, G. Sorel, le Pasteur Wagner, Préface de M. Émile Boutroux, de l'Institut.

Les enquêtes, *pratique et théorie*, par P. du Maroussem.

Questions de morale, leçons professées à l'École de morale, par MM. Belot, Bernès, F. Buisson, A. Croiset, Darlu, Belbos, Fournière, Malapert, Moch, Parodi, G. Sorel.

Le développement du catholicisme social, depuis l'encyclique *Rerum novarum*, par Max Turmann.

La méthode historique appliquée aux sciences sociales, par Charles Seignobos, maître de conférences à l'Université de Paris.

Le socialisme sans doctrine. *La question ouvrière et la question agraire en Australie et en Nouvelle-Zélande*, par A. Métin, agrégé de l'Université, professeur à l'Ecole Lavoisier.

Assistance sociale. *Pauvres et mendiants*, par P. Strauss, sénateur.

L'enseignement moral dans l'université (*Enseignement secondaire*). Conférences et discussions, sous la présidence de A. Croiset, doyen de la Faculté des lettres de l'Université de Paris (École des Hautes Études sociales 1900-1901).

*Chaque volume in-8° carré de 300 pages environ,
cartonné à l'anglaise. 6 fr.*

BIBLIOTHÈQUE
D'HISTOIRE CONTEMPORAINE

EXTRAIT DU CATALOGUE

ANDLER, maître de conférences à l'École normale supérieure. **Les origines du socialisme d'État en Allemagne**, 1 vol. in-8°. 7 fr.

BEAUSSIRE (Émile), de l'Institut. **La Guerre étrangère et la Guerre civile.** 1 vol. in-12. 3 fr. 50

BONET-MAURY. **Histoire de la liberté de conscience depuis l'édit de Nantes jusqu'à juillet 1870,** 1 vol. in-8. 1900. 5 fr.

BOURDEAU (J.). **Le Socialisme allemand et le Nihilisme russe.** 1 vol. in-12, 2° édit. 1894. 3 fr. 50

— **L'Évolution du Socialisme.** 1 vol. in-12. 3 fr. 50

D'EICHTHAL (Eug.). **Souveraineté du peuple et gouvernement.** 1 vol. in-12. 1895. 3 fr. 50

DEPASSE (Hector). **Transformations sociales.** 1894. 1 vol. in-12. 3 fr. 50

— **Du travail et de ses conditions** (Chambre et Conseil du travail). 1 vol. in-12. 1895. 3 fr. 50

DRIAULT (E.), prof. agr. au lycée d'Orléans. **Les problèmes politiques et sociaux à la fin du XIX° siècle.** In-8. 1900 7 fr.

GUÉROULT (G.). **Le centenaire de 1789,** évolution polit., philos., artist. et scient. de l'Europe depuis cent ans. 1 vol. in-12, 1889. 3 fr. 50

LAUGEL. **La France politique et sociale.** 1 vol. in-8. 5 fr.

LAVELEYE (E. de), correspondant de l'Institut. **Le Socialisme contemporain.** 1 vol. in-12, 10° édit. augmentée. 3 fr. 50

LICHTENBERGER (A.). **Le Socialisme utopique, étude sur quelques précurseurs du Socialisme.** 1 vol. in-12 1895. 3 fr. 50.

— **Le Socialisme et la Révolution française.** 1 vol. in-8. 5 fr.

MÉTIN, agrégé de l'Université. **Le Socialisme en Angleterre.** 1 vol. in-12. 3 fr. 50

SPULLER (E.). **Éducation de la démocratie.** 1 vol. in-12. 3 fr. 50

— **L'Évolution politique et sociale de l'Église.** 1 vol. in-12. 1893. 3 fr. 50

— **Histoire parlementaire de la deuxième République.** 2° édit. 1 vol. in-12 3 fr. 50

— **Hommes et choses de la Révolution.** 1 vol. in-12. 3 fr. 50

WEILL (G.), professeur, agrégé d'histoire au lycée Carnot, docteur ès lettres. **L'école Saint-Simonienne.** 1 vol. in-12. 3 fr. 50

— **Histoire du parti républicain en France de 1814 à 1870.** 1 vol. in-8°. 10 fr.